KB234294

초등 6년이 자녀교육의 전부다

초등 6년이 자녀교육의 전부다

| 전위성 지음 |

작가들은 책 한 권을 출간할 때마다 기도한다.
'이 책을 읽고 난 후 독자들이 좀더 행복해지면 좋겠다.'

독자들은 책 한 권을 구입할 때마다 기대한다.
'이 책 속에 내 삶을 바꿔줄 감동이 담겨있으면 좋겠다.'

먼저 작가의 입장에서 말하고 싶다. 지난 몇 년 동안, 이름 모를 당신을 오매불망 그리며 이 책을 써내려갔다. 이 책을 냄비 받침으로 사용한다거나 방 한 구석에 방치하는 일만은 부디 피해줬으면 한다. 휘리릭 넘긴다면 흰 건 종이요 검은 건 글씨처럼 보일 테지만, 당신의 행복을 소망하며 한 글자 한 글자 써내려간 책이다. 당신의 행복을 염원하는 이 책은, 저자인 나뿐만 아니라 독자인 당신에게도 소중하다.

이번에는 독자의 입장에서 말하겠다. 나는 이 책을 당신에게 강력히 추천하는 바이다(자신이 쓴 책을 직접 추천하는 최초의 책이 아닐까 싶다. 오죽 자신감이 넘쳤으면 본인이 쓴 책의 추천사를 직접 쓰고 있을까). 이 책은 현직 초등 교사가 자기주도학습에 대해서 쓴 보기 드문 책으로, 특히 초등 학부모들에겐 성경이나 불경에 비견될 정도로 깊은 울

림과 화두를 던져 줄 것이다. 이 책을 다 읽고 나면 당신의 삶에, 더 나아가 자녀의 인생에 새로운 전환점이 펼쳐질 것이라고 믿어 의심치 않는다.

독서를 즐기는 사람이라면 이 책은 그런대로 읽을 만할 것이다. 하지만 당신이 학부모라면 이 책은 사막의 오아시스요, 가뭄의 단비와 같은 생명수로 여겨질 것이다.

'아니, 아직 첫 페이지의 첫 글자도 읽지 않았는데, 자화자찬이 너무 심한 것 아닌가?'

거북함을 느끼게 했다면 유감이다. 이 추천사가 지나친 미화인지, 부족한 찬사인지는 이 책을 다 읽고 난 후에 판단해도 늦지 않을 듯싶다. 끝으로, 졸저拙著를 구입해준 당신에게 감사의 인사를 하고 싶다. 그리고 책과 독서를 사랑하는 독자로서 축하의 말을 건네고 싶다.

"이 책을 선택하시다니 안목이 탁월하시군요. 이 책은 당신과 자녀의 인생을 극적으로 변화시켜줄 놀라운 책입니다."

초등 교사, 작가 전위성

차 례

초등 6년이
자녀교육의 승부처다

'내 아이가 공부를 잘했으면 좋겠다!'

부모들의 공통된 바람이다.

'어떻게 하면 내 아이가 공부를 잘할 수 있을까?'

부모들을 괴롭히는 수수께끼다.

부모들의 바람은 좀처럼 이루어지지 않으며, 수수께끼는 도무지 풀리지 않는다. 부모들은 회상한다. 학원 보내고, 과외 시키고, 잔소리를 퍼부었으나 아이의 성적은 점점 떨어졌다고. 부모들은 한탄한다. 수수께끼의 답을 찾지 못한 채 졸업식장에 들어서야 했다고. 부모들은 고백한다. 시행착오만 되풀이하다가 끝내 자녀교육에 좌절을 맛보았다고. 선배 부모들의 실패를 지켜본 젊은 부모들은 고민에 빠진다.

'어떻게 키워야 자녀교육에 성공할 수 있을까?'

부모들은 서점 가판에 놓여있는 명문대 합격생들의 책을 들춰보며 이런 생각에 잠긴다.

'내 아이도 이 학생처럼 열심히 공부하면 참 좋겠다.'

'내 아이도 이렇게 공부시키면 성적이 좀 오를까?'

아이가 어느 날 갑자기 정신을 차려서 그들처럼 성공 신화를 만들어주면 좋으련만… 공부하는 꼴을 보면, 받아온 성적표를 보면 공신工神들의 수기서는 무협지가 되고 만다.

자녀교육의 성공 여부가 궁금한가? 원한다면 당신의 미래를 보여주겠다.

'어떻게 미래를 본단 말인가? 그건 불가능한 일이다.'

가능하다. 내 비록 현실 세계에선 빌빌대고 있지만, 이 책 안에서 만큼은 전지전능한 사람이다. 나만 잘 따라오라.

이제 우리는 타임머신을 타고 몇 년 후 미래로 간다. 당신 아이는 고등학교 1학년이고, 도착한 날은 때마침 1학기 중간고사 성적표가 날아온 날이다. 고등학교 첫 시험에서 어떤 성적을 거뒀을지 궁금하지 않은가? 성적표가 든 봉투를 얼른 열어보라.

구 분	과목명 이수단위	윤리	국어	국사	정경	한지	수학	과1	한문	영1	독어	기술	이수 단위 총계	총점	평 균	학급석차	학년석차 (계열)
전 월 고 사	(/)															/	/
	(/)															/	/
	(/)															/	/
당 월 고 사	중간 5/ 4	89	68	57	40	56	50	77	33	28	56	48		602	54.7	339/48	303/ 374
	계열 과목평균	78.0	70.6	68.7	53.7	79.8	48.7	78.1	69.0	42.2	81.3	56.6					
	계열 과목석차	70	216	286	289	334	156	217	356	285	223	261					
학 기 활 동 합	합산평균점수															/	/
	성 취 도																
	환 산 점															/	/

아찔하다. 이거 정말 우리애 성적표가 맞나? 당혹스럽다. 눈을 의심하며 몇 번이나 다시 봤다. 절망스럽다. 머리 싸매고 고민해 봐도 답이 안 나온다. 어찌하랴. 마음을 다잡는 수밖에.

'그래, 고등학교에 입학한 지 겨우 두 달이 지났을 뿐이잖아! 학원 보내고 과외 시키면 성적이 쑥쑥 오를 거야!'

'긍정의 힘은 위대하다'는 말이 자녀교육에서도 통할까? 안타깝지만 현실은 그리 낙관적이지 않다. 위대한 긍정의 힘을 발산했음에도 불구하고, 당신의 바람은 바람으로 끝날 가능성이 높다.

진학사(입시전문업체)는 고1 때부터 고3 때까지의 내신 성적 변화를 분석했다. 대상자는 '모의 대학지원 서비스'에 성적 정보를 입력한 고교생 43만 명. 이들 중에서 고3 때 성적이 고1 때보다 2등급 이상 향상된 학생이 얼마나 될까? 놀랍게도 성적이 오른 학생은 1.8퍼센트뿐이었다. 96.6퍼센트는 고1 때 성적이 고3 때까지 거의 변하지 않았다. 오른 학생이 있으면 떨어진 학생도 있기 마련. 1.6퍼센트는 성적이 하락했다. 이 충격적인 결과는 부모들에게 의미심장한 메시지를 던진다.

"부모의 교육 방식이 바뀌지 않는다면
자녀의 성적도 바뀌지 않는다."

천만다행이다. 당신 곁에는 전능全能한 내가 있다. 지금 당장 타임머신을 타고 여기를 뜨자. 이제 우리는 십년감수할 뻔한 상황을 탈출해서 현재로 돌아간다.

참담한 미래를 선지先知한 당신은 초등학생 자녀와 함께 다시 시작할 기회를 얻었다. '그런데, 교육 방식을 어떻게 바꿔야 한단 말인가?' 그건 짧게 설명할 수 있는 분량이 아니다. 앞으로 이 책을 읽다 보면 자연스럽게 알게 될 것이다.

각설하고, 충격적인 성적표를 받은 고1 학생의 이야기를 계속해보자. 놀라지 마시라. 그 학생은 더 이상 당신 아이가 아니다. 앞선 통계자료를 바탕으로 예측해보면, 이 학생은 고교시절 내내 학급 40등 내외, 전교 300등 사이를 오가게 될 것이다. 일면식도 없는 학생의 이야기라고 강 건너 불구경하듯 쳐다볼 일이 아니다.

로또에 당첨될 확률이 누구에게나 희박한 것처럼, 확률은 누구에게나 공평하다. 당신 아이 또한 확률의 세계에서 자유로울 수 없다. 당신 아이가 중하위권 성적으로 고등학교에 입학한다면 졸업할 때까지 중하위권 이하의 성적을 거둘 확률이 98.2퍼센트에 달한다. 긍정의 힘으로 고교 3년 동안 정성껏 뒷바라지를 한다 해도 자녀의 성적이 2등급 이상 오를 확률은 1.8퍼센트에 불과하다. 당신은 이 사실을 성적표를 봤을 때만큼이나 충격적으로 받아들여야 한다. 이 중차대한 사실을 내포하고 있기 때문이다.

> "당신 아이가 고등학교에 입학할 즈음이면
> 게임은 이미 끝난 상태다."

고등학교에 가서 역전을 기대하지 마라. 역전의 가능성이 열려있는 시기는 중학교 때까지다. 헌데, 상식적으로 따져보자. 초등학교 때 중하위권을 맴돌던 아이가 중학교에 가서 상위권으로 도약할 수 있을까? 이것도 희박하기는 매한가지다. 결국 우리는 지극히 상식적인 결론에 도달한다.

"중·고등학교 성적은 초등학교 때 결정된다.

즉,

초등 6년이 자녀교육의 전부다."

　　살면서 느꼈겠지만, 인생이 언제나 확률대로 흘러가는 것은 아니다. 앞날에 먹구름이 잔뜩 끼어 있던 전교 303등 고교생은, 인생은 확률 게임이 아니라는 사실을 증명한다. 48명 중 39등인 학생이 상위 3퍼센트 안에 들어간다는 것은 SF소설에서나 접할 수 있는 비현실적인 스토리다. 하지만 이 고교생은 픽션fiction을 리얼 다큐로 고쳤다. 여기, 이 학생의 수능성적표를 보라. 전도무망前途無望했던 고교생은 극적인 반전과 함께 부모들에게 희망을 선사한다.

2002학년도 대학수학능력시험 성적통지표 (인문계열)

수 험 번 호	성　　　명	주 민 등 록 번 호	출신고등학교 (반·졸업년도)			
27-03341	전위성					
구　　　분	언 어 영 역	수리탐구영역	사회탐구영역	과학탐구영역	외국어(영어)영역	제2외국어영역
원 점 수	87.4	68.0	67.5	36.0	74.5	–
원점수에의한 백분위점수	82	98	99	82	96	–
표 준 점 수	60	76	70	61	67	–
변환표준점수 (400점기준)	95	80	66	38	71	표준점수에의한 백분위점수
변환표준점수에 의한 백분위점수	82	98	99	82	96	(　 – 　)
영 역 별 등 급	3	1	1	3	1	–
5개영역종합등급	.1					

2001. 12. 3.

한 국 교 육 과 정 평 가 원 　장

내신 상위 81퍼센트였던 고1 학생은 수능시험에서 상위 2.5퍼센트의 성적을 거두었다. 눈치 빠른 독자라면 알아차렸을 테지만, 이쯤해서 밝히는 게 좋을 듯싶다. 불가능을 가능케 했던 이름 모를 고교생의 이야기는 바로, 이 책을 쓴 저자의 과거사過去事다. 지금까지 내 옛이야기를 장황하게 늘어놓은 이유는, 이 책이 지금까지 출간된 책들과 다르다는 것을 말하기 위함이다.

고백하건대 나는 고교시절에 인생을 포기한 학생이었다. 공부는 고사하고 인생을 살아갈 아무런 이유도 목적도 없었다. 수업시간에 선생님이 사용하는 언어는 분명 한국말이었으나, 나는 무슨 말을 하는지 하나도 알아들을 수 없었다. 나는 당신 아이와 다를 바 없는, 당신 아이보다 더 무기력하고 가망 없는 학생이었다. 내 영어, 수학 실력은 중학생 수준에도 미치지 못했다. 수학 50점은 문제집의 답을 외워서 받을 수 있는 점수였다. 내신 7등급이었던 나는 어떻게 수능 1등급으로 올라설 수 있었을까? 자포자기의 삶을 살았던 고교생은 어떻게 교사가 되고, 작가가 될 수 있었을까? 자세한 이야기는 앞으로 천천히 풀어놓을 것이고, 이쯤해서 머리말을 마무리하겠다. 이 책을 선택한 당신은 세 가지 큰 행운을 잡았다.

첫째, 초등학교 때 성적이 고등학교 때까지 이어진다는, 다시 말해서
초등 6년이 자녀교육의 전부라는 사실을 알게 되었다.
둘째, 자녀의 성적을 올리거나 유지하기 위해서 특단의 대책을 강구
해야 한다는 교훈을 얻게 되었다.
셋째, 그 어떤 자녀교육서에서도 접해본 적이 없는, 자녀교육의 성공
전략과 비책을 전수 받게 되었다.

이 책의 저자는 98.2퍼센트의 확률을 거스른, 1.8퍼센트에 속했던 학
생이었다. 또한 지난 7년 동안 우등생과 명문대생의 공부법을 연구해왔
고, 현직 초등교사로 학생들을 가르치고 있으며, 자기주도학습 코치로
학생들을 지도하고 있다. 이 책에는 저자의 특별한 경험, 우등생들의 공
부 비법, 명문대생들의 성공 비결, 현직 교사의 경험담, 자기주도학습 코
칭의 노하우가 담겨있다. 당신은 이 책을 통해서 자녀교육의 해법과 정
수를 발견하게 될 것이다.

겨울 새벽녘
서재에서

제1부

공부를 시작하게 하는 비법

공부를 시작하게 하는 비법

잔소리를 듣고
공부하는 아이는 없다

나는 지난 수년 동안, 매주, 제자들을 대상으로 강의를 진행했다. 주제는, 왜 공부를 해야만 하는가. 지나고 보니, 내 강의는 '공부하라'는 말의 효과를 검증하는 임상 실험이었다. 결과는 어땠을까?

초반까지는 나름 괜찮았다. 아이들은 내 말을 경청했고, 의지에 불타는 듯한 눈빛도 보였다. 하지만 시간이 지날수록 반응은 시들해졌고, 심드렁해졌다. 그도 그럴 것이, 매일 똑같은 구호만 외쳐대던 담임의 말이 언제까지 꽃노래로 들렸겠는가. 그럼에도 불구하고 나는 수년 동안 꿋꿋이 강의를 진행했다. 물론 이렇다 할 효과는 없었다. 수업태도가 좋아진 아이도 없었고, 시험 점수가 오른 아이도 없었다. 몇몇 아이들은 학습동기가 호전되는 듯 했으나, 그들은 애초부터 학습태도와 학업성적이 양호한 모범생들이었다. 내가 변화시키고 싶었던, 공부하는 꼴을 거의 보이지 않던 아이들은 전혀 달라지지 않았다. 결국 실험은 실패로 끝이 났다.

왜 실패했을까? 1년이라는 기간이 너무 짧았던 것일까? 그럼 수년 째 실험을 하고 있는 당신은 어떤가? 효과를 좀 봤는가? 매년 수십 명을 대상으로 했던 내 실험과 수년 동안 한 명을 대상으로 했던 당신의 실험은 모두 실패했다. 우리의 실패는 다음의 결론에 이르게 한다.

"공부하라고 백날 외쳐봐야 아이들에겐 잔소리로 밖에 들리지 않는다."

부모들도 아주 잘 안다. 잔소리는 효과가 없다는 사실을. 하지만 공부를 잘하지 못했던 게 한이 된, 공부가 중요하다는 사실을 뼈에 사무치게 느낀 부모들은 시도 때도 없이 '공부하라'는 말을 퍼붓는다. 물론 자녀를 괴롭히려고 잔소리를 해대는 부모는 없다. 그저 자녀가 잘되기 바라는 마음에서 잔소리를 늘어놓는 것이다. 그런데 아는가? 부모의 선한 말이 오히려 자녀의 학습동기를 망가뜨릴 수도 있다는 사실을. 한 남고생은 자신이 손에서 책을 놓아버린 이유를 이렇게 밝혔다.

"공부하라는 엄마의 잔소리를 들으면 너무 화가 나고, 짜증나고, 스트레스가 쌓여요. 하려던 공부조차 하기 싫어질 정도에요. 잠시 쉬려고 TV를 켜자마자 엄마는 빨리 독서실 안 가냐고 다그치세요. 엄마에게 잔소리를 들으면 반항심이 생겨서 공부하기가 싫어집니다. 솔직히 오늘도 엄마의 공부하라는 말을 한 귀로 흘리고 그냥 대놓고 놀았어요. 사실 수학 문제를 하나 더 풀고 싶었는데, 잔소리하는 엄마에게 공부하는 모습을 보여주고 싶지 않았어요. 그래서 오늘은 공부한 게 하나도 없어요. 잔소리가 너무 큰 스트레스라고 수차례 대화를 시도하고 하소연을 해봐

     초등 6년이 자녀교육의 전부다

도 엄마는 달라지지 않아요. 엄마의 잔소리 때문에 인생을 망칠 것 같은 기분이 듭니다."

부모가 자녀에게 공부를 강조하는 것은 당연하고 바람직한 일이다. 많은 연구들이 부모의 기대와 압력이 자녀의 학습동기와 학업성취에 긍정적인 영향을 미친다고 결론짓는다. 하지만 부모의 기대와 압력은 필연적으로 자녀에게 심리적 압박과 스트레스를 불러일으킨다. 대개 기대와 압력은 "성적표가 왜 그 모양이냐", "공부 좀 해라" 등 잔소리로 표출되기 마련인데, 이런 식의 잔소리는 자녀를 변화시키는 데 아무런 효과가 없다. 공부는커녕 남고생처럼 의도적으로 공부를 하지 않는 사태가 벌어질 수도 있다.

잔소리는 효과가 없다. 역효과만 불러일으킬 뿐이다. 그럼에도 잔소리를 포기할 수 없는 부모들에게 획기적인 방법을 소개한다. 부모들은 1분만 투자하면 더 이상 자녀에게 '공부해라' 소리를 하지 않아도 된다. 우선 녹음기를 준비하자. 스마트폰을 준비하면 될 듯싶다. 주변 소음이 차단되는 장소로 이동하라. 조용한 방이 좋겠다. 이제, 녹음 버튼을 누르고 진심과 정성을 담아서 간절히 외쳐라.

"공부해라, 공부해라, 공부해라, 공부해라, 공부해라…"

'공부해라'를 리드미컬하게 1초에 1회씩 60초 동안 녹음한다. 이제 이 60초짜리 녹음 파일을 자녀의 스마트폰으로 전송한다. 그런 다음 자녀에게 하루에 한 시간씩 30일 동안 듣게 한다. 이렇게 하면 자녀는 '공부해라'를 하루에 3,600번, 한 달에 108,000번 들을 수 있다. 사실 하루만 들어도 평생 들을 양보다 많다. 하지만 확실한 효과를 위해서 한 달 동안 꾸준히 듣기를 권한다.

이제 자녀에게 어떤 변화가 일어나는지 관찰해보자. 자녀가 며칠 지나지 않아서 공부를 시작하고, 한 달이 지날 무렵부터 신들린 듯 공부에 빠져든다면, 녹음 파일을 즉시 앱스토어에 등록하라. 어플은 대박이 날 것이고, 당신은 돈방석에 앉게 될 것이다. 반대로 자녀가 10초를 버티지 못하고 스마트폰을 던져버리거나, 60초를 견디지 못하고 괴성을 지르며 집 밖으로 뛰쳐나간다면, '공부해라' 소리를 깨끗이 포기해라.

나는 직업이 교사인지라 학생들에게 공부를 해야 한다고 설득하고 강권强勸한다. 하지만 교사 생활 십 년 동안, 공부를 안 하던 아이가 내 말을 듣고 열심히 공부하는 아이로 바뀐 사례는 한 번도 없었다. 나는 교사이기 때문에 지금도 어쩔 수 없이 공부하라고 외친다. 하지만 예전보다는 많이 자제하는 편이다. 솔직히 이제는 '공부하라'는 소리를 그만하고 싶다. 공허한 메아리에 불과하다는 사실을 깨달았기 때문이다.

당신은 배우자를 얼마나 이해하고 사는가? 남편의 행동이 얼마나 납득되는가? 부인의 반응을 얼마나 예측할 수 있는가? 화성에서 온 남자, 금성에서 온 여자라는 말이 딱 맞다. 많은 부부들이 남편(부인)이 나와 다른 언어체계와 사고방식을 가진 다른 종족이라는 사실을 통감하며 살아가고 있다.

 초등 6년이 자녀교육의 전부다

부모와 자녀 사이도 다르지 않다. 부모는 생명의 금언金言으로 여기면서 한 말이, 자녀에게는 생명이 단축될 듯한 '잔소리'로 들린다. 부모는 합리적이라고 생각하면서 한 말이, 자녀에게는 비합리적인 '잔소리'로 들린다. 당신이 배우자와 평행선을 긋고 사는 것처럼, 당신과 자녀 또한 서로를 이해하지 못한 채 팽팽한 대치전선을 긋고 살아갈 것이다.

부모의 잔소리는 자녀에게 스트레스를 유발하고, 학습동기와 학업 성취에 악영향을 미친다. 이 말을 겸허하게 인정하라. 잔소리를 절제하겠다고 결심하라. 그랬을 때 비로소 문제 해결의 실마리가 보이기 시작할 것이다.

공부보다
정서 안정이 우선이다

사람들은 자신의 의지와 관계없이 어떤 일이 벌어졌을 때, '이건 운명이야'라는 말을 하곤 한다. 나도 누군가 "왜 아직까지 결혼을 안 하느냐?"고 물어올 때면 운명론을 들먹이곤 한다. 운명론 운운한다고 해서 꿈에 그리던 여인과의 운명적인 만남을 학수고대하고 있는 건 아니다. 내가 미혼을 고집하는 이유는 성격상 혼자 있는 것을 좋아하고, 혼자 사는 것이 편하기 때문이다. 이렇게 보면 팔자니 운명이니 하는 것들은 하늘이 정해주는 게 아니라, 그 사람의 성격이 결정한다고 볼 수 있다. 그렇다면 인생의 밑그림을 그려주는 성격은 어떻게 만들어지는 것일까?

두 장의 사진을 첨부한 뉴스 기사가 사람들의 이목을 집중시켰다. 사진은 3세 유아 둘의 뇌를 스캔한 것이었는데, 사진을 본 이들은 모두 경악했다. 두 아이의 뇌가 확연한 차이를 보였기 때문이다. 왼쪽 사진의 뇌는 크고 잘 발달한 상태였다. 반면 오른쪽 사진의 뇌는 쪼그라든 것처럼 작고 검은 부분도 넓었다. 두 아이의 지능과 사회성은 뇌의 차이만큼이나 다른 양상을 보였다. 정상 뇌를 가진 아이는 총명했고, 주변 사람들과 공감하는 사회적 능력도 뛰어났다. 반면 쪼그라든 뇌를 가진 아

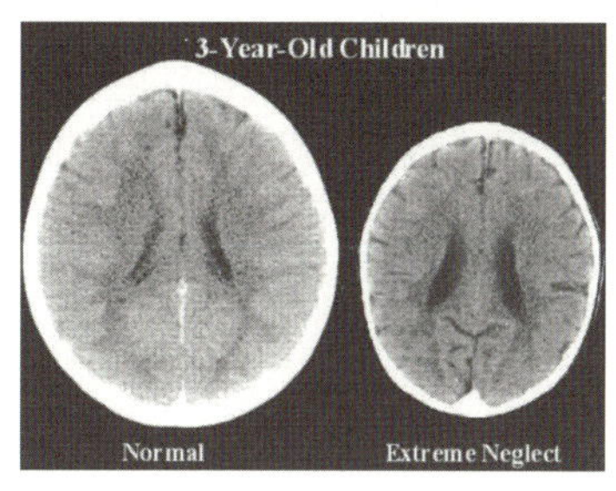

이는 뇌를 비롯한 건강상에 심각한 문제가 발생할 가능성이 컸고, 약물에 중독되거나 범죄에 연루될 확률이 훨씬 높았다. 또한 훗날 실업 상태에 놓이거나 국가 복지 수당에 의존할 가능성이 큰 것으로 예측되었다.

재희는 정서가 불안정했고 사회성도 떨어졌다. 과민하다보니 친구들과 하루가 멀다고 크고 작은 다툼을 벌였다. 학습에서도 문제가 심각했다. 아이는 수업시간이면 주로 만화책을 읽거나, 그림을 그리거나, 종이접기를 하면서 시간을 보냈다. 수업에 집중하는 재희를 목격하는 것은 사막에 핀 꽃을 발견하는 것만큼이나 희귀했다. 교사라면 수업에 태만한 학생을 꾸짖고 바로 잡아주어야 함이 마땅하다. 하지만 나는 재희에게 그렇게 할 수 없었다. '왜 교과서를 갖고 오지 않았니?'라는 말 한마디에도 아이가 울음을 터뜨렸기 때문이다. 재희는 크고 작은 사건으로 일주일에 최소 한 번, 심할 때는 하루에 서너 번씩 울음을 터뜨렸다.

교사인 나는 학생인 재희를 가르칠 수 없었다. 아이에게 필요한 것은 차가운 지식이 아니라 따뜻한 사랑이었다. 아이에게 필요한 사람은 교사가 아니라 심리치료사였다. 내가 할 수 있는 일이라곤 우는 재희를 달래고 상처를 어루만져주는 것뿐이었다. 마음을 다독이고 공감을 해주자

아이는 차츰 안정을 찾아갔고, 친구들과 다툼을 벌이거나 우는 일도 잦
아들었다. 그렇다고 재희의 상태가 크게 호전된 것은 아니었다. 아이는
여전히 불안정한 상태였고, 때때로 울분 섞인 울음을 터뜨리며 교실 밖
으로 뛰쳐나가곤 했다.

전문기관에 의뢰하여 심리검사를 실시한 결과, 재희의 정신 건강 지
수는 하위 7퍼센트로 상당히 열악한 수준이었고, 불안 · 우울 · 충동 · 위
축 지수는 상위 0.6퍼센트로 매우 심각한 상황이었다. 심리검사 보고서
에는 이런 분석 내용이 적혀 있었다.

다른 아이들에 비해 사랑하는 마음이 적습니다. 타인을 신뢰하지 않으
며, 친밀한 관계를 유지할 필요성을 느끼지 않고 있습니다. 다른 사람들
의 어려움에 무신경하고 잘 배려하지 못합니다.

다른 아이들에 비해 매우 정서적으로 불안정하고, 예민하며, 잘 참지 못
하는 편입니다. 일상생활에서 욕구 불만이나 스트레스를 많이 느끼고
있을지 모릅니다.

과도한 불안으로 생활이나 학업에 지장이 많습니다. 상담선생님을 만나
계속적인 상담을 해서 극복할 수 있는 방법을 배우세요.

아이의 뇌는 왜 망가져버린 것일까? 재희는 어쩌다가 마음에 깊은 상
처를 입게 되었을까? 3세 아동이 가장 오랫동안 만나는 사람이 누굴까?
초등학생에게 가장 큰 영향을 미치는 사람이 누굴까?

지난 수십 년 동안 많은 학자들이 부모의 양육 태도가 자녀의 성격에 미치는 영향을 연구했다. 그중에서 Schaefer의 연구는 특히 주목할 만하다. 부모의 양육 태도를 30년간 관찰·기록한 그는 애정-거부, 자율-통제의 두 축을 기준으로 부모의 양육 유형을 네 가지로 분류했다. 표 I-1는 Schaefer의 연구 결과를 요약 정리한 것이다.

| 표 I-1 | 부모의 양육 유형에 따른 자녀의 성격

부모의 양육 유형	부모의 양육 태도	자녀의 성격
① 애정 – 자율형	• 사교적, 창의적이고 자신은 물론 타인에게도 적대감이 없다.	• 능동적, 독립적, 외향적, 사회 적응 능력이 높다. • 때로 부모에게 순종하지 않거나 공격성, 고집 등을 보인다.[*]
② 거부 – 자율형	• 자녀를 수용하지도 허용하지도 못한다. • 자녀의 마음대로 행동하도록 한다.	• 공격적이고 행동조절능력이 없다.
③ 애정 – 통제형	• 애정을 보이면서도 자녀의 행동에 대해 제약을 많이 한다. • 자녀에게 심리적 통제와 언어적 통제는 하되 처벌은 되도록 하지 않는 편이다.	• 의존적이고 사교성, 창의성 등이 낮은 편이다. • 상상적 적대 감정이나 잠재적 적대 감정을 가질 수 있다.
④ 거부 – 통제형	• 자녀를 용납하지 않는다. • 처벌, 심리적 통제, 언어적 통제로 자녀의 행동을 규제한다. • 권위적이고 독재적이며 거부적 성향을 갖고 있다.	• 자아에 대한 분노와 함께 내면적으로 많은 갈등과 고통을 안고 있다. • 공격적인 성격을 갖게 된다. • 비행과 애정결핍 증세가 나타난다. • 정신질환을 보일 수 있다. • 자학적, 퇴행적 성향이 될 가능성이 아주 높다. • 자신감이 없어지고 강박관념이 생기게 된다. • 욕구불만이 증가한다.

[*] Levy(1966)는, 애정적-자율적 태도의 부모 아래서 성장한 아동들은 부모에게 안정감을 느끼기 때문에 가정 내에서 고집이나 공격성 또는 순종하지 않는 행동을 하게 된다고 분석했다.

Schaefer의 연구에 의하면, 뇌가 망가진 아이의 부모와 재희 부모의 양육 유형은 '④ 거부-통제형'일 것으로 추측된다. 이론은 현실에 바탕을 두고 만들어진다. 하지만 현실 세계가 활자 세계로 전환되는 과정에서 때때로 괴리가 발생하기도 한다. 이번 이론은 어떨까? 현실을 그대로 보여주는 거울일까, 아니면 현실을 왜곡시키는 볼록렌즈일까?

정상적인 뇌를 가진 아이는 엄마에게 지속적인 보살핌과 사랑을 받고 자랐다. 반면 쪼그라든 뇌를 가진 아이는 엄마에게 심각한 방치와 학대를 받고 자란 것으로 확인되었다. 재희는 강압적인 부모 밑에서 엄격한 훈육을 받고 자랐으며, 아버지로부터 수시로 폭언과 폭행을 당했다. 나는 ④ 거부-통제형 부모 밑에서 자란 '자녀의 성격'을 읽으면서 깜짝 놀랐다. 재희의 성격이 그대로 묘사되어 있었기 때문이다. 나는 재희의 사례를 접하면서 Schaefer의 연구 결과가 현실을 보여주는 거울이라고 확신했다.*

부모의 양육 태도는 자녀의 성격에 큰 영향을 미친다. 이는 부정할 수 없는 진실이다. 이 진실을 인정하고 싶지 않은 부모들에게 최근 학계에 발표된 연구 논문을 하나 소개해주고 싶다. 논문은 중학생 2,431명을 대상으로 '부모-자녀의 부정적 상호작용이 자녀의 정서에 미치는 영향'을 연구한 것인데, 결론의 일부를 인용하면 다음과 같다.

부모로부터 받는 각종 스트레스는 자녀의 우울, 분노, 공격성에 직접적

---

* 많은 연구들이, 부모가 애정적이고 수용적일 경우 자녀의 사회적, 정서적, 지적 발달이 바람직한 방향으로 이뤄진다고 결론짓고 있다.

   초등 6년이 자녀교육의 전부다

인 영향을 미친다. 즉, 부모와 자녀간의 대화 불통, 의견충돌, 학업, 지나친 간섭으로 인해 발생하는 각종 스트레스는 자녀의 우울감과 분노감을 증가시키고, 종국에는 자녀의 공격성 역시 증가시킨다. 한편 부모로부터 받은 폭력은 자녀의 분노감에 영향을 미치고, 부모 간 갈등은 자녀의 우울감에 영향을 미친다.[*]

자, 이제 앞으로 돌아가서 다시 한 번 표 I-1를 살펴보자. 당신이 바라는 자녀의 성격은 어느 칸에 있는가? 당신의 양육 태도는 어느 칸에 있는가? 둘은 같은 선상에 위치하고 있는가? 혹, 자녀가 능동적, 독립적, 외향적, 사교적이길 바라면서 ②, ③, ④유형으로 자녀를 키우고 있지는 않은가?

사실 거창스럽게 연구 논문들을 열람할 필요도 없다. 상식적으로 생각해봐도 결론은 똑같다. 엄마의 학대로 뇌가 쪼그라든 아이가 정상적인 지능을 가질 수 있을까? 아빠의 폭언과 폭행에 고통 받는 아이가 정상적인 심리와 정서를 유지할 수 있을까? 권위적이고 독재적이고 거부적인 부모 밑에서 자란 아이가 명석하고 사교적이고 창의적일 수 있을까? 부모라면 공부를 논하기 전에 자녀에게 충만한 사랑과 정서적 풍요로움을 제공해주어야 함이 마땅하다.

어떤 부모들은 하소연한다. 이상한 담임을 만나서 애 성격이 나빠졌

---

[*] 정주영(2014), 「부모-자녀의 부정적 상호작용이 우울, 분노를 매개로 청소년의 공격성에 미치는 영향: 성별 차이를 중심으로」, 한국청소년연구

다고, 못된 친구들과 어울려서 애가 나쁜 길로 빠졌다고. 교사와 친구가 당신의 아이에게 많은 영향을 미치는 타자라는 건 명백한 사실이다. 하지만 그들의 영향력이 자녀의 성격과 인생을 바꿀 만큼 크지는 않다. 당신의 유년기와 청소년기를 떠올려보라. 누가 당신에게 가장 큰 영향을 미쳤던가? 선생님인가? 친구인가? 부모는 자녀의 인생에 그 어떤 사람보다도 막강한 영향력을 행사한다. 이는 우리의 지나온 인생을 반추해보면 즉시 증명되는 명백한 진실이다.

아이는 부모와의 관계맺음을 통해서 성격이 형성되고, 예의범절을 습득하며, 대인관계 기술을 터득한다. 부모가 자녀를 어떤 방식으로 키웠는가에 따라 자신감이 넘치는 아이, 적극적인 아이, 긍정적인 아이로 자랄 수도 있고, 열등감이 심한 아이, 의존적인 아이, 공격적인 아이로 자랄 수도 있다. 자신감 넘치고 적극적이고 긍정적인 아이가 성공할까, 열등감에 사로잡혀 있고 애정 결핍에 시달리고 분노에 차 있는 아이가 성공할까? 결국, 한 사람의 성격과 운명은 그가 어떤 부모를 만났는가에 따라, 좀더 엄밀히 표현하면 부모가 어떤 방식으로 그를 키웠는가에 따라 결정된다.

유화와 수채화는 서양화의 대표적인 화법이다. 기름으로 갠 물감을 사용하여 캔버스에 그림을 그리는 유화는 색을 덧칠하거나 물감을 떼어내고 다시 채색할 수 있다. 반면 물감을 물에 풀어서 도화지에 그림을 그리는 수채화는 한번 색을 칠하면 수정이 불가하다. 잘못 그렸다고 덧칠을 했다가는 종이가 벗겨지거나 찢어지는 난감한 상황이 벌어진다.

아이들은 마음에 하얀 종이를 한 장씩 품고 태어난다. 그 하얀 종이에 그림을 그려주는 사람은 바로 부모. 당신은 자녀의 성격을 그려주는 화가다. 그런데, 자녀의 하얀 종이는 캔버스가 아니고, 당신이 그리는 그림은 유화가 아니다. 자녀가 품고 있는 종이는 도화지고, 당신이 그리는 그림은 한 번 그리면 고칠 수 없는, 한 번의 붓질로 그림을 망칠 수도 있는 수채화다. 당신의 붓 터치에 자녀의 성격이 그려지고, 운명이 달라지는 것이다.

지금, 당신은 자녀의 마음에 어떤 그림을 그려주고 있는가? 목가적인 풍경화를 그려주고 있는가? 되는대로 아무렇게나 먹칠을 하고 있는가? 당신이 받은 백지는 단 한 장뿐이고, 당신에게 주어진 기회도 단 한 번뿐이다.

공부를 방해하는
잡기를 제거하라

아이들에게 공부가 싫은 이유를 물으면 하나같이 이렇게 답한다.

"지루해요."

"재미없어요."

지루하고 재미없다고 투덜대는 자녀에게 어떤 말을 해줘야 할까? 사실대로, "맞아, 공부는 별로 재미없는 거야"라고 말해야 할까? 본심을 속이고, "열심히 해봐, 하다 보면 공부도 재미있어"라고 말해야 할까? 분명한 사실은, 부모가 '공부는 즐겁고 재미있는 것'이라고 주장한다 해도 아이들의 생각은 달라지지 않는다는 것이다. 공부가 재미없다고 투덜대는 아이를 변화시킬 수 있는 극약 처방은 없다. 우리는 이 사실을 인정하는 것에서부터 실마리를 풀어나가야 한다.

'공부는 재미없다, 내 아이가 공부를 싫어하는 것은 당연하다.
내가 어떻게 말하든 아이에게 공부는 지루한 노동일뿐이다.'

이 사실을 받아들이는 순간, 우리는 새로운 관점에서 공부를 바라보게 된다. 이렇게 말이다.

사실, '우리 아이가 공부에 재미를 붙였으면 좋겠다'는 바람은 신기루를 좇는 일인지도 모른다. 공부에서 재미를 느끼기란 여간 어려운 일이 아니기 때문이다. 특히 초등학생들은 하라고 하니까 그냥 하는 거지, 재미가 있어서 공부를 하는 아이는 극히 드물다. 당신은 어땠는가? 초등학생 시절에 공부하는 게 재미있었는가?

나는 초등학교 1학년 때 받아쓰기 시험을 보면 매번 10~20점을 받았고, 방과 후에 나머지 공부를 하는 일이 다반사였다. 2학년 때는 구구단을 외우지 못해서 오후 늦게까지 남아서 시험을 봐야 했다. 3학년 때는 매일 쪽지시험을 봤고, 틀린 개수만큼 손바닥을 맞았다. 초등학교 시절 공부에 재미를 느꼈던 적은 없었던 것 같다. 그저 선생님이 시키니까, 부모님이 하라니까 했을 뿐이다. 당신도 나와 크게 다르지 않았을 것 같다. 우리의 어린 시절을 떠올려보면, 공부를 싫어하는 아이들은 지극히 정상이다.

아이들은 왜 공부를 재미없어 할까? 사실 고민할 일도 아니다. 교과서 읽고, 단어 암기하고, 문제 푸는 걸 재미있게 느끼는 것이 더 희한한 일이다. 공부는 기본적으로 따분하고 지루하다. 게다가 어렵기까지 하다. 공부 자체가 갖고 있는 고리타분함과 난해함을 통제한다는 것은 불가능하다. '그럼 우리애는 공부에서 영영 재미를 찾지 못한단 말인가?' 좋은 방법이 하나 있다. 공부보다 더 재미난 잡기雜技들을 통제하는 것이다.

위험천만하게도 아이들을 유혹하는 잡기들은 지천에 널려 있다. 가장 강력한 잡기는 게임이다. 게임이라면 나도 할 말이 참 많다. 내가 초등학교를 다녔던 시절은 오락실이 대유행하던 때였다. 우리집은 대문만 나가도 전자오락 소리가 들려올 만큼 오락실과 지척에 있었다. 동네에는 총 네 개의 오락실이 있었다. 중독이 극에 달했던 6학년 때는 학교가 파하면 동네에 있는 오락실을 순회하면서 게임을 하거나 다른 아이들이 게임하는 모습을 구경했다. 일요일에는 아침부터 저녁까지 오락실에서 살다시피 했다. 이른 아침에 오락실에 가면 아무도 없었다. 나는 직접 오락기를 켜서 게임을 하곤 했다. 지금도 그 당시에 다녔던 모든 오락실의 구조와 분위기가 생생하게 떠오를 만큼 나는 오락실에서 죽치고 살았다.

내가 어렸을 때 심취했던 전자오락은 컴퓨터 게임에 비하면 양반이었다. 요즘 같은 시대에 태어났다면 나는 폐인처럼 살았을 것이다. 전자오락은 게임 한판을 하려면 100원이라는 거금이 필요했다. 게임을 할 수 있는 시간도 제한적이었다. 당시 오락실은 늦어도 밤 10시면 문을 닫았다. 반면 요즘은 돈 한푼 들이지 않고 밤새도록 게임을 할 수 있다. 게

다가 레벨업이라는 육성시스템이 존재하고, 인터넷을 통해 다른 사람들과 게임도 할 수 있다. 때문에 전자오락보다 훨씬 더 중독성이 강하다.

나는 초등학생 때처럼은 아니지만 중·고등학생 때도 오락실에 다녔다. 대학시절에도 컴퓨터 게임과 인터넷에 빠져 지냈다. 학창 시절 내내 게임에 빠져 살았다는 것이 믿기지 않을 수도 있겠지만, 모두 사실이다. 부끄럽지만 나는 교사가 된 후로도 한 동안 게임에 빠져 지냈다. 첫 월급을 받아서 최신형 게임기를 샀고, 그 후로도 모든 기종의 게임기를 구입했다. 한동안 총질 해대는 게임에 몰두하기도 했다. 고백하건대 나는 서른을 넘겨서야 게임의 마수에서 벗어날 수 있었다. 지금은 게임을 별로 하지 않지만, 가끔씩 해보면 여전히 재미있다. 하지만 언제부턴가 재미보다 가치를 추구하기 시작했고, 편한 일보다 의미 있는 일을 하면서 살겠다고 다짐했다. 그래서 게임을 접었다. 한마디로 철이 들고 나서야 게임에서 손을 떼게 된 것이다.

흥미로운 사실은 20년 넘게 게임에 빠져 살았던 내가 유별난 사례가 아니라는 점이다. 카이스트KAIST 대학에서는 새벽 2시부터 아침 7시까지 게임사이트 접속을 차단하는 조치를 취했던 적이 있다. 수재로 불렸던 카이스트생 중에서 게임중독으로 학사경고를 받은 학생이 50명이나 되었기 때문이다. 또한 학사경고를 3번 받아 제적됐다가 재입학을 신청한 학생들의 3분의 2가 게임 중독 때문에 학업이 부진했던 것으로 드러났다. 나 또한 교대시절에 남학우들이 PC방에서 날밤을 지새우던 광경을 수없이 목격했다. 게임에 빠져 학사경고를 받고 제때 졸업하지 못한 선배도 보았다. 이처럼 게임은 한 번 빠져들면 인생이 망가질 때까지 헤어나기가 힘들다.

최근에는 스마트폰이라는 초강력 잡기까지 가세했다. 바야흐로 터치 한 번이면 게임과 인터넷에 접속이 가능한 시대가 도래한 것이다. 이 초강력 잡기 덕분에 아이들은 시공을 초월해서 게임의 세계로 빠져들게 되었다. 스마트폰 중독에 빠진 학생들은 이렇게 호소한다.

"스마트폰 때문에 아무것도 못하고 미치겠어요. 손에서 떼지도 못하겠고, 손에서 멀어지면 아무것도 손에 안 잡히고 폰 생각만 나요."

"공부를 하면서 습관적으로 스마트폰을 갖고 놀게 되요. 학원에 갔다 와서도 한번 스마트폰을 붙잡으면 어느새 새벽 3시가 돼버려요. 이 습관 때문에 진짜 미치겠어요."

"방학이라 아침에 일어나면 스마트폰으로 시간을 확인하고 저도 모르게 게임을 합니다. 하다 보면 오후 4시가 되요. 스마트폰을 안 하면 친구관계가 소홀해지는데, 정말 어떻게 해야 할지 모르겠어요."

스마트폰 중독은 일부 학생들에 국한된 문제가 아니다. 경기도교육청이 경기도내 초·중·고생 145만여 명을 대상으로 조사한 결과, 학생들의 스마트폰 중독이 위험한 수준에 이르렀음이 드러났다. 조사 대상의 66퍼센트가 스마트폰을 갖고 있었고, 이들 중 하루에 1시간 이상 스마트폰을 사용하는 비율은 73퍼센트에 달했다.* 한편 한국정보화진흥원

---

* 스마트폰 사용 시간은 하루 1~3시간이 45퍼센트, 3~5시간이 18퍼센트, 5시간 이상이 10퍼센트인 것으로 나타났다.

   초등 6년이 자녀교육의 전부다

의 발표에 따르면, 초·중·고생의 스마트폰 중독 위험군 비율은 인터넷 중독 위험군 비율의 두 배가 넘는 것으로 밝혀졌다. 중독 현상이 컴퓨터에서 스마트폰으로 이동하고 있는 것이다.

아이들은 장난감, 컴퓨터, 게임기, 스마트폰, TV, 만화책 등 공부보다 재미난 수많은 물건들을 접하면서 살고 있다. 흥미진진한 잡기를 붙잡고 살아가고 있는 아이가 책 속에서 재미를 찾을 수 있을까? 아이들은 지루함과 좌절감을 안겨주는 공부와 짜릿함과 성취감을 선사하는 게임 중에서 무엇을 선택할까? 결과는 불 보듯 뻔하다.

일부 부모들은 자녀가 컴퓨터, 스마트폰, TV를 붙잡고 사는 것에 별다른 위기의식을 느끼지 않는 듯하다. 하지만 잡기의 악영향은 생각보다 훨씬 더 심각하다. 잡기에 중독되면 인생은 수도관이 터져 콸콸 쏟아지는 수돗물처럼 낭비되고 만다. 당신 아이가 잡기에 중독되는 순간, 자녀교육의 성공은 물건너갔다고 보면 된다. 자녀교육의 성공은 둘째 치고서라도, 자녀의 인생이 망가지는 것을 막고 싶다면 잡기로부터 아이를 지켜내야 한다. 어떻게?

연구가들은 자녀가 게임, 인터넷, TV에 중독되는 것을 막기 위해서는 부모의 역할이 중요하다고 주장한다. 최근 학계에 발표된 연구 결론을 살펴보자.

① 부모의 양육 방식이 적극적·민주적·긍정적일수록 자녀의 인터넷 중독 위험이 낮아지는 반면, 부모의 양육 방식이 거부적·통제적·비관적일수록 자녀의 인터넷 중독 위험이 높아진다.

② 자녀가 지각知覺하는 부모의 애정이 강할수록 자녀의 인터넷 중독

위험이 낮아지고, 자녀가 지각하는 부모의 애정이 약할수록 자녀의 인터넷 중독 위험이 높아진다.

③ 부모의 TV 시청시간이 많을수록 자녀의 TV 시청시간이 증가한다.* 부모의 제한적 TV 시청에 대한 자녀의 지각이 높을수록 자녀가 부적절한 TV 프로그램을 적게 시청한다. 부모와 자녀가 'TV 안 보기-책읽기 활동'을 하면 가족의 TV 시청시간이 감소하고, 자녀의 읽기 태도가 좋아진다.

아이들을 잡기로부터 지켜낼 묘안이 없을까? 효과가 확실하면서도 손쉬운 방법이 한 가지 있다. 자녀의 생활반경에서 잡기를 제거하는 것이다. 즉, 책보다 흥미진진한 스마트폰, 컴퓨터, 게임기, TV를 집에서 퇴출시키라는 말이다. 물론 부모가 드라마 보는 걸 인생의 낙으로 여기거나 하루 종일 컴퓨터 속 가상세계에 빠져 산다면 이 묘안은 무용지물이다.

당신은 어떤가? 혹, 자녀보다 더 많은 시간을 컴퓨터와 TV에 쏟고 있는 것은 아닌가? 부모는 컴퓨터와 TV를 옆에 끼고 살면서, 자녀에게 컴퓨터와 TV를 끄고 공부하라고 요구한다면 과연 그 말이 먹혀들까? 이렇게 보면 게임에 중독된 아들, 스마트폰에 빠진 딸과의 전쟁이 아니다. 잡기에 빠진 부모 자신과의 전쟁이다. 자녀의 인생이 잡기에 탕진되는

---

* 정보통신정책연구원(KISDI)은 부모와 자녀의 TV 시청시간의 상관관계에 관한 연구를 실시했다. 연구 결과, '부모의 TV 시청시간이 한 시간 증가할 때 자녀의 TV 시청시간은 약 25분 증가한다'는 사실을 밝혀냈다. 겸연쩍은 사실은 솔선수범을 보여야 할 부모가 TV에 더 열광적이었다는 점이다. 가족 구성원의 하루 평균 TV 시청시간을 보면 어머니 3시간 29분, 아버지 2시간 20분, 초등학교 남학생 2시간 3분, 초등학교 여학생 2시간이었다.

것을 막고 싶은가? 그렇다면 당신이 먼저 잡기를 포기해야 한다. 이것
이 당신의 아이를 잡기로부터 보호할 수 있는 가장 효과적이고 즉각적
인 처방이다.

이 말 한마디에
공부를 시작한다

결론부터 말하자면, 이번 이야기를 통해서 전하고 싶은 메시지는 이것이다.

부모의 말 한마디에 자녀의 인생이 달라집니다. 부모가 자녀에게 물려줄 수 있는 가장 위대한 유산은 바로, 자신감입니다. 자녀를 우등생으로 키워내고 싶은가요? 오늘부터 이 말을 입에 달고 살아야 합니다.
"아들아, 넌 할 수 있어!"
"딸아, 네겐 그것을 해낼 만한 충분한 능력이 있어!"

어떻게 하면 이 메시지를 설득력 있게 전달할 수 있을까? 먼저 자신감을 심어주는 부모의 말이 자녀교육에 긍정적이라는 사실을 증명해야 하겠지? 논문을 검색해볼까? 성공한 부모들과 명문대생들의 예화를 찾아볼까? 사례들은 어렵지 않게 찾을 수 있었다. 하지만 그 사례들을 신지 않기로 했다. 자신감이라는 정서적 요소를 무미건조한 통계 수치로 치환하는 것은 적절치 않고, 성공한 부모들의 사례나 명문대생들의 일화는 식상한 면이 없지 않다고 판단했기 때문이다. 무엇보다도 논문이나 성공담을 소개하는 것으로는 메시지 전달에 흡입력이 떨어질 것 같았다. 어떻게 해야 호소력 짙게 메시지를 전달할 수 있을까?

긴 고민 끝에, 내 이야기를 들려주기로 했다. 저자나 독자 모두 논문의 숫자놀음은 따분하고 머리 아플 테고, 일면식도 없는 성공자들의 목소리를 나열하는 것보다는 저자의 경험담을 들려주는 것이 독자들의 가슴에 더 와 닿을 것이라고 판단했기 때문이다.*

고등학교에 입학할 무렵, 나는 비관과 절망의 포로가 되어 자포자기의 나날을 보내고 있었다. 열일곱 꽃 같은 나이에 인생을 쓰레기통에 던져버린 것이다. 포기와 나태의 대가를 치르는 데는 오랜 시간이 걸리지 않았다. 입학하고 두 달 만에 중간고사를 치렀고, 며칠 뒤에 성적표가 나왔다. 48명 중 10등이었다. '10등이면 잘한 것 아닌가?' 벌써 잊었는가? 뒤에서 10등이었다. 내 앞에 38명이 있다는 사실을 알았을 때 밀려드는 좌절감, 한국말로 진행되는 수업을 알아듣지 못하는 당혹감, 해답지를 봐도 뭔 소린지 몰라서 공부를 포기해야 하는 참담함을 경험해 본 적 있는가?

---

* 이 책에는 자신감에 관해서 내 경험담만 실었다. 자신감에 대한 필자의 의견을 좀더 알고 싶다면 전작 「엄마가 알아야 아이가 산다(243~258쪽)」을 읽어보기 바란다. 전작에는 부모의 말이 자녀에게 미치는 영향에 대한 연구 사례, 필자의 교사 생활 경험담, 성공한 부모들과 명문대 합격생의 사례 등을 소개했다.

간혹 어떤 책들을 읽다 보면 저자가 자신이 처했던 상황을 과대 포장한다는 느낌을 받곤 한다. 공교롭게도 내가 지금 그런 오해를 받을 수 있는 상황에 처했다. 그런데 내 말은 과장이 아니다. 고교시절의 방황 때문에 나는 스물네 살까지 고졸백수로 살아야 했다. 믿거나 말거나, 진짜로 그랬다. 당시에는 '짜증난다, 재수 없다, 죽고 싶다'는 생각들이 내 머릿속을 가득 채우고 있었다. 겨우 열일곱 나이에 비관과 염세의 늪에 빠져 인생을 포기했던 것이다. 그렇다면 나는 어떻게 절망의 늪에서 탈출할 수 있었을까? 자녀교육 문제로 고민이 많은 부모라면 여기서부터 좀 더 진지하게 읽어주기 바란다.

밑바닥을 모르고 끝없이 침전하던 나를 건져 올려 준 사람이 있었다. 돌이켜 생각해보면 그는 내 인생의 은인이자 구세주였다. 은인이 내게 공부를 가르쳐 주거나 장학금을 준 것은 아니었다. 그가 내게 준 선물은 바로 이것이었다.

"넌 할 수 있어!"

고작 다섯 글자였지만, 내겐 천금보다 값진 말이었다. 여태껏 살아오면서 그 누구에게도 들어본 적 없는 말이었기 때문이다. 처음에는 그저 듣기 좋으라고 하는 소린 줄 알았다. 그런데 1년이 지나고, 2년이 지나고, 3년이 지나도 은인은 멈추지 않았다. 그는 내게 편지로, 전화로, 만날 때마다 쉼 없이 외쳐댔다.

"넌 할 수 있어!"

   초등 6년이 자녀교육의 전부다

"네겐 무한한 능력이 있어!"

"넌 무조건 잘 될 거야!"

자폐적 삶을 살아가던 내 처지에선 정말 얼토당토않은 말이었다. 그런데 아는가? 아무리 무능하고 비관적이고 무기력한 사람일지라도 '넌 할 수 있다'는 말을 수년 동안 반복적으로 들으면 두뇌에 지각변동이 일어난다는 사실을.

2년이 흘렀다. 지난 2년 동안 나는 아무런 변화도, 성과도 보이지 못했다. 하지만 은인은 여전히 외쳐댔다.

"넌 할 수 있어!"

그 쉼 없는 외침에 나를 감금했던 절망의 벽이 조금씩 금갔고, 갈라진 틈에서 새어 나온 빛줄기들이 나를 비추기 시작했다. 그것은, 희망의 빛이었다. '내가 할 줄 아는 게 뭐가 있겠어', '그냥 되는대로 살자', '이렇게 살아서 뭐하나'라는 비관에 빠져 있던 나에게 희망의 날개가 돋기 시작했다.

'이렇게 살면 안 될 거 같아!', '어쩌면 나도 할 수 있을지 몰라!', '사람답게 살고 싶다!'

태양이 지평선까지 내려앉은 어둠의 장막을 걷어내고 아침을 소생시키듯, '넌 할 수 있어!'라는 말은 비관과 절망에 빠진 나를 소생시키고 있었다.

'그래, 어쩌면 내게도 그 능력이란 게 있을지도 몰라.'

그와 동시에 나를 끝까지 믿어준 은인을 실망시키고 싶지 않았다.

'저렇게까지 날 믿어주는데, 그 믿음을 져버릴 순 없지 않은가!'

나는 절망의 벽을 깨부수고, 빛을 향해 날아오르기 시작했다. 절망의 동굴을 벗어나 희망의 광야로 들어선 것이다. 나는 단언할 수 있다. 만일 내게 은인이 나타나지 않았다면 절망의 감옥에서 탈출할 수 없었을 거라고, 밑바닥 삶에서 희망을 꿈꿀 수 없었을 거라고, 지금의 나는 존재할 수 없었을 거라고. 많은 세월이 흘렀지만 지금도 은인을 생각할 때마다 고개가 절로 숙여진다. 이 글을 쓰는 지금도 감사의 눈물이 두 뺨을 타고 흐른다. 궁금해 하는 독자를 위해서 밝힌다. 은인은, 나의 친누나였다.

당신은 어떤 부모인가? 자녀에게 감사의 눈물을 흘리게 한 적이 있는가? 자녀에게 자신감을 불어넣어 준 적이 있는가? 많은 부모들이 자녀의 눈에서 감사의 눈물 대신 원망의 눈물을 쏟게 만들고 있다. 자신감은 불어넣지 않고, 잔소리만 불어넣고 있다.

당신 아이에게 자신감을 심어 줄 사람이 있는가? 절망의 늪에 빠져 허우적거릴 때 희망의 밧줄을 던져줄 사람이 있는가? 수년 동안 변화와 진전이 없어도 끝까지 믿어 주고 격려해 줄 사람이 있는가? 그런 면에서 나는 운이 좋았다. 안타깝지만, 당신 아이에게는 그런 은인이 없을 것 같다.

'무슨 말을 그렇게 하나? 우리 아이에게 그런 사람이 왜 없나? 엄마인 내가 있는데! 아빠인 내가 있는데!'

그렇다. 당신 아이에게 은인이 되어줄 사람이 있다고 한다면 그는, 바로 당신이다. 오직 당신 밖에 없다. 그 어떤 사람도 당신 아이에게 '넌 할수 있다'고 말하지 않는다. 곰곰이 생각해보라. 당신이 수십 년을 살아오는 동안 "넌 할 수 있어!"라고 말해주었던 사람이 몇이나 있었던가를. 당신 아이도 똑같은 처지다. 부모인 당신이 말해주지 않는다면, 당신 아이또한 '넌 할 수 있어'라는 말을 평생 듣지 못할 것이다.

자신감을 심어주는 것, 이것이 자녀교육의 진리다. 특히, 중·고등학생 자녀를 둔 부모들은 잘 새겨듣기 바란다. 이제 당신이 자녀의 공부에 도움을 줄 수 있는 일은 오직 자신감을 불어넣어 주는 것 밖에 없다. 물론 초등학생 자녀를 둔 부모들도 반드시 해야 할 일이다.

많은 부모들이 '공부하라'는 말을 수없이 되풀이 한다. 반면 '할 수 있다'는 말을 되풀이하는 부모는 없다. 곰곰이 생각해보라. 자녀에게 "넌 할 수 있어!"라고 말해준 적이 언제였던가.

당신이 자녀에게 불어넣어 주어야 할 것은 잔소리가 아니다. 자신감이다. 오늘부터는 "공부해라!", "공부해라!", "공부해라!" 대신에 "할 수 있다!", "할 수 있다!", "할 수 있다!"를 외치는 부모가 되라. 오늘 당신이 외친 이 말 한마디가 자녀의 인생을 극적으로 변화시킨다. 자신감, 당신이 자녀에게 줄 수 있는 가장 멋진 선물이자, 가장 위대한 유산이다.

자녀의 눈으로
공부를 바라보라

기성이는 초등학교 5학년 사내아이다. 기성이 아버지는 교육열이 넘치는 분으로, 아들이 1등 하는 모습을 꼭 한 번 보는 게 소원이다. 기말시험을 보기 전날 밤, 아버지는 아들을 불러다 앉혀 놓고 이렇게 말했다.

"기성아, 너 이번 시험에서는 반드시 1등을 해야 한다. 만약 이번에 1등을 못하면 아빠한테 혼날 줄 알거라!"

과연, 기성이는 아빠의 소원을 들어 줄 수 있었을까? 기성이의 일기장을 살짝 엿보기로 하자.

"오늘은 시험날! 시험이 다 끝난 뒤, "휴, 이제야 다 끝났구나?"하는 말이 자주 나온다. "오늘은 얼마나 될까?"하는 생각도 난다. 이것은 시험이 끝나면 떠오른다. 오늘은 조은애라는 우리반 여자반장이 99점을 얻어 1등을 했다. 그래서 나는 눈물이 나올 뻔했다. 왜냐하면 1등을 못했기 때문이다. 아버지 말씀이 떠올랐다.

"기성아, 오늘은 1등을 하지 못하면 혼날 줄 알아라."

그러나 또 다른 생각이 떠오른다. 고등학교 3학년 형이 자살을 하였다고 신문에 나왔다. 그 이유는 두 가지라고 하는데, 한 가지는 대학 시험에 떨어진 것, 또 한 가지는 부모님이 자꾸 대학에 입학해야 한다고 하였기 때문이란다. 왜 우리 어머니, 아버지는 자꾸 공부만 하라시는지 모르겠다."

부모가 공부하라고 자주 채근하는 걸 보면 기성이는 집에서 공부를 별로 안 하는 듯하다. 부모는 시도 때도 없이 공부하라고 외쳐대지만, 열두 살 기성이는 공부 타령만 늘어놓는 엄마 아빠가 의아할 따름이다. 이 대목에서 당신의 생각이 궁금하다. 어떤가? 엄마, 아빠를 의아해하는 기성이가 공감되는가, 아들에게 공부를 강조하는 기성이 부모가 공감되는가?

학창 시절, 내 눈에 비친 학교는 비민주적인 곳이었고, 교사들은 불합리한 사고방식을 소유한 사람들이었다. 많은 교사들이 학생들에게 폭행에 가까운 체벌을 일삼았고, 인격을 모독하는 거친 발언도 서슴지 않았다. 나는 교육자로 불리는 교사들의 말과 행동을 이해할 수 없었다. 학교와 교사에 대한 반감이 더 컸던 이유는, 내가 모범 학생이 아니었기 때문이다. 사실, 나는 때때로 교사들의 심기를 불편하게 만드는 불량 학생이었다.

여덟 살 꼬마가 대개 그렇겠지만, 초등학교 1학년 때 나는 남들보다 딱히 잘하는 게 없는 아이였다. 공부는 남들보다 열등한 축에 속했다. 특히 받아쓰기를 못해서 방과 후에 나머지 공부를 하는 게 일과였다. 공부를 못한다는 자괴감에 빠져 있던, 공부를 못해서 자신감이 없던 아이에게 로봇 그리기는 남들에게 자랑할 수 있는 유일한 장기였다.

그 사건은 미술시간에 벌어졌다. 그날은 그리고 싶은 것을 자유롭게 그리는 시간이었다. 나는 심혈을 기울여 로봇을 그렸다. 나도 잘 하는 게 있다고 친구들에게 뽐내고 싶었기 때문이다. 그런데 그림을 본 친구들이 하나같이 내 그림보다 짝꿍의 그림이 더 멋지다고 하는 게 아닌가. 자존심이 상했고, 시샘도 났다.

쉬는 시간이 되었다. 짝은 자리에 없었다. 짝의 그림을 찢어버렸다. 짝은 울면서 담임에게 내 만행을 고해바쳤다. 수업종이 울렸다. 선생님의 책상 앞으로 불려 나갔다.

선생님은 의자에 앉은 채로 나를 맞이했다. 그건 키 작은 제자를 위한 배려가 아니었다. 선생님이 나와 눈높이를 맞추며 대화를 나눈 까닭은 조막만 한 제자를 손쉽게 응징하기 위함이었다. 선생님은 내게 몇 살이냐고 물었다. 여덟 살이라고 답했다. 교회를 다니는지도 물었다. 그렇다고 답했다. 즉결 심판이 내려졌다.

"교회를 다니는 사람이 그런 나쁜 짓을 하면 쓰겠냐! 너는 여덟 살이니까 여덟 대를 맞아야 한다."

곧이어 선생님의 매서운 손바닥이 내 뺨을 갈기기 시작했다. 처음 한 대를 맞는 순간, 별이 보이고 눈물이 핑 돌 정도로 아팠지만 긴장을 놓을 순 없었다. 아직 일곱 대가 남았기 때문이다. 이를 악물고 나머지 일곱 대를 버텨냈다. 얼마나 세차게 맞았던지 뺨을 가격당할 때마다 턱이 어깨에 닿을 듯했다. 뺨이 얼얼하고 얼굴이 벌겋게 부어오르게 맞았으

     초등 6년이 자녀교육의 전부다

니 얼마나 아팠겠는가. 아픈 것도 아픈 거지만, 친구들이 보는 앞에서 체벌을 당해서 자존심이 상했다. 좀더 정확하게 표현하자면, 부끄러웠다. 초등학교 3학년 때도 친구들이 모두 보는 앞에서 담임에게 발로 밟히는 체벌을 당했다. 중·고등학교 시절에도 모멸감과 수치심이 느껴지는 체벌을 수차례 당했다. 이런 뼈아픈 경험들을 갖고 있던 내가 어떻게 학교와 교사에게 호감을 가질 수 있겠는가. 학교와 교사에게 반감과 혐오를 느끼는 건 당연한 일이었다.

생각할수록 참 아이러니하다. 학교와 교사를 맹렬히 비난했던 내가 학교에서 교사를 하고 있으니 말이다. 친구들은 교사가 된 내게 "너 그렇게 선생 욕을 하더니 선생이 되었냐?"며 놀리곤 했다.

그런데 교사가 되고 난 후부터 놀라운 반전이 벌어졌다. 증오의 대상이었던 교사들이 차츰 이해되기 시작하는 게 아닌가. 한발 더 나아가 교직 경력이 쌓여갈수록 선생님들께 죄송한 마음이 들었다. 심지어 나를 체벌한 선생님들이 고맙게 느껴졌다. 돌이켜 생각해보면 선생님들이 내게 잘못을 한 것이 아니었다. 내가 그분들에게 몹쓸 짓을 했던 것이다. 내가 말썽을 피우지 않았다면, 그분들은 인자하고 온화한 모습으로 제자들을 대할 수 있었을 것이다. 문제를 일으켰던 나로 인해 그분들은 제자들 앞에서 교사의 품위를 떨어뜨리는 모습을 보여야 했다. 선생님들도 어린 제자를 체벌하는 것이 결코 유쾌한 일은 아니었을 것이다. 어쩌면 오랜 세월 자괴감에 시달려야 했을지도 모른다. 상처는 나만 받은 게 아니었다. 교사가 되고 나서 비로소 알게 되었다. 체벌은 교사에게도 상처가 된다는 사실을.

선생님들의 가르침이 없었다면 어떻게 되었을까? 받아쓰기와 구구 단을 못했던 나를 방과 후에 남겨서 지도해주시고, 바르지 못한 행동을 했을 때 따끔하게 혼내주셨던 선생님들이 계셨기에, 지금 이 자리에 내가 존재할 수 있었다. 이제는 체벌을 당했던 아픔과 원망보다는 그분들에게 죄송스럽고 감사한 마음이 앞선다. 나는 교사가 되고 나서야 비로소 선생님들의 입장을 이해하게 되었다. 만일 교사가 되지 않았다면 나는 평생 선생님들을 원망하고 욕하면서 살았을 것이다.

그런데 극적인 반전이 다시 한 번 벌어졌다. 교사가 되면서 교사의 입장을 과하다싶을 만큼 잘 이해하게 된 내가, 이제는 학생의 입장을 이해하지 못하게 된 것이다. 떠들고 장난치고 친구를 괴롭혔던 내가, 떠들고 장난치고 친구를 괴롭히는 학생을 이해할 수 없게 되었다. 수업시간에 딴짓을 일삼고 공부를 안 하고 공부를 못했던 내가, 수업시간에 딴짓을 일삼고 공부를 안 하고 공부를 못하는 학생을 이해하지 못하게 되었다. 너무 드라마틱한 반전反轉 같다고?

극적인 반전은 교사가 된 내게만 벌어진 게 아니다. 부모들 또한 반전을 경험하고 있다. '내가 무슨 반전을 경험했단 말인가?' 자식에서 부모로 처지가 바뀌면서 벌어진 반전 말이다. 부모가 되면서 부모의 마음을 이해하게 되었지만, 부모가 되면서 자식의 마음을 이해하지 못하게 된 것 말이다. 자, 당신은 어떤가?

이쯤에서 기성이의 정체를 밝히는 게 좋겠다. 기성이는 내가 가르쳤던 학생이 아니다. 그와 나는 일면식도 없는 사이다. 확실한 건 그가 나보다 나이가 더 많으며, 지금은 한 가정의 가장으로 살아가고 있을 거라는 사실이다.* 사십대 가장이 된 기성은 자녀에게 공부 잔소리를 늘어놓고, 1등을 요구하는 아버지가 되었을까? 아마 그렇게 되었을 것이다. 아들의 고민을 이해해주기엔 너무 오랜 세월이 흘러버렸기에. 딸의 마음을 공감해주기엔 너무 많은 시간이 지나버렸기에. 공부 잔소리를 늘어놓는 아버지를 이해하지 못했던 초등학생 기성은, 초등학생 아들에게 공부 잔소리를 늘어놓는 아버지가 되었을 것이다. 1등을 요구하는 아버지 때문에 고민에 빠졌던 초등학생 기성은, 1등을 못하는 초등학생 딸 때문에 고민에 빠진 아버지가 되었을 것이다. 초등학생 기성과 아버지가 된 기성. 혹, 당신 이야기는 아닌가?

부모들은 성적 때문에 걱정 많았던 십대 시절을, 시험 준비로 잠 못 이루던 학창 시절을, 학업 스트레스에 괴로워했던 학생 시절을 까맣게 잊어버리고 말았다. 이제 부모들은 자녀가 성적 문제로 고민한다는 사실을 모르게 되었고, 시험 때문에 고통받는다는 사실을 모르게 되었으며, 학업 스트레스에 시달린다는 사실을 모르게 되었다. 자녀의 고통과 아픔을 공감해주기엔 너무 많은 세월이 흘러버린 것이다.

시계의 태엽을 거꾸로 돌려보자. 세월의 강을 거슬러 올라가다 보면 시험 점수로 고민에 빠진 십대 소년과 공부 스트레스에 시달리는 십대 소녀를 만나게 될 것이다. 여기, 십대 시절 당신처럼 고민에 빠진 아들,

---

* 기성이의 일기는 1982년도에 쓰여진 것으로, 이오덕 선생의 저서 「삶을 가꾸는 글쓰기 교육」에서 발췌했다.

딸이 말한다. 지금 이 순간만큼은 아버지가 아닌 아들로, 어머니가 아닌 딸로, 어른이 아닌 아이의 감성으로 자녀가 느끼고 있는 고통과 아픔을 공감해보기 바란다.

"공부 스트레스로 너무 힘들어요. 주위에 공부 잘하는 아이들을 볼 때마다 스트레스를 받아요. 특히 수학 때문에 우울해요. 하루 종일 어려운 문제를 붙잡고 있다가 펑펑 울기도 하고, 어떤 날은 술술 풀려서 기분이 좋기도 하고. 하루하루 기분이 급변하니 더 힘들어요."

"고등학생이 된 후부터 공부에 대한 압박감에 항상 갇혀 살고 있어요. 공부 말고는 다 미련한 짓처럼 느껴지다 보니 예전에는 단짝 친구랑 편하게 수다도 떨고 지냈는데, 고등학교에 올라와서는 하루 종일 거의 말도 안 해요. 스트레스와 압박감 때문에 어떤 날은 글자 한자도 눈에 들어오지 않아요."

자수성가한 사람들에게 성공 비결을 물으면 이구동성으로 말한다.

"성공 비결이요? 전 그저 사람들이 원하는 걸 찾아내서, 그걸 만족시켜 준 것뿐이에요."

'성공에 웬 타인 만족?'이라고 생각하는 독자가 있다면 이 사실을 떠올려보기 바란다. 명의가 되고 싶다면 환자를 만족시켜야 한다. 인기 탤런트가 되고 싶다면 시청자를 만족시켜야 한다. 명감독이 되고 싶다면 관객을 만족시켜야 한다. 독자를 만족시킨 작가는 베스트셀러 작가가 된다. 소비자를 만족시킨 기업은 대기업으로 성장한다. 전 국민을 만족시킨 사람은 위인으로 추앙받는다.

타인을 만족시키라는 성공 법칙은 자녀교육에서도 유효하다. 부모로서 성공하고 싶다면 자녀를 만족시켜야 한다. 자녀의 비위를 맞추고 아부를 떨라는 말이 아니다. 자녀의 관점(입장)에서 세상을 바라볼 줄 알아야 한다는 말이다. 부모중심적 사고에서 벗어나 자녀중심적 사고를 해야 한다는 말이다.

학생 시절에 나는 교사들을 이해할 수 없었고, 교사가 된 지금은 학생들을 이해하지 못하고 있다. 마찬가지로 어린 시절에 당신은 부모를 이해할 수 없었고, 부모가 된 지금은 자녀를 이해하지 못하고 있다. 한때 학생이었고, 아들이었고, 딸이었던 우리는 교사가 되면서, 아버지가 되면서, 어머니가 되면서 학생을, 아들을, 딸을 이해하지 못하게 되었다.

나는 주변 사람들을 볼 때마다 소름이 돋곤 한다. 철저히 자기의 만족만을 추구하면서 살아가기 때문이다. 사람들은 자신의 이익을 위해서라면 타인의 손해나 희생쯤은 대수롭지 않게 생각한다. 자기가 힘들고 어렵고 괴로운 것에만 몰두할 뿐, 타인이 얼마나 힘들고 어렵고 괴로운지는 관심이 없다. 자신을 만족시켜주는 사람은 선인善人이라고 치켜세우고, 자신을 만족시켜주지 않는 사람은 악인惡人이라고 비난한다. 온몸에 소름이 돋을 만큼 충격적인 순간은, 나 또한 그들과 크게 다르지 않다는 사실을 깨닫는 순간이다.

자기중심적 사고는 타인과의 관계에서만 발동하는 것이 아니다. 부모와 자녀 사이에서도 만족-선인, 불만족-악인의 딜레마에 빠지는 경우가 종종 벌어진다. 자, 당신은 어떤가? 혹, 당신을 만족시켜주기 때문에 딸이 예쁜 건 아닌가? 당신을 만족시켜주지 않는 아들이 때때로 밉진 않은가? 당신이 자녀에게 무언가를 바라는 한, 당신은 자녀와의 갈등을 피하기 어려울 것이다. 어린 자녀가 당신의 끝없는 욕구를 모두 충족시켜주는 것은 불가능하기 때문이다. 더욱이 자녀가 당신의 만족을 충족시켜주기 위해서 존재하는 것도 아니지 않은가.

자녀의 입장에서 생각해보자. 왜 공부를 해야만 하는가? 공부보다 게임이 더 재미있는데, 왜 컴퓨터를 끄고 책상에 앉아야 하는가? 당장 돈벼락을 맞는 것도 아니고, 당장 굶어 죽는 것도 아닌데, 왜 공부를 해야만 하는가? 해야 할 이유가 하나도 없는데, 왜 공부를 해야 하는가? 인간은 자신의 욕구를 충족시키기 위해서 행동하기 마련이다. 공부를 해야 할 이유가 단지 부모의 욕구와 만족을 충족시키기 위한 것이라면, 자녀는 공부에 최선을 다하지 않을 것이다. 공부보다는 자신의 욕구와 만족을 충족시켜 줄 수 있는 다른 무언가에 탐닉할 것이다.

인간은 누구나 자기중심적으로 생각하고, 말하고, 행동한다. 이러한 자기중심성이 비난 받고 폄하될 이유는 없다. 나르시시즘은 정신이 육체에 속박되어 있는 인간의 숙명이기 때문이다. 그렇기에 당신이 자녀의 관점에서 세상을 바라보고, 자녀의 입장을 공감하기란 무척 어렵다. 하지만 기억하라. 성공한 사람들은 타인을 만족시키기 위해서 노력했다. 성공한 부모들 또한 자신의 만족을 앞세우기보다는 자녀의 만족을 우선 생각했다. 부모로서 성공하고 싶다면 다음의 성공 법칙을 준수하라.

　　　　　　　　　　　　　　　　초등 6년이 자녀교육의 전부다

"자녀의 만족에 집중하라.

자녀중심적 사고방식을 갖춰라.

자녀의 관점에서 세상을 바라보라.

자녀의 눈으로 공부를 생각하라."

자녀교육의 중용지도_{中庸之道}를 완성하라

나는 색깔이 상당히 다른 두 초등학교에 근무한 적이 있다. A초는 49학급에 전교생이 이천 명이 넘었고, 교사가 칠십 명에 육박하는 대규모 학교였다. 한편 B초는 13학급에 전교생이 230여 명에 불과했고, 교사는 열다섯 명이 전부였다.

학교 규모만 다른 게 아니었다. 아이들 또한 전혀 다른 삶을 살아가고 있었다. A초는 방과 후에 운동장에서 노는 아이들을 찾아보기 힘들었다. 학교가 끝나면 곧장 학원으로 향했기 때문이다. 아이들은 욕설을 입에 달고 살았고, 교사에게 반항적이었다. 언제나 폭발 직전의 욕구불만 상태에 놓여 있었고, 그로 인해 왕따와 폭행 사건이 끊이질 않았다. 반면 B초 아이들은 사교육을 많이 받지 않는 편이었다. 방과 후에 아이들은 학교에서 운영하는 방과후 프로그램에 참여하거나 운동장에서 한참을 놀다가 집으로 갔다. 아이들은 온순하고, 예의 바르고, 명랑했다. 욕설을 입에 담지 않았고, 학교폭력 사건도 일으키지 않았다. 정서가 안정되어 있었고, 교사에게 반항하는 일도 없었다.

얼핏 보면 A초보다 B초가 더 나아 보인다. 하지만 B초에는 치명적인 문제가 하나 있었다. 학생들의 학력學力이 심각하게 떨어졌던 것이다. 단적으로 A초는 기말고사 평균이 90점을 넘었지만, B초는 평균이 70점대에 머물렀다(이런 격차는 전 학년에서 공통적으로 나타났다). 왜 이런 극명한 차이가 벌어진 것일까?*

A초는 도심 한복판의 아파트 단지 내에 위치했다. 학부모들은 대체로 학력이 높았고, 전문직, 공무원, 회사원 등 주로 화이트칼라 직업에 종사하고 있었다. 이들은 공부를 매우 중요시했으며, 자녀에게 사교육을 과도하게 시키는 경향이 있었다. 반면 B초는 공업사, 제조장, 정비소가 즐비한 지역에 위치했다. 학부모들은 노동자, 기계공, 정비사 등 주로 블루칼라 직업에 종사하고 있었다. 이들은 대체로 자녀교육에 관심이 적었고, 공부에 큰 가치를 두지 않았다. 준비물이나 학용품을 제대로 챙겨오지 않는 아이들이 적지 않았고, "부모님이 돈 없다고 문제집 사지 말래요, 우리 아빠는 공부하라고 안 하세요, 우리 엄마는 시험을 못 봐도 아무 말씀 안 하세요, 그저 건강하게만 자라면 된대요"라고 말하는 아이들이 종종 있었다.

부모들의 차이는 아이들의 공부 모습을 통해서 고스란히 묻어났다. 이를테면 A초 아이들은 평소에는 학원숙제에 몰두했고, 시험 3, 4주 전부터는 시험 준비에 돌입했다. 반면 B초 아이들은 평소는 물론이고, 시

---

* 오해하는 독자가 있을 것 같아서 언급하고 넘어간다. 격차의 원인이 사교육은 아니다. 사교육 효과는 허상에 불과하다. 필자는 전작 「엄마가 알아야 아이가 산다」에서 사교육의 허구와 실체를 낱낱이 파헤쳤다. 사교육을 맹신하는 부모들과 사교육을 시키지 않아서 불안한 부모들에게 일독을 권한다.

험기간마저도 공부하는 모습을 보이지 않았다. 물론 B초에도 A초 못지 않게 공부를 열심히 하고 잘하는 학생들이 있었다. 그런 아이들의 부모들은 하나같이 자녀교육에 관심이 컸고, 자녀에게 높은 학습기대와 성취압력을 행사하고 있었다. 나는 두 학교의 학생들을 가르치면서 부모의 기대와 압력이 자녀의 학업성취에 매우 중요한 변수라는 사실을 절감했다. 여기, 내 경험이 특별한 사례가 아님을 증명하는 연구가 있다.

한국도시연구소 신명호 소장은 부모의 사회경제적 지위가 자녀의 학업성취도에 미치는 영향을 연구했다. 그는 ① 고학력 · 중산층 가정/학업우수생, ② 고학력 · 중산층 가정/학업부진생, ③ 저학력 · 저소득층 가정/학업우수생, ④ 저학력 · 저소득층 가정/학업부진생을 분류기준으로 정한 뒤, 29건의 사례를 조사했다.

구분	고학력 · 중산층 가정	저학력 · 저소득층 가정
학업우수생	①	③
학업부진생	②	④

조사대상자들을 심층 면접한 결과, 저학력 · 저소득층 부모들은 자녀에게 공부하라는 말을 전혀 하지 않거나 이따금씩 잔소리를 하는 게 전부였다. 부모들은 자녀가 형편없는 성적표를 들고 와도 속상해하지 않았고, 공부하라는 말을 하지도 않았다. 여기서 잠깐 저학력 · 저소득층 부모와 인터뷰한 장면을 보자.

연구자 자식이 공부를 못하면 계속 가난하게 살 수밖에 없다, 그런 위기의식 같은 거 느껴보신 적 있어요?

부 모 아니요, 전혀 그런 생각은 안 했고요, 일단 최선을 다해서 살면 뭐가 어렵겠어요? 열심히 사는데. 해서 안 되는 일은 없잖아요? 최선을 다 해서 일을 하고.

연구자 하긴 어머니도 대학을 안 나왔지만 잘 살아오셨고…

부 모 예, 그러니까 그런 건 별로 못 느껴봤고, 가정적으로 태평하고 평안하고, 정신적으로 심적으로 풍요로우면 될 거 같다는 생각이 들어요.

공부에서 재미를 찾기란 쉬운 일이 아니다. 당신의 철부지 자녀가 지루하기 짝이 없는 책을 붙잡고 씨름하는 이유는 두 가지뿐이다. 1) 공부에 소질을 타고났거나, 2) 공부를 중요시 하는 부모의 가치관이 내면화 되었거나. 바꿔 말하면, 당신의 아이가 공부를 안 하는 이유는 두 가지다. 1) 공부에 소질이 없거나, 2) 공부를 등한시하는 부모의 가치관이 내면화 되었거나. 공부에 대한 소질은 부모가 손쓸 수 없는 통제 불능의 영역이다. 부모들이 통제할 수 있는 요소는 부모 자신이 갖고 있는 공부에 대한 가치관이다.

연구에 참여했던 저학력 · 저소득층 부모들은 자녀교육에 무관심하거나 방관적인 태도를 보였다. 이 부모들은 '공부는 본인이 알아서 하는 것'이고 '어떤 학교를 갈지 어떤 직업을 택할지도 역시 자녀 본인이 결정할 문제'라고 생각했다. 이들이 갖고 있는 자녀교육의 원칙은 '스스로 열심히 공부해서 대학에 갈 실력이 되면 부모로서 지원하겠지만, 공부에 취미가 없어서 안 하는 자식을 억지로 시키지는 않는다'는 것이었다. ④유형에 속하는 한 전문대생의 이야기를 들어보자.

"공부에 대한 얘기요? 저희는 그런 거 없었어요. 뭐, 공부하라고 강요하거나 그런 건 없었어요. 예전에 중학교 2학년 땐가 아빠가, 막 수능시험 끝나고 자살한 학생 얘기가 텔레비전 뉴스에 나왔는데, 저희 언니한테 그러셨대요. 뉴스를 보면서, "아빠는 너희한테 공부하라는 소리 안 하니까 좋지?" 그랬대요."

한편 저학력·저소득층 가정 출신 가운데 명문대에 합격한 학생들(③유형)은 부모의 가치관에 영향을 받지 않았고, 누가 공부시키지 않아도 스스로 공부하는 성향을 타고 났으며, 그 덕분에 우등생이 될 수 있었던 것으로 밝혀졌다. 신명호 소장은 "저학력·저소득층 부모들은 공부의 가치와 필요성을 느끼지 못하는 경우가 많았던 반면 고학력·중산층 부모들은 학력의 중요성을 절실하게 경험하고 체감한다"고 분석하면서, 부모들이 보이는 교육에 대한 상반된 태도를 '학력 가치 체감의 역설'이라고 명명했다.

최근 서울시교육청이 발표한 학습부진 학생 실태 보고서는 '학력 가치 체감의 역설'이 실제로 작동하고 있음을 보여준다. 서울시내 550개 초등학교의 학습부진 학생들을 대상으로 부모의 학력을 조사한 결과, 부모의 학력이 낮을수록 자녀의 학습부진 비율이 높은 것으로 드러났다.

학습부진 학생들 중에서 부모의 학력이 고졸 이하인 비율은 57.3퍼센트(부), 65.8퍼센트(모)였다. 반면, 학습부진 학생들 중에서 부모의 학력이 4년제 대졸 이상인 비율은 28.5퍼센트(부), 19.1퍼센트(모)에 불과했다.[*]

나의 경험과 기존 연구 결과를 종합하면 부모의 직업과 최종 학력이 자녀의 학업성취에 영향을 미치는 것이 아니라, 부모의 자녀교육에 대한 열망과 자녀양육 방식이 자녀의 학업성취에 영향을 미친다는 사실을 확인할 수 있다. 한마디로, 부모가 자녀교육에 쏟는 관심과 노력 정도에 따라 자녀의 학업성적이 달라진다는 말이다(지극히 상식적인 결론이다). 특기할 만한 사실은, 부모가 공부에 가치를 두지 않거나 교육에 무관심하면 자녀 또한 공부를 등한시하게 되면서 학력 저하나 학습부진에 빠진다는 것이다.

당신은 어떤 부모인가? A초 부모들처럼 끊임없는 잔소리와 학원순례로 자녀를 압박하는가? B초 부모들처럼 자녀교육에 무관심하고 자녀를 방치하는가?[**] 두 학교에서 장기간 아이들을 가르친 내 결론은 이렇다.

"A초 부모들의 자녀교육 방식은 답이 아니다."
"B초 부모들의 자녀교육 방식도 답이 아니다."

---

[*] 부연하자면, 학습부진 학생 1000명 중에서 아버지(어머니)의 최종 학력이 고졸 이하인 학생은 573명(658명)이고, 아버지(어머니)의 최종 학력이 4년제 대졸 이상인 학생은 285명(191명)이다. 고졸 아버지와 4년제 대졸 아버지의 비율이 2.01(573:285)인 반면, 고졸 어머니와 4년제 대졸 어머니의 비율은 3.44(658:191)이다. 이는 아버지의 요인보다 어머니의 요인(최종 학력, 자녀교육관, 양육 방식 등)이 자녀의 학습능력에 더 큰 영향을 미친다는 사실을 방증한다.

[**] A초, B초 학부모들이 모두 그렇다는 말은 아니다.

전교생이 이천 명이 넘었던 A초는 방과 후에 운동장을 뛰노는 아이를 찾아보기 힘들었다. 학교가 끝난 후, 아이들은 학원숙제를 하는 데 몰두하거나 학교 앞에서 대기 중인 학원차에 몸을 실었다. A초 아이들 중 상당수는 공부 기계로, 사교육의 노예로 살아가고 있었다. 유년 시절에 누려야 할 자유와 낭만을 강탈당한 아이들. 동심은 산산조각 났고, 인성은 황폐해져갔다. 아이들은 끊임없이 학교폭력 사건을 일으켰고, 때와 장소를 불문하고 욕설을 남발했다. A초 아이들을 비난할 생각은 추호도 없다. 오염된 강에 사는 물고기가 싱싱함을 유지할 수 없는 것처럼 학습 중노동에 시달리고 사교육에 혹사당하는 아이들이 천진난만을 지켜내기는 어렵다.

한편 부모로부터 '열심히 공부해라', '공부 잘해야 한다'는 소리를 듣지 못한 B초 아이들은 왜 공부를 해야 하는지, 공부를 하면 무엇이 좋은지 알지 못했다. 아이들에게 공부는 무의미하고 무가치한 것이었다. B초 아이들에게는 많은 시간과 자유가 주어졌으나, 그들 대부분은 인생의 결정적 순간들을 허송세월로 보내고 있었다.

과도한 기대와 지나친 압력은 공부를 포기하게 만든다. 방치와 무관심도 공부를 포기하게 만든다. 부모가 공부를 너무 강요하거나 공부에 너무 관대하면 자녀는 공부를 멀리하게 된다. 자녀가 공부에 관심을 갖고 흥미를 유지하기 위해서는 부모의 기대와 압력이 적절해야 한다. 물론 이건 무척 어려운 일이다. 이게 쉬웠다면 그 많은 부모들이 자녀교육에 실패하지 않았을 것이다. 도대체 적절한 수준은 어느 정도를 말하는 것이며, 어느 정도를 기대하고 얼마나 압력을 가해야 하는 것일까? 하기야, 과유불급過猶不及과 중용지도中庸之道를 실천한다는 게 어디 말처럼 쉬운 일이던가.

많은 자녀교육서가 '칭찬은 고래도 춤추게 한다'는 말을 맹신하며 부모들에게 칭찬을 강요한다. 칭찬은 마땅히 필요하다. 하지만 칭찬이 자녀교육의 절대 진리는 아니다. 예컨대 수능 만점을 받고 서울대에 입학한 한 학생은 "우리 부모님은 칭찬에 인색한 편이었다"고 말한다. 부모님은 자신이 모의고사에서 전교 1등을 해도, 내신시험에서 1등을 해도 걱정을 했다고 한다. 그는 "작은 성취에 만족하지 말고 더 높은 목표를 향해 나아가라고 끊임없이 채찍질했던 부모님에게 감사한 마음이 든다"고 했다. 또 다른 서울대생은 자신의 아버지를 단 한 번의 실수도 허용하지 않는 완벽주의자로 기억한다. 그는 "아버지에게 한 번도 칭찬을 받아본 적이 없다"고 고백한다. 초등학교 1학년 때 전과목에서 한 문제를 틀렸다고 한참 동안 혼났고, 중학교 때는 평균 98점을 받아 전교 3등을 한 자신에게 "너는 왜 전교 1등을 못하느냐"고 다그쳤다고 한다.

칭찬을 받고 자라지 못했다는 이들의 증언은 칭찬을 진리로 여겼던 부모들에게 혼란을 일으킨다. 반면 칭찬에 인색한 부모들에게는 안도감을 선사한다. 자, 그렇다면 당신의 선택은? 이제부터는 칭찬에 인색해질 텐가? 아니면, 칭찬은 고래도 춤추게 한다는 신념을 굳건히 지킬 텐가?

자녀교육서를 맹신해선 안 된다. 다른 부모가 성공했다고 해서 무작정 따라 할 일이 아니다. 저자가 처한 상황과 당신이 처한 상황은 다르다. 다른 아이에게 효과가 있다고 해서 당신 아이에게 반드시 효과가 있는 것은 아니다. 저자의 아이와 당신의 아이는 다르다. 남들이 좋다는 말에 부화뇌동한다면 최선의 결과를 얻을 수 없다. 자녀교육에 성공하고 싶다면 당신만의 소신과 철학을 가져야 한다. 옆집 아이가 어떻게 공부하는지 궁금해 할 게 아니라, 내 아이가 어떻게 공부하는지 궁금해야 한다. 내 아이가 어떤 성향을 갖고 있는지 파악해야 한다, 내 아이가 왜 공부를 싫어하는지 연구해야 한다, 내 아이가 어떻게 하면 공부를 좋아하게 될지 궁리해야 한다.

자녀교육에 정답은 없다. 그 어떤 사람도, 그 어떤 자녀교육서도 당신에게 정답을 제시해주지 못한다. 이 책도 정답이 아니다. 답을 멀리서 찾지 말라. 답은, 당신 아이 안에 있다. 당신 아이만이 정답이다. 자녀교육에 성공하고 싶다면 당신 아이를 연구하고, 당신 아이에게 최적화된 교육법을 개발해야 한다. 모자라지도 않고 넘치지도 않는 자녀교육의 중용지도中庸之道를 완성해야 한다.

꿈이 있으면 스스로 공부한다

「꿈꾸는 다락방」으로 초대형 베스트셀러 작가의 반열에 오른 이지성, 그는 전주교대를 졸업한 후 경기도의 한 초등학교에서 교사로 근무했고, 현재는 전업 작가로 활동 중이다. 나는 그에게 왠지 모를 친근함을 느끼곤 하는데, 그가 전주에서 교육대학교를 다녔던 시기에 나 또한 전주에서 고등학교를 다녔고, 그가 초등 교사로 재직하던 시기에 나 또한 초등 교사였고, 그는 작가로서 나의 롤모델이기 때문이다. 「인생아, 고맙다.」는 이지성이 겪은 이십대 시절의 방황과 아픔을 상세히 기록한 자전적 에세이다. 스무 살이 되던 해, 그는 이런 결심을 했다고 한다.

"세상 무엇이 가로막더라도 작가의 길을 가겠다, 모두에게 인정받는 작가가 되겠다, 작가의 꿈을 이루지 못하면 차라리 죽어버리겠다."

이지성은 저서에서, "내 젊은 날은 방황과 고독, 결핍과 상처로 얼룩진 암흑 그 자체였다"고 회고한다. 그는 대학시절 내내 작가의 꿈을 이루기 위해 벼랑 끝에 선 심정으로 처절하게 노력했지만 아무런 소득 없이 졸업을 앞두게 되었고, 깊은 절망에 빠졌다. 당시의 착잡한 심정을 그는 이렇게 적고 있다.

"4학년이 되자, 친구들은 화사하고 멋진 정장을 입고 교생실습을 나갔다. 친구들이 그렇게 어른스러워 보일 수 없었고, 다른 한편으로는 나 자신이 그렇게 초라하게 느껴질 수가 없었다. 결국 나는 작가도 되지 못하고 교사도 되지 못한 채 학교를 떠나는 건가. 도대체 나는 누구이고, 내 인생은 무엇인가. 학교에만 가면 나도 모르게 이런 생각이 들었고, 그때마다 눈시울이 뜨거워지곤 했다."

열아홉 살에 대학을 갔다고 하니, 그의 나이 스물두 살 때 일이다. 잠시, 우리의 스물두 살을 떠올려보자. 당신은 스물두 살 때 무얼 하고 지냈는가? 평범하게 살았다면 대학생활의 낭만을 만끽하고 있었거나, 군대에 가 있었거나, 직장을 다녔거나, 취업 준비로 바쁜 나날을 보내고 있었을 것이다. 어쩌면 이지성처럼 존재에 대한 회의와 앞날에 대한 두려움에 방황하고 있었을지도 모르겠다. 하여튼, 나는 이지성의 글을 읽으면서 젊은 날 그가 감내해야 했던 시련과 아픔에 안타까움을 느꼈다. 하지만, 한편으로는 그의 시련과 아픔이 부러웠다. 뭐 그런 걸 다 부러워하냐고? 세속적인 기준만을 놓고 따졌을 때, 스물둘 전위성은 스물둘 이지성보다 남루한 인생을 살아가고 있었기 때문이다.

내신 7등급이라는 과거의 잔재를 청산하기 위해서는 최소 3년이라는 시간이 필요했다. 자포자기의 나날을 보내던 내가 정신을 차리기 시작한 시기가 고2 겨울 즈음이었으니, 고등학교를 졸업하고도 2년의 시간이 더 필요했던 셈이다. 하지만 시간은 누구에게나 공평하게 주어지는 법. 시간을 되돌릴 방법은 없었고, 나에겐 시간이 더 필요했다. 재수를 했다. 원서를 한 군데도 넣지 못할 만큼 참패했다. 삼수를 했다. 원서를 넣은 세 군데 대학에 모조리 낙방했다. 삼수를 실패한 것도 암울한데, 한 달 뒤에 입영통지서가 날아들었다. 나는 몰랐다. 최종 학력이 고졸인 스물두 살 남자는 군대에 강제 징집된다는 사실을. 끌려가듯 훈련소에 입소했다.

스물셋 이지성은 2급 정교사 자격증이 주어지는 교대 졸업장을 손에 쥐었지만, 스물셋 전위성은 삼수를 실패한, 고졸 학력이 전부인 군인이었다. 부끄럽다, 초라하다, 비참하다, 죽고 싶다는 생각 따위는 하지 않았다. '나는 누구인가, 내 인생은 무엇인가'라는 고민을 한 적도 없다. 그건 내가 긍정적 사고방식을 소유한 낙관주의자라서가 아니었다. 인생과 앞날을 걱정할 만큼 철이 들지 않았기 때문이었다. 무개념으로 살았기 때문에 삼수를 실패했어도 고통스럽지 않았고, 군대에 끌려갔어도 슬프지 않았고, 고졸 학력이 전부였어도 절망하지 않았다.

아프니까 청춘이라고 했던가. 나에게는 아픔마저도 사치였다. 아픔을 느낄 수 없는 청춘이었기 때문이다. 당시에 나는 희망도, 절망도, 기쁨도, 슬픔도, 즐거움도, 고통도 느끼지 못하는 정신적 뇌사 상태에 빠져 있었다. 이것이 방황, 고독, 상처, 결핍, 좌절로 점철된 스물둘 이지성을 내가 부러워하는 이유다. 지금 내 신세를 한탄하려고 하는 말이 아니다. 당신 아이가 나와 똑같은 시행착오를 겪지 않기 바라는 마음에서 하는 말이다.

나는 왜 이십대 중반까지 시행착오와 실패를 거듭해야 했을까? 성공한 이들은 나와 무엇이 달랐던 걸까? 그들은 반드시 성공할 수밖에 없는 최적의 환경, 절대 실패할 수 없는 우월한 조건을 갖췄던 것일까?

주어진 환경과 조건은 열악하기 그지없었다. 태어날 때부터 희귀병을 앓고 있는 1급 지체장애인, 뺑소니 사고로 오른쪽 다리를 못 쓰게 된 청년, 불의의 사고로 오른손을 잃게 된 군인, 교통사고로 부모를 여의고 다섯 살에 고아가 된 아이, 16개월 동안 방구석에 틀어박혀 지내고 있는 고교자퇴생, 가족의 생계를 책임지기 위해서 막노동판을 전전하고 있는 고졸청년, 15년째 출판 거절을 당하고 있는 무명작가. 이들은 성공할 확률이 높을까, 실패할 확률이 높을까? 대부분 사람들은 이들이 성공은커녕 밥 벌어 먹고 살기도 힘들 거라고 판단할 것이다. 실제로 이들이 "나는 최고가 될 것이다", "나는 성공할 것이다"라고 외쳤을 때, 주변 사람들은 "그건 불가능한 일이야!", "네 분수를 알아라.", "너 미쳤냐?"라고 비아냥거렸다.

여기, 주제 파악 못하는 젊은이가 또 한 명 있다. 학창 시절, 그의 번호는 언제나 1번 아니면 2번이었다. 키가 158.7cm에 불과했기 때문이다. 배우가 되고 싶었던 젊은이는 예술대학에 지원했지만 낙방하고 말았다. 대학입시에 실패한 그는 단돈 30만 원을 들고 서울로 무작정 상경했다. 시장골목 한 구석에 있는, 보증금 없는 월 12만 원짜리 방을 구했고, 3개월 과정의 연기학원에 등록했다. 그는 밤마다 소리를 지르며 발성 연습을 했고, 사투리를 고치려고 이불을 뒤집어쓴 채 밤새도록 발음 연습을 했다. 지독한 노력은 배반하지 않았다. 그는 공연에서 남자주인공으로 열연하게 되었고, 단 한 명에게 주어지는 연기상도 받았다. 연기학원을

     초등 6년이 자녀교육의 전부다

수료하던 날, 학원장은 면담 자리에서 그에게 말했다.

"넌 키가 유난히 작아서 연기 활동하는 데 장애가 많을 거다. 아마 방송 출연은 어려울 거야. 방송 관련된 다른 일을 해보는 게 어떠냐?"

이것은 작은 시련에 불과했다. 그의 삶은 탈락과 좌절의 연속이었다. MBC 공채시험에 4번, KBS 공채시험에 3번 떨어졌고, 수년 동안 원서를 넣은 대학에 모조리 낙방했다. 연이은 실패에 좌절한 그는 약국을 돌아다니면서 수면제 40알을 모았고, 옥상 난간에 서보기도 했다. 한 선배는 이렇게 말했다.

"너처럼 운 없는 놈은 세상에 태어나 처음 본다."

좌절은 했어도 포기하지는 않았다. 그에게는 평생을 바쳐서라도 이루고 싶은 간절한 꿈이 있었고, 희극배우가 되겠다는 명확한 목표가 있었다. 그는 아침저녁으로 하루 두 번씩, 옥탑방에서 멀리 내려다보이는 방송국을 보면서 다짐했다.

"난 저기 꼭 들어간다. 방송국아, 기다려라. 지금은 내가 여기서 너를 보지만, 언젠가는 방송국에서 여기를 볼 날이 있을 것이다."

그는 7년 동안 하루도 쉬지 않고 꿈을 향해 달렸다. 그리고 마침내 KBS 공채시험에 합격한다. 현재 그는 영화, 연극, 드라마, 예능 등 다양한 분야에서 종횡무진 활약을 펼치며 자신의 꿈을 하나씩 이뤄가고 있다. 시련과 좌절을 딛고 성공을 일궈낸, 이 이야기의 주인공은 예능인 김병만이다.*

---

* 김병만(2011), 「김병만 달인정신 꿈이 있는 거북이는 지치지 않습니다」, 실크로드.

그들은 성공은커녕 실패하기에 유리한 조건을 갖고 있었다. 장애를 갖고 태어났거나 사고를 당해 장애를 갖게 되었다. 어린 나이에 고아가 되었고, 스무 살에 가장이 되었다. 찢어지게 가난했고, 타고난 재능도 없었다. 주어진 환경과 조건은 열악하기 그지없었고, 그로 인해 수없는 좌절과 실패를 겪어야 했다. 하지만 그들은 악조건에 굴하지 않았고, 암울한 상황에 좌절하지 않았으며, 거듭되는 실패에 무릎 꿇지 않았다. 끈질기게 도전했고, 무소의 뿔처럼 전진했다. 이러한 불굴의 정신은 과연 어디에서 나온 것일까?

그들이 오뚝이처럼 일어설 수 있었던 힘의 원천은 꿈과 목표에 있었다. 그들에겐 생각만 해도 눈물이 쏟아질 만큼 간절한 꿈이 있었다. 목숨을 바쳐서라도 이뤄내고 싶은 비장한 목표가 있었다.

흔히, 좋은 대학에 가기 위한 필수 조건으로 아빠의 무관심, 엄마의 정보력, 할아버지의 재력을 꼽는다. 이 말은 아무리 생각해봐도 참 생뚱맞다. 부모가 자녀의 학업성취에 중요한 변수라는 사실은 이견의 여지가 없다. 하지만 학업성취에 영향을 미치는 부모 요인에 재력, 무관심, 정보력*은 포함되지 않는다. 성적을 좌우하는 결정적 변수는 학생 본인의 의지와 노력이다. 그 의지와 노력을 극대화하기 위해서 필요한 것이 바로, 꿈과 목표다. 실제로 명문대 합격생들은 확고한 꿈과 명확한 목표를 갖고 공부에 임했다. 그들은 원하는 대학, 가고 싶은 학과, 장래희망

---

* 어떤 정보력인가에 따라 긍정적일 수도 있고, 부정적일 수도 있다. 하지만 세간에 떠도는 말의 정보력은 무엇을 지칭하는지 알 수 없다. 무관심, 재력 운운하는 걸로 봐서는 부정적 요인일 가능성이 크다.

　　　　　　　　　　초등 6년이 자녀교육의 전부다

을 학창 시절에 이미 확고히 정해 놓았다.[*] 여기서 잠깐, 서울대생의 말을 직접 들어보자.

"나는 초등학교 시절부터 서울대를 목표로 공부했다. 물론 어렸을 때는 아버지가 무서워서 공부를 했지만, 크면서 서울대에 진학하고 싶은 꿈을 이루고 싶다는 생각에 참 열심히 공부했다."

"중학교 때 대한민국 최고의 대학을 가겠다고 결심했다. 그러기 위해서는 전교 1등은 해야 된다는 말을 줄곧 들어왔다. 나는 중학교 때부터 서울대에 들어가기 위해서 전교 1등을 꼭 해야 한다는 목표를 확실하게 세웠다. 이것이 내가 중학교에 입학하는 순간부터 1등을 해야겠다고 다짐한 계기다. 그 후 나는 정말로 1등을 하기 위해서 최선을 다했다."

이렇게 반문하는 부모들도 있을 것 같다.

"우리 아이는 서울대는커녕 반에서 중간도 못가는 실력이다. 공부에 특출난 재능을 갖춘 명문대생과 평범하기 이를 데 없는 우리 아이를 비교하는 건 무리가 있다. 그들이 서울대에 갈 수 있었던 것은 꿈이나 목표가 있었기 때문이 아니라, 갈만한 실력이 있었기 때문 아닌가? 꿈과 목표가 있다고 해서 반드시 공부를 잘하게 되는 건 아니지 않은가?"

이런 의문을 품는 부모들에게 이렇게 되묻고 싶다.

---

[*] 서울대생 3,121명을 분석한 스터디코드 학습법 연구소의 발표에 따르면, 고교시절에 목표 대학과 학과를 정한 비율은 일반학생이 44.2퍼센트에 그친 반면, 서울대생은 69.4퍼센트에 달했다(조남호, 2006). 또, 수능 0.1퍼센트 이내의 최상위권 학생 100명을 조사한 결과, '대학을 갈 분명한 이유가 있었다'고 답한 학생이 86퍼센트, '대학·학과·장래직업에 관한 구체적인 목표가 있었다'고 답한 학생이 76퍼센트에 달했다(베리타스알파, 2011).

"명문대에 들어갈 만큼, 공부에 천부적인 소질을 타고난, 피나는 노력을 아끼지 않는 학생들도 이루고 싶은 간절히 꿈과 목표가 있는데, 재능도 노력도 실력도 부족한 당신 아이에게 꿈과 목표마저 없다면, 대체 무슨 수로 그들과의 경쟁에서 우위를 확보할 수 있겠는가? 아무런 꿈도 목표도 없는 당신 아이가, 꿈을 이루기 위해서 죽어라 공부하고 목표를 이루기 위해 목숨걸고 공부하는 그들을 어떻게 따라잡을 수 있겠는가? 당신의 어린 자녀에게 기권과 포기부터 가르칠 셈인가?"

때때로 나는 지난날을 되돌아보며 회한에 잠기곤 한다. '나는 왜 스물넷까지 고졸백수로 살아야만 했던가.' 수없이 자문自問해 보았지만, 결론은 항상 똑같았다. 순리대로 흘러간 것이다. 인생이 잘 풀리는 것이 오히려 이상한 일이었다. 나는 남다른 결과를 얻을 수 있을 만큼 특별하지 않았다. 특출난 재능도 없었고, 출중한 실력도 없었다. 환경도 상당히 열악했다. 무엇보다도 꿈과 목표가 없었다. 눈물날 만큼 이루고 싶은 간절한 꿈이 없었다. 죽음을 각오할 만큼 비장한 목표가 없었다. 꿈 없는 내 청춘은 신경세포가 괴멸된 듯 무감각했다. 목표 없는 내 젊음은 뇌세포가 마비된 듯 무기력했다.

나는 아직도 생생히 기억한다. 스물넷의 8월 1일을. 그날은 내 생일도 아니었고, 어떤 기념일도 아니었다. 하지만 그날은 내가 새롭게 태어난 역사적인 날이었다. 재능도 없었고 환경도 열악했지만, 간절한 꿈과 비장한 목표를 갖게 된 날이기 때문이다. 그날 나는 훌륭한 교육자가 되

 초등 6년이 자녀교육의 전부다

겠다는 꿈을 가졌고, 교대 입학이라는 목표를 세웠다. 이듬해 나는 고졸 백수를 탈출했고, 4년 뒤 초등 교사가 되었다.

당신 아이에겐 꿈이 있는가? 목표가 있는가? 공부를 안 한다고, 성적이 떨어졌다고 걱정할 일이 아니다. 당신이 진짜로 걱정해야 할 것은, 꿈 없는 당신 아이가 고통도, 좌절도, 두려움도 느끼지 못하는 식물인간처럼 살 수도 있다는 사실이다. 정말로 두려워해야 할 것은, 목표 없는 당신 아이가 이십대 중반까지 고졸백수로 살면서 아무런 문제를 인식하지 못할 수도 있다는 사실이다. 내가 그렇게 살아봤기에 자신 있게 말할 수 있다. 당신 아이에게 꿈과 목표가 없다면 성적이 떨어지는 것보다, 재수·삼수를 하는 것보다, 청년 백수가 되는 것보다 훨씬 더 암울한 일이다.

재능이나 환경보다 훨씬 더 중요한 성공의 조건은 노력이다. 99퍼센트의 노력이 천재를 만들고, 많이 아는 사람도 노력하는 사람을 이길 수 없다고 하지 않던가. 재능과 실력도 노력을 했을 때만 갖출 수 있는 것이다. 당신 아이가 성공하는 인생을 살아가기 위해서는, 그것이 공부든 다른 무엇이든 쉼 없는 노력을 쏟아야 한다. 그리고 그 쉼 없는 노력은 꿈과 목표로부터 나온다.

일등, 백점, 우등생, 명문대, 성공은 꿈과 목표라는 씨앗을 뿌렸을 때 비로소 거둘 수 있는 열매들이다. 많은 부모들이 이 중요한 사실을 놓치고 있다. 씨앗을 뿌리지 않고, 열매만 수확하려 든다. 자녀에게 목표를 세워보라고 조언하지 않고, 날을 세워서라도 백점을 받아오라고 종용한다. 꿈을 가지라는 말은 하지 않고, 학원을 가라는 말만 한다. 당신은 어떤 부모인가? 백점 맞아라, 학원가라를 외치는 부모인가? 꿈이 무엇이냐, 무슨 목표를 세웠냐고 묻는 부모인가?

꿈과 목표는 인생이라는 배의 목적지를 가리키는 나침반이다. 꿈과 목표 없이 사는 인생은 나침반 없이 항해하는 배와 같다. 꿈 없는 인생의 끝은 좌초요, 목표 없는 인생의 결말은 난파다.

초등 6년이 자녀교육의 전부다

절박함이
공부에 몰두하게 만든다

자녀를 이제 막 초등학교에 입학시킨 부모들은 걱정이 많다. 우리애가 학교생활에 잘 적응할 수 있을까? 친구들과 잘 지낼 수 있을까? 수업은 잘 따라갈까? 지나고 보면 알겠지만, 지금이 호시절이다. 처음이라 염려가 되겠지만, 그리 걱정하지 않아도 될 듯싶다. 아이는 학교생활에 잘 적응할 것이고, 친구들과 놀기 바빠서 정신이 없을 것이며, 백점에 가까운 점수를 받아올 것이다. 걱정은 오히려 학년이 올라갈수록 늘어갈 것이다. 특히 해가 갈수록 뚝뚝 떨어지는 성적은 당신의 가장 큰 고민이 될 것이다.

부모들은 자녀의 형편없는 점수를 볼 때마다 고민에 휩싸인다. '점수가 왜 이 모양일까?' '어쩌다 이 지경이 됐을까?' 현실을 부정하고 싶은 부모들은 때때로 비현실적인 상상에 빠져들곤 한다. 로또 1등 당첨을 상상하듯, 전교 1등을 하고 명문대에 합격하는 자녀의 모습을 상상해보는 것이다.

그런데 놀랍게도 부모들의 공상을 현실 세계에서 구현하는 학생들이 존재한다. 그들은 학창 시절 내내 전교 1등을 놓치지 않는다. 그리고 가뿐히 서울대에 입성한다. 도대체 비결이 뭘까? 특출한 지능을 갖고 있어서? 명문고를 다녀서? 부모의 학벌과 직업이 좋아서? 집이 부자라서? 화목한 가정에서 나고 자라서?'

이런 학생들이라면 어떨까? 전교 1등, 서울대 합격이 가능할까? 부모의 이혼 뒤 칠순이 넘은 외할머니와 끼니 걱정을 하며 사는 학생, 한부모가정에 생활보호대상자로 교육비를 지원받는 학생, 아버지의 실직 후 온가족이 두 평 남짓한 방에서 생활하는 학생, 9년 동안 게임중독자로 살면서 꼴등 언저리를 맴도는 학생, 초등학교 4학년 때 아버지를 여의고 스무 살에 가장이 되어 막노동판을 전전하는 청년.

'아니, 이들은 전교 1등, 서울대는커녕 공부하라는 말을 꺼내는 것조차 민망한 상황이 아닌가!' 물론 처지만 놓고 본다면 이들과 명문대를 연결 짓는 건 파산자에게 재테크를 논하는 것만큼이나 의미없는 일로 여겨진다. 성미 급하고 직설적인 사람들은 이 학생들에게 이렇게 말할 것이다.

"얘야, 이젠 개천에서 용이 나올 수 없는 세상이란다. 요즘은 유복한 집안에서 태어나서 선행학습, 과외를 해도 좋은 대학에 들어가기가 힘든 세상인데, 너에게 명문대가 가당하다 생각하니? 안된 말이지만, 너에겐 공부를 잘할 수 있을만한 요소가 하나도 없단다. 공부는 네 길이 아닌 듯싶구나. 공부보다는 먹고 살 길을 찾는 게 더 급할 것 같은데? 넌 대학을 가기도 어렵고, 설령 대학을 간다 해도 좋은 대학은 절대로 못

 초등 6년이 자녀교육의 전부다

들어갈 거다."

흑백논리에 사로잡힌 냉소주의자들, 패배주의에 빠진 비관주의자들은 이 학생들을 개천의 불쌍한 미꾸라지쯤으로 여길 것이다. 하지만 그들의 예상은 빗나갔다. 어두운 미래가 펼쳐질 것만 같았던 불우한 학생들은 훗날 모두 용(서울대생)이 되었다. 그들 중에는 4년 전액 장학생도 있고, 수능 만점자도 있고, 서울대 전체 수석도 있다.

사실 이들은 꽤나 특별한 케이스다. 자신들의 이야기를 책으로 썼을 만큼. 대다수 서울대생은 책 속 주인공들처럼 드라마틱한 사연을 갖고 있지 않다.* 불우했던 그들과 현실의 서울대생들은 같은 대학에 들어갔다는 점을 제외하고는 공통점이 없어 보인다. 무엇이 출발점이 전혀 달랐던 이들을 같은 목적지에 도달하게 만든 것일까?

개천의 미꾸라지로 보였던 그들의 여건은 공부에 도움이 될 만한 요소가 전혀 보이지 않는다. 처지만 놓고 보자면 당신 아이가 그들보다 훨씬 더 우수한 성적을 거둬야 함이 마땅할 것이다. 당신 아이가 훗날 어느 대학에 들어갈지는 알 수 없으나, 어쨌든 그들은 서울대생이 되었다. 암울한 상황에 처했던 그들은 어떻게 최고의 대학에 입성할 수 있었을까? 무엇이, 당신의 아이보다 나을 게 전혀 없는 그들을 공부의 신으로 거듭나게 만든 것일까?

---

* 2014학년도 서울대 신입생을 조사한 자료에 따르면, 조사자 대부분(93.6%)이 주 양육자 또는 보호자가 '양친 부모'라고 답했다. 아버지의 교육 수준은 대졸(56.6%), 대학원졸(30.3%), 고졸(11.9%) 순이었고, 어머니의 교육수준은 대졸(62.8%), 고졸(21.7%), 대학원졸(14.5%) 순으로 나타났다. 아버지의 직업 비율은 사무 종사자(35.3%)가 가장 높았고, 그 다음으로 전문직(24.6%), 관리자(12.0%) 순이었고, 어머니의 경우 전업주부(48.4%), 서비스 종사자(13.9%), 사무 종사자(13.5%) 순으로 나타났다. 전체 응답자 중 월평균 가구 소득이 '500만 원 이상 750만 원 미만'과 '350만 원 이상 500만 원 미만'이라고 답한 응답자가 각각 32.7%와 19.7%로 가장 많았다(서울대학교 대학생활문화원, 2014).

L군이 일곱 살 때, 엄마는 도박에 빠져서 일주일씩, 때론 열흘이 넘도록 집에 들어오지 않았다. 간혹 집에 들어올 때가 있었는데, 그럴 때면 돈만 들고 다시 집을 나가버렸다. 그렇게라도 잠시나마 볼 수 있었던 엄마는 얼마 뒤 아예 집을 나가버렸다.

L군은 일용직 노동자였던 아버지, 할머니, 여동생과 함께 10평 남짓한 임대아파트에서 살았다. 그는 초등학교 2학년 때부터 9년 동안 게임에 빠져 살았는데, 그 상태가 매우 심각했다. 날밤을 꼬박 새우는 건 기본이고, 게임을 하느라 이틀 동안 컵라면 두 개로 끼니를 때우는 일도 비일비재했다. 구제불능 수준의 게임 중독에 빠져있던 L군, 그가 마우스 내려놓고 연필을 붙잡게 된 사연은 무엇일까? 결정적 계기는 막노동일을 하는 아버지의 사고였다. 그는 당시의 심정을 이렇게 회상한다.

"아버지의 힘줄은 끊어진 채 그대로였고, 내가 그간 해왔던 게임 아이템과 아이디를 다 판다 해도 치료비를 감당하기에는 턱도 없다. 나는 게임과 현실의 무서운 차이에 소름이 끼쳤다. (……) 내가 두 발 딛고 있는 세상이 곧 내가 살아가야 할 곳이었다. 더 이상 나는 마우스를 들 수 없었다. 연필을 들어야만 했다. 게임 속에서 나는 적들을 순식간에 제압할 수 있는 영웅이지만, 현실의 나는 무기력하기 짝이 없는 '찌질이'에 불과하다는 잔인한 사실에 굴복할 수밖에 없었다."

L군은 아버지의 사고를 계기로 게임 속 가상세계가 현실과 다르다는 사실을 소름끼칠 만큼 뼈저리게 깨달았다. 생계를 책임졌던 아버지

 초등 6년이 자녀교육의 전부다

가 병원에 입원하면서 당장 굶어야 할 상황에 처했지만, 그가 할 줄 아는 것이라곤 게임 밖에 없었다. L군은 난생처음 절박함, 무능함, 두려움을 느꼈고, 이러한 감정은 9년간의 게임 생활을 청산하는 기폭제가 되었다. 그는 마우스와 키보드 대신에 연필과 책을 붙잡았고, 2년 뒤 서울대에 합격한다.[*]

이런 극적 반전은 L군만의 특별한 이야기가 아니다. 가난, 시련, 불행, 불화를 극복한 명문대생들은 하나같이 절박함과 간절함이 공부에 전력투구할 수 있었던 원동력이었다고 고백한다. 잠시, 그들의 이야기를 들어보자.

"비좁은 단칸방, 구차한 생활, 모든 게 너무도 괴로웠다. 난생처음으로 위기감을 느꼈고, 알 수 없는 공포와 위기감이 몰려왔다. 집안도 어렵고 특출하게 잘난 것도 없었다. 공부 말고는 성공할 길이 없었다. 어느 순간부터는 공부가 유일한 희망이라는 생각이 들었다."

"나는 가난한 가정에 태어나 교육을 제대로 받을 수 없는 환경에서 자랐다. 그 가난의 고리를 끊기 위해 목숨을 걸고 공부에 매진했다. 공부만이 살 길이다. 그것을 못하면 절대 내가 원하는 것을 할 수 없다."

"월급이 50만 원을 조금 넘는 계약직이라는 직업의 한계는 우리 세 식구가 살아가는 데 큰 장애물이 되었다. 어머니가 생활비 걱정으로 잠 못 이루시는 걸 볼 때마다 나는 가슴이 무너지는 것만 같았다. 나는 그런 어머

---

[*] 이대보(2011), 「게임중독 대보 서울대 가다」, 서울문화사.

니 때문에라도 더 열심히 공부에 매달리는 수밖에 없었다."

"처음에 공부를 미친 듯이 했던 이유는 나를 빛낼 수 있는 것이 공부 하나밖에 없다는 사실을 자각했기 때문이다. 돈 많고 부러울 것 없이 사는 친구들 앞에서도 기죽지 않고 내가 당당할 수 있었던 것은 공부를 잘한다는 사실 그것 하나밖에 없었다. 내 스스로가 빛나고, 남들에게 인정받을 수 있는 유일한 길이 공부였다."

절박함을 느껴서 목숨걸고 공부에 매진했다는 그들의 증언을 책 속 이야기쯤으로, 내 아이와 상관없는 딴 세상 이야기로 치부할 일이 아니다. 그들의 이야기는 결코 유별난 사례가 아니다. 자포자기의 삶을 살고 있던 내가 다시 책을 붙잡게 된 계기 또한 절박함이었다. 고등학교 수업료를 면제받고 다녔을 만큼 우리집은 가난했다. 지긋지긋한 가난에서 탈출하고 싶었지만 길이 보이지 않았다. 불행히도 나는 할 줄 아는 게 하나도 없었다. 체격이 왜소하여 몸으로 먹고 살 팔자도 아니었다. 공부가 내 인생을 바꿔줄 거라는 확신은 없었지만, 암담한 상황에서 내가 할 수 있는 것은 공부밖에 없었다. 공부만이 살길이라는 깨달음을 얻고 난 후부터 나는 절박한 심정으로 공부에 매달렸다.

자, 이제, 미꾸라지를 용으로 승천시킨 여의주가 무엇이었는지 알겠는가? 그들에겐 있었지만, 당신 아이에겐 없는 그것을 찾았는가? 공부를 벌레처럼 보는 보통 아이들과 달리, 그들은 공부벌레를 자처했다. 도대체 무엇이 이런 극명한 차이를 불러온 것일까?

결정적 원인은, 절박함에 있었다. 보통 아이들에게 공부는 절망과 고통이요, 탈출하고 싶은 감옥일 뿐이다. 반면 그들에게 공부는 희망과 환희요, 감옥 같은 현실을 탈출하는 출구였다. 보통 아이들은 책상을 탈출하기 위해서 절박한 상황에 빠진다. 하지만 그들은 절박한 상황을 탈출하기 위해서 책상에 앉았다.

이렇게 생각하는 부모들도 있을 것 같다. '우리집은 찢어지게 가난하지도 않고, 절박하기는커녕 평탄하기 이를 데 없는 상황인데, 아이한테 어떻게 절박함을 느끼게 한단 말인가?'

불리한 상황이라고 해서 모두가 절박함을 느끼는 것은 아니다. 반대로, 불리한 상황이 아니라고 해서 절박함을 못 느끼는 것도 아니다. 절박함을 느끼기 위한 특별한 자격이나 조건 따위는 없다. 절박함을 갖게 해주는 절대적인 상황이나 형편 따위도 없다. 내가 당신에게 전하고 싶은 메시지는 이것이다.

"당신 아이가 목숨걸고 공부에 매달리기 위해서는
절박함을 느껴야 한다."

만일 당신의 가정이 평탄하다면, 자녀교육에 있어서만큼은 위기일 수도 있다. 절박함을 느낄 만한 요소가 적기 때문이다. 반대로 당신이 가정불화를 겪고 있거나 파탄 직전의 위기에 처해 있다 하더라도 자녀교육을 포기할 이유는 전혀 없다. 그런 불리한 조건들이 공부에 매진하는 촉매로 작용할 수도 있기 때문이다.

고학력 · 중산층 가정이든, 저학력 · 저소득층 가정이든, 화목하고 평탄한 가정이든, 불화와 위기에 처한 가정이든 그것은 문제가 되지 않는다. 자녀가 공부만이 살길이라는 절박함을 갖기 위해서는 먼저 당신의 자녀교육 패러다임부터 바꿔야 한다. 어떻게?

"지금처럼 잔소리로 책상에 앉힐 게 아니라,
어떻게 하면 내 아이가 절박한 심정으로
책상에 앉을지 연구해야 한다.
지금처럼 책만 붙잡고 살라고 강요할 게 아니라,
어떻게 하면 내 아이가 절박한 심정으로
책을 붙잡을지 고민해야 한다."

당신의 아이가 오늘부터 절박함을 느낀다면야 오죽 좋겠는가마는, 절박함이 하루아침에 갑자기 생겨날 수는 없는 노릇이다. 강요하거나 주입한다고 해서 생기는 것도 아니다. 아이는 천하태평인데, 부모만 절박할 수도 있다. 안된 말이지만, 당신의 아이가 끝내 절박함을 느끼지 못할 수도 있다. 어쩌면 절박한 심정으로 공부를 거부할 수도 있다. 하지만 아는 것이 힘이라는 말처럼, '목숨걸고 공부에 매달리기 위해서는 절박함을 느껴야 한다'는 사실을 아는 것만으로도, 당신은 지금보다 훨씬 더 세련되고 노련하게 부모 역할을 해낼 수 있을 것이다. 좀더 높은 곳에서, 보다 멀리 내다볼 줄 아는 혜안을 갖게 될 것이다.

당신 아이가
공부하지 않는 진짜 이유

서울 도심 한 복판. 바쁜 길을 재촉하며 걷고 있는 당신 앞에 난생 처음 보는 백발노인이 나타났다. 검은색 여행용 가방을 끌고 나타난 노인은 거만한 말투로 당신에게 이상한 말을 퍼붓기 시작한다.

"지금 당장 택시를 타고 서울역으로 가시오. 서울역에 도착하거든 부산발 KTX를 타시오. 부산에 도착하는 즉시 배를 타고 제주도로 출발하시오. 그리고 도착 즉시 서울행 비행기에 탑승하시오. 김포공항에 도착하는 즉시, 택시를 타고 다시 여기로 오시오."

노인의 얼빠진 요구를 들어줄 사람이 과연 있을까? 당신은 이렇게 반응한다.

"아니, 지금 바빠 죽겠는데, 이 할아버지가 도대체 뭔 소리를 지껄이는 거야? 살다 살다 별 미친 사람을 다 보겠네!"

바삐 가던 길을 재촉하려는 찰나, 이 눈치 없는 노인이 당신의 앞길을 재차 막아섰다. 당신의 상기된 표정과 거친 발언에 아랑곳하지 않고,

노인은 말을 이어갔다.

"나는 대기업 회장이오. 만일 당신이 내 요구를 들어준다면…"

노인은 잠시 말을 멈추더니 들고 온 검은색 가방을 열었다. 놀랍게도 가방 속에는 5만 원짜리 지폐가 가득 들어 있었다. 노인은 차분한 목소리로 말을 이었다.

"이 가방 속에 들어있는 현찰 100억 원을 모두 주겠소."

'생뚱맞게 갑자기 무슨 소설을 쓰고 있나?' 진정하시라. 이 황당무계한 상황 속에 당신 아이를 공부에 필사적으로 매달리게 해줄 비법이 숨어 있으니. 인간은 어떤 행동을 하기 전에 본능적으로 두 가지를 따져 본다. 그 중 하나는 '그것이 가치 있는 행동인가'이다. 100억 원을 주겠다는 솔깃한 제안을 듣기 전까지 노인의 요구는 황당무계한 헛소리에 불과했다. 마찬가지로 공부가 싫은 아이에게 황당하게 들리는 소리가 있다.

"네 방 들어가서 공부해라!"

아이는 생각한다.

'아니, 내가 왜 엄마 말을 들어야 하지? 공부하는 것보다 친구들이랑 놀고 컴퓨터 게임을 하는 게 훨씬 더 좋은데.'

많은 부모들이 공부의 가치와 필요성을 전혀 느끼지 못하는 자녀 때문에 골머리를 앓는다. 공부가 싫다는 아이를 변화시킬 수 있는 방법이 없을까? 자기계발 세계에서는 오래 전부터 이런 금언(金言)이 전해 내려오고 있다.

"누군가를 움직이게 하고 싶다면, 그가 원하는 것을 손에 쥐어주어라."

이 금언을 조금만 손보면 부모들의 골머리를 앓게 만드는 문제의 실마리가 보인다. 이렇게 말이다.

공부를 했으면 좋겠다는 생각은 누구의 희망사항인가? 일반적으로 아이들은 공부를 원하지 않는다. 공부는 대개 부모가 원하는 것이다. 아이들은 놀기를 간절히 원한다. 왜? 노는 게 공부하는 것보다 더 재미있고, 더 쉽고, 더 편하기 때문에. 자녀의 입장에서 생각해보자. 당신 아이가 재미있고 쉽고 편한 '놀기'를 포기하고, 재미없고 어렵고 힘든 '공부'를 선택해야 할 이유가 무엇인가? 놀기 대신 공부를 택했을 때 아이가 손에 쥘 수 있는 것이 무엇인가?

신기하게도 놀기 대신 공부를 선택하는 아이들이 있다. 그들은 왜 재미없고, 어렵고, 힘든 공부를 선택하는 것일까? 공부 안에서 100억 원의 가치를 발견했기 때문이다. 절박함, 꿈, 목표 같은 것 말이다. 이런 것들은 무가치한 공부에 무한한 가치를 부여해준다. 당신 아이가 신들린 듯 공부하는 모습을 보고 싶은가? 공부 안에 숨어 있는 가치를 발견할 수 있도록 도와주면 된다.

문제는, 절박함, 꿈, 목표를 갖는 게 말처럼 쉬운 일이 아니라는 거다. 절박함은 대개 인생의 막다른 골목에 내몰렸을 때 생긴다. 중산층 가정에서 태어나 평탄한 일상을 보내고 있는 아이가 공부만이 살길이라는 절박함을 느끼기란 쉽지 않다. 그렇다면 저소득층 가정에서 나고 자란 아이는 절박함을 느낄 수 있을까? 그렇지 않다는 건 이미 앞에서 살펴보았다. 확률적으로 중산층 가정의 아이들이나 저소득층 가정의 아이들 모두 절박함을 느끼지 못할 가능성이 크다. 꿈과 목표를 갖는 건 어떨까? 이 또한 세상을 어느 정도 살아보고 나서야 비로소 생겨나는 것들이다. 아직 세상 경험이 일천한 초등학생이 무언가를 간절히 소망하고, 목표를 세우고, 끈기 있게 실천하기란 쉽지 않다. 실제로 필자가 만난 초등학생 중에서 간절하고 절박한 심정으로 공부하는 아이는 없었다. 꿈과 목표를 이루기 위해서 공부하는 아이도 극히 드물었다.

그렇다고 절박함, 꿈, 목표를 갖는 게 불가능하다는 말은 아니다. 절박함, 꿈, 목표는 분명 자녀의 능력을 극대화시킬 수 있는 필살 비법이다. 부모들은 자녀에게 절박함, 꿈, 목표를 찾아주기 위해서 끊임없이 노력해야 한다.

문제는, 대부분 아이들이 필살기를 쓰지 못한 채 고등학교를 졸업한다는 것이다. 아이들은 공부에 대한 간절함은커녕, 공부하지 않기를 간절히 바란다. 초등학생 중에서 공부 아니면 끝장이라는 절박함을 느끼거나, 간절한 꿈을 품고 사는 아이는 찾기 힘들다. 꿈이라고 해봐야 학원 안 가기, 맛있는 것 먹기, 연예인 만나기, 최신형 스마트폰 갖기 정도가 고작이다. 그렇다면 간절함도, 꿈도, 목표도 없는 당신 아이가 어떻게 공부를 시작할 수 있을까?

당신 아이가 스스로 공부하기 원한다면 이 금언을 흘려들어서는 안 된다.

"누군가를 움직이게 하고 싶다면, 그가 원하는 것을 손에 쥐어주어라."

우리는 이 금언을 이렇게 바꿔서 생각하기로 했다.

"아이를 공부하게 만들고 싶다면, 아이가 원하는 것을 손에 쥐어주어라."

자, 그럼 아이의 손에 무엇을 쥐어주어야 할까? 당신의 아이에게 공부를 해야 할 장기적이고 지속적인 동기요소(절박함, 꿈, 목표)가 없다면, 단기적이고 단발적인 가치라도 부여해주어야 한다. 단기적이고 단발적인 가치를 부여하라? 보상을 해주라는 말이다. 남자 아이라면 장난감이나 게임이, 여자 아이라면 인형이나 옷이 될 수도 있겠다. 만일 아이가 장난감이나 인형에 관심이 없다면 그것은 보상으로서 가치가 없다. 최고의 보상은 자녀가 손에 쥐고 싶어 하는 그것이다. 따라서 보상은 부모가 일방적으로 제안할 것이 아니라, 자녀가 원하는 것을 제시하는 것이 바람직하다.

물론 공부를 잘 하는 아이에겐 굳이 보상을 해줄 필요가 없다. 공부를 통해서 이미 정신적 보상*을 받고 있기 때문이다. 내적 동기를 갖고 있는 아이에게 물질적 보상을 해주면 외적 동기로 빠질 가능성이 높다. 물질적 보상은 자녀가 공부를 거부하고 싫어할 경우에만 한시적으로 사용하되, 이때에도 수행에 따른 보상이 아닌, 성과에 따른 차등 보상을 해주는 것이 바람직하다.** 정신적이든 물질적이든, 공부를 하고 나면 자

---

* 정신적 보상이란 수행에 대한 칭찬, 자신의 노력과 성취에 대한 주변 사람들의 인정(認定), 성공경험을 통한 성취감, 자신의 능력에 대한 믿음(효능감) 등을 말한다.

녀의 손에는 원하는 것이 쥐어져 있어야 한다.

자신을 대기업 회장이라고 주장하는 정체불명의 노인 이야기를 좀 더 해보자. 방금 전까지는 제정신이 아니라고 생각되던 노인이 이제는 범상치 않은 인물로 보인다. 당신은 떨리는 목소리로 대답한다.

"회장님, 그게 정말입니까? 계약서만 써준다면 지금 당장이라도 출발하겠습니다."

노인은 당신의 요구대로 계약서를 써주었다.

"위와 같은 요구사항을 이행하는 즉시 100억 원을 현찰로 지급함."

그리고는 계약서 끝에 이런 조항을 덧붙였다.

"단, 모든 임무를 60분 안에 완료해야 함."

60분? 억만금을 준다 해도 60분 안에 임무를 완수하는 것은 불가능하다. 귀인처럼 생각되던 노인이 다시 노망난 노인네로 보이기 시작한다. 당신은 노인을 향해 욕설을 퍼붓고 계약서를 찢어버린다.

부모들은 자녀에게 왜 공부를 열심히 해야 하는가를 수시로 설명한다. "애야, 공부를 잘하면 존경도 받고, 명예도 얻고, 남들이 부러워하는 직업도 가질 수 있고, 으리으리한 저택에서 살 수 있고, 멋진 배우자를 만나서 행복한 가정을 꾸릴 수 있단다." 한 마디로, '공부를 잘하면 잘 먹고 잘살 수 있다'는 말이다. 아이의 반응이 나쁘지 않다. 부모의 말이 백

** 학습동기에 대해서는 지면관계상 자세히 언급하지 못하고 넘어간다. 학습동기는 전작 「엄마가 알아야 아이가 산다」의 2부(94~151쪽)에 자세히 설명해 놓았다. 궁금한 독자는 그 책을 읽어보기 바란다.

 초등 6년이 자녀교육의 전부다

번 옳다는 표정이다. 눈을 반짝이면서 고개를 끄덕이는 걸 보니 이제야 철이 좀 들려는 모양이다. 정신 차리고 잘 하려나 싶었는데, 한 시간도 못 가서 말짱 도루묵이다. 연필은 붙잡지 않고, 컴퓨터 마우스만 붙잡고 있다. 책은 안보고, TV만 본다. 답답할 노릇이다. 공부를 잘하면 좋은 점이 아주 많은데, 왜 저렇게 정신을 못 차릴까?

다시 백발노인 이야기다. 노인은 노발대발하는 당신이 도무지 이해가 되지 않는다는 표정이다. 그도 단단히 화가 난 것 같다. 노인은 꾸짖듯 말한다.

"이보게 젊은이, 100억 원은 대기업 회장인 나에게도 결코 적지 않은 돈이라네! 생각해보게. 100억 원으로 가질 수 있는 것들을. 자네의 좁아터진 집을 탈출해서 수영장과 정원이 딸린 대저택에서 살 수 있다네. 어디 그뿐인가? 갖고 싶은 물건은 뭐든 다 살 수 있고, 이자만으로도 평생을 먹고 살 수 있어. 큰 부자가 될 수 있는데, 왜 하지 않겠다는 겐가? 난 정말 자네를 이해할 수 없네!"

학생들에게 공부를 해야 하는 이유를 물어보면, 모든 아이들이 이렇게 답한다.

"공부 잘하면 명문대에 들어갈 수 있어요."

"공부 잘하면 좋은 직업을 얻을 수 있어요."

"공부 잘하면 돈을 많이 벌 수 있어요."

아이들도 아주 잘 안다. 공부 잘하면 명문대를 갈 수 있고, 좋은 직업을 가질 수 있고, 돈을 많이 벌 수 있다는 사실을. 그런데 방금 전까지 "잘 먹고 잘살기 위해서는 공부를 잘해야 한다"고 말했던 아이들 대부분은 공부를 잘하려고 노력하는 것이 아니라, 어떻게든 공부를 안 하려고 노력한다. 공부를 잘하면 좋다는 사실을 몰라서 못하는 것이 아니라, 공부를 잘하면 좋다는 사실을 알아도 안 하는 것이다. 왜 그럴까?

노인과 헤어지기 전에 이 말은 해야 억울함이 좀 풀릴 것 같다.

"노인장. 말 같지도 않은 소리 그만 지껄이시오! 그 모든 걸 어떻게 60분 안에 끝낸단 말이오!"

당신이 노인의 제안을 거절한 이유는 돈의 액수가 적어서가 아니었다. 60분 안에 임무를 완수하는 것이 불가능하다고 판단했기 때문이다. 공부를 잘하면 좋은 점이 많다는 부모의 제안은, 60분 안에 임무를 완수하면 100억을 주겠다는 노인의 제안과 다르지 않다. 공부를 잘하면 좋은 점이 많다는 사실을 모르는 아이는 없다. 공부를 잘하면 좋다는 사실은 아이들도 잘 알고 있다. 그런데 왜 공부를 안 하는 것일까? 노인이 당신에게 60분이 아니라 24시간을 주었다면 제안을 거절했을까?

결국, 가능성의 문제였다. 인간은 어떤 행동을 하기 전에 본능적으로 두 가지를 따져 본다고 했다. 그 중 하나는 가치요, 다른 하나는 바로, 가능성이다. 우리는 어떤 일을 시작하기 전에 본능적으로 그 일의 실현 가능성을 먼저 따져본다. 그리고 그 일이 실현 불가능하다고 판단되면 절대로 행동하지 않는다. 당신 아이가 공부를 안 하는 이유도 똑같다. 공부를 잘 할 가능성이 없다고 판단했기 때문이다. '공부를 잘하면 좋은 점이 많으니까 열심히 공부하라'는 부모의 제안이, '60분 안에 미션을 완료하면 100억을 주겠다'는 노인의 제안처럼 들리는 것이다. 당신이 100억을 포기한 것처럼 자녀는 공부를 포기한다. 그렇다면 불가능을 가능으로, 포기를 도전으로 바꿔줄 방법은 없는 것일까?

1970년대부터 몰입에 대한 연구를 해오고 있는 미하이칙센트는 능력 Skill과 난이도Challenge가 적절한 조화를 이뤘을 때 몰입이 가능하다는 사실을 발견했다. 그의 발견 속에 문제 해결의 결정적 단서가 숨어 있다. '결정적 단서?' '능력'과 '난이도' 말이다. 즉, 자녀가 공부에 몰두하기 위해서는 자신의 능력으로 해결 가능한 과제가 제시되어야 하는 것이다. 무척 중요한 말이니 다시 한 번 적겠다.

"자녀가 공부에 몰두하기 위해서는

자신의 능력으로 해결 가능한 과제가 제시되어야 한다."

그런데 첫 단추를 끼우지 못하는 부모들이 의외로 많다. 당신은 어떤가? 자녀의 학습 상태를 얼마나 파악하고 있는가? 자녀가 학교 공부는 잘 따라가고 있는지, 학원수업은 잘 이해하고 있는지 점검하고 있는가? 자녀의 학습능력은 교과서와 학원 교재를 무리없이 소화해낼 만한 수준인가?

들어도 무슨 말인지 모르는 수업을 듣는 아이는 무슨 생각을 하게 될까? 풀리지 않는 문제들로 가득 찬 문제집을 푸는 아이는 무슨 생각을 하게 될까? 공부가 재미있다고 생각할까, 지루하다고 생각할까? 공부를

하면서 자신감이 쌓일까, 자괴감이 쌓일까? 공부를 통해서 성취감을 느
낄까, 좌절감을 느낄까? 자녀가 공부에 몰입하는 모습을 보고 싶다면 학
습능력을 정확히 파악한 후에, 충분히 소화해낼 수 있는 과제를 제시해
주어야 한다. 과제를 성공적으로 해내면서 성취감과 재미를 느끼고, 나
도 할 수 있다는 자신감을 갖게 해주어야 한다.

당신에겐 100억 원을 가질 수 있는 기회가 있었다. 하지만 그 기회를
포기할 수밖에 없었다. 그 매력적인 제안을 왜 포기해야만 했던가. 불가
능하다고 판단했기 때문이다. 아이들도 그렇다. 많은 아이들이 '불가능
하다'는 생각에 사로잡혀 공부를 포기한다. 잘할 가능성이 없다고 판단
해서 공부를 회피한다. '안 한다'에 초점을 맞추면 답이 안 나온다. 문제
를 해결하려면 '왜'와 '어떻게'에 초점을 맞춰야 한다. 자녀가 '왜' 공부
를 안 하는지 고민해야 한다. '어떻게' 해야 공부를 시작할 수 있을지 궁
리해야 한다.

제2부 우등생으로 키우는 비법

우등생으로
키우는
비법

우등생으로
키우는
비법

공부의
제1원칙을 사수하라

부모들은 고민에 빠진다. 학원도 보내고, 과외도 시키고, 학습지도 풀게 하고, 인터넷 강의도 듣게 했건만, 성적은 갈수록 더 떨어질 뿐. 자녀가 공부를 할 만큼 하는데도 불구하고 성적이 잘 안 나오면 부모 입장에서는 무척 당혹스럽다. 필자의 한 지인은 "우리 아들이 공부를 열심히는 하는데, 성적이 잘 안 나와서 걱정이다"는 말을 5년째 되풀이 하고 있다. 그가 고민에 빠져 있는 사이, 중1 아들은 고2가 되었다. 궁금했다. 도대체 어떻게 공부를 하고 있길래 성적이 수년째 제자리걸음인 것일까? 지인에게 아들과의 만남을 주선해달라고 부탁했다.

아들을 만나서 자초지종을 들어보니, 지인의 말은 허언이 아니었다. 아들은 학교가 끝나면 곧바로 학원에 가서 수업을 들었고, 학원자습실에서 공부를 하다가 밤 열두 시가 다 돼서야 집에 들어왔다. 집에 와서도 밤 1~2시까지 공부를 했다. 나는 지인의 아들처럼 오랜 시간을 공부하는데도 불구하고 성적이 저조한 학생들을 많이 봐왔다. 그들은 학교에 와서도 학원숙제를 하느라 여념이 없었고, 학교가 끝나면 학원으로 쏜살같이 달려갔다. 늦은 저녁까지 학원수업을 들었고, 집에 돌아와서도 밤늦게까지 학원숙제에 매달렸다. 아이들은 눈코 뜰 사이 없이 바쁘게 살았지만, 성적은 언제나 중하위권을 맴돌았다. 왜 성적이 부진했던 것일까?

나는 명문대 합격생과 학습법에 대한 연구를 수년째 계속해오고 있다. 지금까지 명문대생의 합격수기서와 학습법 관련 책을 백 권 넘게 읽었고, 지금도 매달 신간을 구입해서 읽고 있다. 자녀교육서나 합격수기서를 읽어본 적 있는 부모라면 책에 소개된 방법들을 내 아이에게 어떻게 적용시켜야 할지 난감했던 적이 있을 것이다. 나도 그랬다. 책에는 그럴듯한 공부법들이 소개되어 있었지만, 그것들을 학생들에게 어떻게 적용시켜야 할지 도무지 감이 잡히지 않았다. 저자가 중·고등학생을 대상으로 책을 썼기 때문일까? 초등학생을 대상으로 쓴 책들도 적용이 쉽지 않은 것은 마찬가지였다. 저자에게 최적화된 공부법을 수십 명의 학생들에게 똑같이 적용시킨다는 것도 무리였지만, 무엇보다도 내가 가르쳤던 학생들과 특급 영재에 속했던 저자들 간의 차이가 너무 컸다. 명문대생들과 제자들 사이의 접점을 찾아보려 했으나, 종국에는 참새와 독수리의 공통점을 찾아내려는 시도처럼 무의미하게 느껴졌다. 약간 과장하면 명문대생들과 내 제자들의 공통점은 학생이라는 사실 하나 뿐이었다.

한편 저자들 사이에 의견이 갈리는 경우도 있었다. 예컨대 '사교육이 공부에 도움이 되었다'는 이들이 있는가 하면, '방해가 되었다'는 이들도 있었다. '수업시간에 교사의 설명을 빠짐없이 받아 적었다'는 이들이

 초등 6년이 자녀교육의 전부다

있는가 하면, '노트필기는 되도록 자제했다'는 이들도 있었다. '오답노트를 만들라'는 이들이 있었고, '시간낭비일 뿐이다'라는 이들도 있었다. '문제집을 백 권 넘게 풀었다'는 이들이 있었고, '두세 권만 풀었다'는 이들도 있었다. 그들의 상반된 주장을 처음 접했을 때 무척 혼란스러웠다. 특히 일부 학생들이 합격 비결로 사교육과 선행학습을 거론할 때면 상당히 당혹스러웠다. 그동안 나는 사교육과 선행학습을 최소화해야 한다고 줄기차게 주장해왔기 때문이다.

혼란과 당혹감은 명문대생들의 합격수기서와 학습법 관련 책들을 읽어나가는 과정에서 차츰 해소되었다. 그들이 제시하는 각양각색의 공부법을 관통하는 공부의 '제1원칙Number One Principle'을 발견했기 때문이다.

제1원칙은 자녀교육의 제1원칙으로 삼아도 손색없을 만큼 절대적인 법칙이다. 제1원칙은 자녀를 키우면서 선택이 필요한 순간에 올바른 판단 기준을 제시한다. 제1원칙은 풍문에 현혹되지 않고, 흔들림 없이, 소신 있게 자녀를 키울 수 있도록 도와준다. 제1원칙은 자녀교육의 실패 확률을 대폭 낮춰줌과 동시에 성공 확률을 대폭 높여준다. 대체, 그 원칙이 무엇이냐고? 제1원칙을 찾기 위해서는 다시 한 번 타임머신을 타고 시간여행을 떠나야 한다.

도착한 곳은 몇 년 후 미래. 어느 여름날. 당신 아이는 고등학교 2학년이고, 현재 시각은 밤 11시.

겨우(?) 밤 11시인데, 애가 벌써 잠자리에 들 준비를 하는 게 아닌가. 화들짝 놀란 당신. 마음이 진정될 때까지 잠시 숨을 고른 후, 운을 떼었다.

"애야, 너도 내년이면 고3인데, 너무 일찍 자는 거 아니니? 공부 좀 더 하고 자거라."

"엄마, 갑자기 왜 그래? 난 하루에 4시간만 공부하는 거 몰라?"

4시간만 일(공부)하고 퇴근(?)하겠다는 미래의 아들(딸)에 대한 당신의 대처가 궁금하다. 그냥 자도록 내버려두겠는가, 공부를 좀더 하는 게 어떻겠냐고 회유하겠는가? 당신이 4당 5락을 입시의 진리로 받들던 시대에 학창 시절을 보냈다면, 4시간 공부로는 도저히 성에 차지 않을 것 같다. 사실, 고등학생에게 하루 4시간 공부가 과도한 학습량은 아니다.* 우리나라 고등학생의 일일 학습시간은 4시간이 훌쩍 넘는다. 이는 하루 4시간 공부로는 명문대 합격은커녕 중위권 성적을 유지하기도 어렵다는 사실을 의미한다.

4시간만 공부하겠다고 고집을 부리는 자녀 때문에 근심에 잠긴 당신에게, L군의 이야기를 들려주고 싶다. 왜냐하면 그 또한 고교시절 내내 하루 4시간만 공부했기 때문이다. 공부한 시간만 놓고 판단했을 때, 당신 아이나 L군이 명문대에 들어가는 건 쉽지 않아 보인다. 필자도 고3, 재수생, 삼수생, 장수생으로 기나긴 세월을 입시 공부에 매달려 봐서 잘 안다. 하루 4시간 공부로는 서울 소재 대학은커녕 지방 국립대도 장담할 수 없다. 하루에 4시간만 공부하고 책을 덮어 버린 배짱 두둑한 L군, 그

---

* 여기서 말하는 하루 4시간 공부란 학교의 정규 수업시간을 제외한 학습시간으로, 방과 후의 사교육 참여시간, 자습시간, 숙제에 소비한 시간 등이 포함된다.

   초등 6년이 자녀교육의 전부다

는 과연 어느 대학의 배지를 달게 되었을까?

놀랍게도, 그는 우리나라 최고 대학에 입학했다. '설마, 서울대?' 그렇다. 더 놀라운 것은, 그가 최고 학부에 합격했다는 사실이다. '최고 학부라 함은?' 의대 말이다. '하루 4시간 공부로 그게 과연 가능한 일인가? 혹시 재수라도 한 건 아닐까?' 그렇진 않다. 그는 스무 살 현역으로 서울대 의대에 입학했다. L군이 명문대에 들어갔다면 다른 수많은 학생들 또한 명문대에 들어갔어야 함이 마땅하다. 4시간 이상 공부하는 고등학생은 널리고 널렸기 때문이다. 하지만 절대다수의 학생들은 L군처럼 탁월한 성과를 거두지 못한다. L군은 무엇이 달랐던 것일까? 하루 4시간 공부로 어떻게 최고 대학의 최고 학부에 합격할 수 있었을까?

비결은, 효율성에 있었다. 즉, 그는 최소의 학습시간을 투입해서 최고의 성적을 올리는 효율적인 공부를 했던 것이다. 수업시간을 쉬는 시간처럼 보내는 대다수 학생들과 달리, 그는 수업시간에 단 한 번도 한눈을 판 적이 없었다. 그는 수업시간을, 기본개념을 다지고 내신시험을 공부하는 시간으로 적극 활용했다. '고액 과외나 족집게 강의를 들었던 건 아닐까?' 놀랍게 또는 식상하게 들릴지 모르겠지만, L군은 고교시절 내내 사교육을 일절 받지 않았다.

사교육을 받지 않고 어떻게 명문대에 합격할 수 있는지 의아해하는 독자들이 있을 것 같다. 하지만 효율성 측면에서 볼 때, 사교육을 받지 않는 것이 공부에 훨씬 더 유리하다. 왜 그렇냐고?

배운 것을 가능한 많이, 오래 기억할수록 공부의 효율성은 높아진다. 그렇다고 한다면 효율성을 높이기 위해서 어떤 식으로 공부를 해야 할까? 쉼 없이 새로운 내용을 배워야 할까, 배운 내용을 수시로 익혀야 할까? 알다시피 사람의 기억력이란 그리 믿을만한 것이 못된다. 바로 앞쪽에서 읽은 내용을 떠올려보라. 불과 일분 전에 읽은 글도 기억이 가물가물하지 않은가. 당신의 머리가 나빠서 그런 게 아니다. 원래 인간의 뇌가 망각에 취약하도록 프로그래밍되어 있다. 깜빡깜빡 잘 잊어버려서 때때로 불편하고 낭패를 볼 때도 있지만, 망각이 항상 나쁜 것만은 아니다. 일평생 경험하는 희로애락의 순간들이 머릿속에 고스란히 저장된다면 우리는 제정신으로 살아가기 힘들 것이다. 우리는 망각 덕분에 과거의 슬픔과 고통에서 벗어날 수 있게 되었다.

일상에서 망각은 때때로 유익하지만, 공부에서 망각은 치명적이다. 망각은 선별과 자비를 모른다. 때문에 잊지 말아야 할 기억들까지도 망각의 강 저편으로 끌어가 버린다. 책장을 넘기고 있는 아이는 지식의 조각들을 매순간 망각의 강에 흩뿌리고 있다. 망각의 강을 타고 떠내려가는 지식 조각들은, 즉각 건져내지 않으면 망망대해 속으로 영영 자취를 감춰버리고 만다. 결국, 하루 종일 학교와 학원을 오가면 지식을 주워 담았던 아이의 머릿속에는 한 조각의 기억도 남아있지 않게 된다.

한 남자가 수백만 원의 비용을 지불하고 유럽 여행을 떠났다. 긴 여정을 마치고 집에 돌아온 첫날. 소파에 앉아 지친 심신을 달래며 여행의 추억에 젖어들려는 찰나, 남자는 자신의 머릿속이 백지처럼 하얗다는 사실을 깨닫는다. 다행히 지갑에는 비행기 왕복 티켓이 남아 있었고, 두 장의 티켓을 통해서 자신이 15박 16일 동안 유럽에 다녀왔다는 사실을 확인할 수 있었다. 이 무지無知한 남자, 여행을 다녀온 것이 맞을까?

뜬금없이 남자를 등장시킨 까닭은 당신 아이가, 여행을 전혀 기억하지 못하는 남자처럼, 무의미한 공부를 하고 있다는 사실을 일깨하기 위함이다. 나는, 어리석은 남자처럼 어리석게 공부하는 아이들을 매일매일 목격한다. 아이들은 학교, 학원, 집을 순회하며 하루 종일 바쁘게 살아간다. 하지만 다음날이 되면 어제 배운 것을 전혀 기억하지 못한다. 정말 답답할 노릇이다. 잊어버릴 거라면 실컷 놀고 푹 자는 게 더 낫지 않을까?

그렇다고 아이들을 놀리자는 말은 아니다. 망각을 극복할 수 있는 방법을 찾는 것이 현명한 대처일 것이다. 다행히 망각을 극복할 비법이 있다. 너도 알고 나도 아는 것이라서 비법이라는 표현을 쓰기가 좀 민망한데, 비법은 복습이다. '에잇, 비법이 고작 복습이야? 참 시시하네.'

이런 식으로 복습을 무시하거나 가볍게 여기는 부모들이 적지 않다. 자녀의 기억력을 과신해선지, 어린 자녀가 인간의 한계를 뛰어넘은 초인이라고 생각하는지, 부모들은 복습에는 전혀 관심이 없다. 그저 자녀가 끊임없이 배우기를, 끊임없이 갈망한다. 그 결과 많은 아이들이 학교에서 배우고, 학원에서 배우고, 과외로 배우고, 인터넷으로 배우고, 학습지로 배우고, 하루 종일 배우기만 하다가 잠자리에 든다. 학교가 끝나자마자 무언가를 또 배우는 아이에게 복습이 가능할까? 복습을 안 하면 오늘 배운 지식들은 망각의 강물에 빠져 흔적도 없이 사라진다.

자의가 되었든 타의가 되었든, 학생이라면 누구나 사교육과 자습 중 하나를 선택해야 하는 갈림길에 서게 된다. '둘 다 하면 안 되나?' 하루가 48시간으로 늘어나지 않는 한, 자습과 사교육을 양손에 거머쥐는 것은 물리적으로 불가능하다. 봄 초록의 싱그러움과 가을 낙엽의 정취를 동시에 만끽할 순 없는 법이다. 하나를 선택하면 다른 하나는 포기해야 한다.

L군 또한 양자택일의 기로에 섰고, 자습을 선택했다. 사교육을 완전히 배제한 그는 모든 공부시간을 자습으로 채워 넣었고, 자습시간 동안 심화학습과 수능공부에 주력했다. 사교육을 받지 않고 4시간만 공부했기 때문에 잠도 충분히 잘 수 있었다. 하루에 7시간씩 수면을 취했고, 저녁 식사 전후로 한 시간씩 쪽잠도 잤다. 충분한 수면 덕분에 그는 깨어 있는 동안 공부에 완벽히 몰입할 수 있었다. L군은 자신의 공부 방식을 이렇게 회고한다.

"나는 다른 학생들에 비해서 공부시간이 적었지만 실제로 공부한 양은 다른 학생들의 두세 배에 달했다."

명문대 합격생들은 자신만의 공부 노하우를 장황하게 늘어놓고 있지만, 그들이 말하는 공부 비법을 한 문장으로 요약하면 이것이다.

'효율적으로 공부하라!'

이 문장이 바로, 공부의 제1원칙이다. 그리고 자녀교육의 절대 법칙이다.

뼈 빠지게 일한다고 해서 부자가 되는 것은 아니다. 마찬가지로 혹독하게 공부한다고 해서 우등생이 되는 것은 아니다. 똑같이 4시간을 공부하지만, 어떤 학생은 유명有名 대학에 가고, 어떤 학생은 무명無名 대학에

   초등 6년이 자녀교육의 전부다

간다. 열심熱心만으로는 부족하다. 열심히는 기본이고, 제대로 해야 한다. 밑 빠진 독에 물 붓기 식으로 공부를 한다면 책상에 오래 앉아 있어도 학습량과 실력은 쌓이지 않는다.

당신 아이가 학창 시절 내내 비효율적인 공부를 한다면 당신이 자녀교육에 쏟은 열정과 헌신은 모두 물거품이 되고 만다. 고생은 고생대로 하고 자녀교육에 실패한다면, 그보다 억울한 일이 또 있을까? 더구나 자녀교육의 실패는 부모의 실패만으로 끝나지 않는다. 자녀교육의 성패에 따라 자녀의 인생이 달라진다는 사실을 잊지 말자.

부모로서 성공하고 싶다면, 당신 아이가 성공하는 인생을 살아가기 원한다면 공부의 제1원칙을 자녀교육의 제1원칙으로 삼아야 한다. 자녀교육을 함에 있어서 모든 선택과 판단의 기준을 '효율성'에 두어야 한다.

우등 비결은
효율성에 있다

과연, 우리 아이들은 효율적으로 공부하고 있을까? 안타깝지만 그렇지 못하다. 교사 생활을 하면서 만났던 학생들 중에서 효율적으로 공부하는 아이는 거의 없었다. 오히려 비효율적으로 시간을 보내는 아이들이 대부분이었다. '학교 가서 수업만 듣고 오는데, 도대체 비효율이 어디서 발생한단 말인가?'

당신 아이가 학교에서 비효율적으로 생활한다는 사실을 모르는 것은 당연하다. 자녀의 학교생활을 낱낱이 들여다볼 수 없을 테니까. 지금부터 들려주는 이야기는 현직 교사가 아니면 절대로 알 수 없는 비화들이다. 금시초문이라고 의아해하지 말고, 믿기지 않는다고 의심하지 말고, 진지하고 진실되게 읽어주기 바란다.

아이들의 비효율적인 생활은 언제부터 시작될까? 한 3교시쯤? 점심을 먹고 난 후부터? 놀랍게도, 비효율적인 생활은 이른 아침부터 시작된다. 초등학교는 아침활동거리를 담임이 제시하는 경우가 흔한데, 대개

10분 내외로 마칠 수 있는 가벼운 활동들이 주를 이룬다. 하지만 담임이 활동거리를 제공해주는 것에는 한계가 있다. 때문에 종종 독서나 자습도 한다. 아침방송이 있는 날이나 담임에게 긴급한 용무가 생길 때에도 자습을 한다. 이런저런 이유로 아이 스스로 아침 시간을 운영해야 하는 경우가 자주 생긴다. 이때 아이들은 시간을 어떻게 보낼까? 독서를 할까? 자습을 할까? 그건 어디까지나 부모들의 바람일 뿐이다. 아침시간을 보내는 아이들의 모습은 다음 세 가지 경우에서 크게 벗어나지 않는다.

① 잡담을 한다.

② 멍하니 앉아 있다.

③ (학습만화로 포장된) 만화책을 읽는다.

놀랍게도 대다수 아이들이 초등 6년 동안 세 가지 행태를 보이며 아침시간을 보내고 있다.

비효율은 수업시간에도 이어진다. 일반적으로 상위권 아이들은 학습활동을 빨리 끝내는 반면 하위권 아이들은 활동을 마치는 데 오랜 시간이 걸린다. 이런 격차는 교사를 당혹스럽게 만든다. 다 끝냈다고 웅성대는 아이들과 아직 다 못했다고 아우성치는 아이들이 한 공간에 공존하고 있기 때문이다. 교사 입장에서는 어느 장단에 춤을 춰야 할지 난감할 때가 많다. 물론 상위권 아이들에 맞춰서 수업을 진행하는 교사는 없다. 그랬다가는 하위권 아이들의 잦은 원성과 학부모들의 거센 항의에 직면하게 될 것이다. 뒤처지는 아이들을 무시하고 수업을 진행하는 것은 도의적으로도 어긋나는 일이다. 이런저런 이유로 교사들은 하위권 아이들의 상황을 봐가면서 진도를 나갈 수밖에 없다.

　그런데 이런 식으로 수업을 진행하다 보면 중상위권 아이들이 대기해야 하는 상황이 빈번히 발생한다. 이때 대기하는 아이들은 무엇을 할까? 자습을 할까? 독서를 할까? 역시나 부모들의 바람일 뿐이다. 아이들은 잡담을 하거나 멍하니 있거나 만화책을 보면서 시간을 허비한다. '그런 식으로 수업을 진행하면 학습밀도가 너무 떨어지는 것 아닌가?'

　그렇다고 더딘 아이들을 포기할 순 없지 않은가. 교사들은 한 교실에서 이삼십 명이 넘는 아이들을 동시에 가르쳐야 한다. 이런 상황에서 중상위권 아이들이 소외되고 방치되는 일은 불가피하다. 불가피하다는 말을 납득하지 못하는 독자들도 있을 것이다. 겪어보지 않은 이들의 입장에서는 불가피하다는 말이 핑계로 들릴 수도 있겠다. 납득할 수 없든 핑계로 생각하든 변하지 않는 사실은, 중상위권 아이들은 하위권 아이들의 활동이 끝날 때까지 잠자코 기다려야 한다는 것이다. 이런 맹점에 분개하여 공교육 정상화나 사교육 우위론을 부르짖을 필요는 없다. 이런 상황은 다수의 학생이 존재하는 교실이라면(공교육과 사교육을 막론하고) 어디에서나 늘상 벌어지고 있는 일이니까.

　한편 초등학교 수업은 1교시가 40분으로 진행되는데, 매번 40분을 다 채워서 수업이 진행되는 것은 아니다. 학습내용이 적거나 쉬운 차시의 경우, 5분에서 10분 정도 수업이 일찍 끝나기도 한다. 이런 경우 교사들은 오늘 배운 내용을 복습하라고 말한다. 이때 아이들은 복습을 할까? 아이들의 행태는 여전히 세 가지 경우를 크게 벗어나지 않는다.

　비효율은 여기서 끝나지 않는다. 가장 치명적인 비효율은, 수업을 듣지 않는 것이다. 놀랍게도 많은 아이들이 학교에서 공부를 하지 않는다. 초등학생부터 고등학생에 이르기까지 수업을 듣는 비율은 20퍼센트에 불과하다. 10명 중 8명이 학교에 와서 놀다 가는 것이다. 믿기지 않겠지만, 사실이다(자세한 이야기는 뒤에서 다룬다).

비효율의 대미를 장식하는 것은 사교육이다. 많은 아이들이 학교가 끝나면 학원에 가서 또다시 수업을 듣고, 집에 돌아와서도 학원숙제를 한다. 겉으로는 학교에서 공부하고, 학원에서 공부하고, 집에서 공부하는 것처럼 보이지만, 실상은 전혀 그렇지 않다. 설화雪花와 춘화春花를 동시에 감상할 수 없는 것처럼 사교육과 복습을 동시에 취할 수는 없다. 사교육을 선택하면 복습을 포기해야 한다. 복습을 하지 않으면 오늘 배운 지식은 망각의 강 저편으로 흘러가버려 영영 돌아오지 않는다. 어제 배운 지식을 오늘 기억하지 못한다면 365일, 24시간을 공부해도 실력이 쌓이지 않는다. 성적이 잘 나올 수 없다. 사교육 중심으로 살아가는 학생들 가운데 성적이 저조한 아이들이 적지 않은 것은 이러한 이유 때문이다.

아이들의 비효율은 시간과 장소를 불문하고 광범위한 범위에서 포착되고 있다. 그 결과, 우리나라 학생들의 비효율성은 세계 최고 수준이다. 무슨 근거로? OECD국가 학생들의 학습시간을 비교분석한 보고서가 있다. 결론을 보자.

"한국의 학습시간은 다른 나라보다 훨씬 길다. 한국의 정규수업시간, 보충학습시간, 심화학습시간, 그리고 사교육시간은 다른 어느 나라보다 길다. 한국 학생들은 수학 학습에 주당 평균 약 10.4시간을 투자한다. 이 시간이 OECD 평균보다 긴 것은 말할 것도 없고 수학 성적이 비슷한 핀란드, 네덜란드, 일본보다 훨씬 길다. 이는 한국 학생의 성적이 매우 비효율적이라는 사실을 보여준다. 학습시간과 관련하여 눈여겨볼 만한 또 하나의 사실은 한국 학생이 가정에서 자발적으로 학습하는 시간이 다른 나라보다 짧다는 사실이다. 한국 학생은 다른 어느 나라보다 학교 보충 수업이나 사교육에 심하게 의존한다."[*]

인정하고 싶지 않지만, 보고서의 지적은 정확하다. 우리 아이들은 세계에서 가장 비효율적으로 공부를 하고 있다. 사실이고, 비극이다.

비효율적으로 공부하는 것이 아이들만의 잘못일까? 혹 학교, 학원, 가정에서 비효율적인 공부를 부추기고 있는 것은 아닐까? 학교는 보충 수업을 강제해서 갈 길 바쁜 아이들의 발목을 붙잡는다. 학원은 숙제를 끝내기 전까지는 집에 못 간다고 윽박지르며 아이들의 시간과 체력을 고갈시킨다. 부모는 학원에 붙들려 있는 자녀를 보면서 안도의 한숨을 내쉬고, 한밤중까지 숙제에 매달려 사는 자녀를 보면서 흡족한 표정을 짓는다. 우리 아이들이 비효율성 분야에서 금메달을 따냈다는 비보悲報에 대해서 학교, 학원, 학부모가 책임을 통감해야 하지 않을까.

학교와 학원은 다수의 학생을 한 교실에 모아 놓고 가르친다. 이것이 무엇을 의미할까? 학교와 학원은 당신 아이에게 최적화된 교육 서비

---

[*] 장상수(2014), 「가족배경과 학습시간, 성적: 국제 비교의 관점에서 본 한국」, 한국청소년연구.

   초등 6년이 자녀교육의 전부다

스를 제공할 수 없다는 뜻이다. 결국, 당신은 이 중요한 사실을 놓쳐서는 안 된다.

학교와 학원의 비효율적인 시스템을 부모들이 바꿀 수는 없다. 그렇다고 손놓고 가만히 있을 것인가? 학교와 학원의 비효율적인 시스템을 따르라고 강요할 것인가? 부모마저 자녀의 비효율적인 공부를 방치하고, 동조하고, 선동한다면 언젠가 크게 후회할 날이 올 것이다.

회한의 눈물을 흘리고 싶지 않다면 자녀의 비효율적인 공부를 저지해야 한다. 당신의 영향력 안에 있는 것들이라도 효율적으로 바꿔나가야 한다. 무엇보다도 자녀가 효율적으로 공부를 하고 있는지 진단해보는 것이 급선무다. 방법은 간단하다. 공부에 투입한 시간 대비 성취도를 따져보면 된다. 만일 자녀가 오랜 시간을 공부하는 데도 불구하고 문제집의 오답률이 높다거나 시험 점수가 신통치 않다면, 현재의 공부 방식이 비효율적이라는 증거다.

자꾸 문제를 틀리고, 성적이 떨어졌다고 애먼 아이를 잡도리할 일이 아니다. 내 아이가 비효율적인 공부를 하고 있는 것은 아닌지, 시간이 낭비되고 있는 곳은 없는지 수시로 점검해야 한다. 비효율이 발생하고 있는 요인을 철저히 분석하고, 그것을 개선시켜야 한다. 무의미한 사교육에 인생이 낭비되지 않도록, 강제적인 보충수업에 들러리로 동원되지 않도록 자녀를 지켜주어야 한다. 효율적인 시간 활용법을 가르치고, 효율적인 공부습관을 길러주어야 한다. 이 권고를 무시하고 자녀의 비효율성을 개선시키려는 노력을 게을리한다면, 당신은 지인들에게 "우리 애가 열심히는 공부하는데 성적이 잘 안 나와서 걱정이다"는 말을 수년째 되풀이하게 될지도 모른다.

지금처럼 키운다면 당신 아이는 초등 6년 동안 비효율적으로 살아갈 가능성이 매우 높다. 6년 동안 시간을 낭비하던 아이가 중·고등학교에 가서 효율적으로 시간을 관리할 수 있을까? 6년 동안 학교수업을 듣지 않고 학원순례를 했던 아이가 중·고등학교에 가서 효율적으로 공부할 수 있을까?

초등학교 때까지는 배우는 내용이 적고 쉽다. 때문에 비효율적으로 공부를 한다고 해도 문제가 되지 않는다. 하지만 중·고등학교에 가면 비효율적인 공부는 큰 문제가 된다. 해야 할 공부는 많아지는 반면, 공부할 수 있는 시간은 부족해지기 때문이다. 중·고등학교에 가서 우수한 성적을 거두려면 초등학교 시절에 효율적으로 공부하는 방법을 터득하고, 효율적으로 공부하는 습관을 길러야 한다.

당신의 코흘리개 자녀가 효율성을 따져가며 공부할 수는 없다. 공부의 제1원칙을 능숙하게 구사하기 위해서는 다년간의 연습과 훈련이 필요하다. 누가 자녀에게 효율적인 공부를 연습시키고 훈련시켜 줄 수 있

 초등 6년이 자녀교육의 전부다

을까? 지근거리에서 당신 아이를 수년 동안 하루도 거르지 않고 챙겨줄 사람은 그 어디에도 없다. 학교와 학원도 믿을 곳이 못된다. 방법은 하나뿐, 당신이 발 벗고 나서야 한다.*

학교에서
공부하지 않는 아이들

고백하건대 나는 교사가 되고 난 후로 한 동안 가르치는 일이 만만해 보였다. 특히 초임시절에는 나 스스로를 꽤나 잘 가르치는 교사라고 치켜세우며 자화자찬하기도 했다. 왜 그랬을까? 대학입시와 임용시험을 준비하면서 쌓인 얄팍한 지식이 교사가 갖춰야 할 소양의 전부라고 여겼던 것일까?

어느덧 교직 경력 10년차로 접어들었다. 벼가 익으면 고개를 숙이듯 경력이 쌓일수록 초임시절의 자만이 부끄럽기만 하다. 요즘은 가르치는 일이 결코 만만치 않다는 사실을 절감하고 있다. '이 정도면 괜찮게 가르치고 있다'는 생각조차도 감히 못한다. 이런 생각은 교직을 떠나는 날까지 계속될 것 같다. 이렇게 생각하는 독자들이 있을지도 모르겠다. '초등학생이 배우는 게 뭐가 어렵다고 가르치기 힘들다고 야단일까?' '노력 부족 아닐까?' '꾸준히 천착하다 보면 언젠가 잘 가르칠 수 있는 날이 오지 않겠는가!' 이런 의견들을 부정할 생각은 없다. 일리 있는 말이다. 그런데 조금만 더 이야기를 들어주었으면 좋겠다.

내 참회는 가르침의 기술이나 노력 부족을 자책한 말이 아니었다. 내가 가르치는 일에 곤란과 좌절을 느끼는 까닭은, 그것이 교사 개인의 노력만으로 극복하기 힘든 불가항력이 존재하기 때문이다. 무슨 말인가 하면, 교사가 밤새도록 수업을 준비하고 양질의 자료를 투입한다손 치더라도, 학생들이 수업을 듣지 않는다면 모든 노력이 허사가 된다는 말이다. 교사로서 책임을 회피하거나 문제의 원인을 학생들 탓으로 돌리려고 하는 말이 아니다. 내가 진짜로 하고 싶은 말은 이제부터다.

나는 교사 생활을 시작한 첫해부터 내리 8년 동안 고학년만을 가르쳤는데, 한 가지 풀리지 않는 의문이 있었다.

'수업에 집중하지 않는 아이들이 왜 이렇게 많을까?'

내 경험에 의하면 수업을 제대로 듣는 아이들은 고작 10~20퍼센트 정도에 불과했다. 믿기 힘들겠지만, 80~90퍼센트의 아이들은 수업시간에 때때로 또는 수시로 잡담을 하거나, 멍하니 있거나, 딴짓을 했다. 저학년 담임을 해본 적이 없었던 나는 수업태만이 고학년에서만 나타나는 특이 현상인 줄로만 알았다.

그러던 중, 3학년 담임을 하면서 놀라운 사실을 알게 되었다. 아이들이 수업에 집중하는 비율이 고학년과 거의 흡사했던 것이다. 5, 6학년 아이들과 마찬가지로 3학년 아이들 대부분이 수업을 전혀 듣지 않거나 건성으로 듣고 있었다. 3학년을 가르치고 나서야 깨달았다. '고학년 아이들의 수업태만은 3학년 때부터 시작된 것이구나! 아니, 어쩌면 1, 2학년 때부터 시작되었을 수도.'

정말로 1, 2학년 때부터 수업을 듣지 않았던 것일까? 나는 1, 2학년 담임을 수년째 하고 있는, 몇몇 학교의 동료 교사들에게 물어보았다.

"아이들의 듣기 능력은 어느 정도인가요? 수업시간에 집중은 잘 하나요?"

동료들은 이구동성으로 말했다.

"여덟 살 아이의 집중력이 좋아봤자 얼마나 좋겠어요. 아이들 대부분이 수업에 집중하지 못해요. 솔직히 아이들의 집중력 저하는 심각한 수준이에요."

"아이들의 듣기 능력은 상당히 떨어지는 편이죠. 한 번 말해서 알아듣는 아이는 고작 한두 명뿐이에요. 똑같은 말을 몇 번이나 되풀이해줘도 뭘 해야 하는지 전혀 모르고, 내 설명이 끝나자마자 "(교과서) 몇 쪽 펴요? 이제 뭐해요?"라고 되물어요."

내 경험과 동료 교사들의 증언을 통해서 나는 다음의 결론에 도달할 수 있었다.

"수많은 아이들이 초등 6년 동안 수업을 듣지 않는다."

수업태만은 초등학생에게만 나타나는 기현상일까? 답은 약간의 상식과 논리만 동원해도 쉽게 나온다. 상식적으로 생각해보자. 수업에 무심했던 아이가 중학생이 되었다고 하루아침에 수업에 집중할 리는 없다. 논리적으로 따져보자. 초등학생 시절에 고착된 수업태도는 중·고등학생까지 이어질 가능성이 매우 높다. 그런데 상식과 논리만 동원해

보고 결론짓기엔 사안이 중대하다. 좀더 정확한 실태를 파악해볼 필요가 있다.

입시를 코앞에 둔 고등학교 교실을 떠올려보자. 어떤 모습이 그려지는가? 우리의 상식선에서는 학구열에 불타는 학생들과 면학 분위기를 물씬 풍기는 교실 풍경이 떠오른다. 현실은 어떨까? 한국청소년정책연구원은 고등학생 3,379명을 대상으로 수업 실태를 조사했다. 결과를 보자.

| 표 II-1 | 고등학생의 수업 실태

수업시간에-	항상 그렇다		자주 그렇다		가끔 그렇다		전혀 그렇지 않다	
	사례수	%	사례수	%	사례수	%	사례수	%
졸음	120	6.1	934	27.6	1,912	56.6	315	9.3
주변 사람과 이야기	173	5.1	761.	22.5	1,945	57.6	486	14.4
멍하니 있음	216	6.4	815	24.1	1,733	51.3	600	17.8

통계를 바탕으로 고등학생 40명이 수업을 받고 있는 교실 상황을 재구성해보면 이렇다. 40명 중 36명이 졸고, 34명이 잡담을 하고, 33명이 멍하니 앉아 있다. 졸지 않는 학생은 4명, 잡담하지 않는 학생은 6명, 정신을 바짝 차리고 있는 학생은 7명뿐이다. 믿기 힘들만큼 놀랍지 않은가? 지어낸 이야기가 아니다. 국책연구기관인 한국청소년정책연구원이 발표한 보고서에 근거하여 각색한 것이다.

아이들은 왜 수업을 듣지 않는 것일까? 사소한 듯 보이지만 중대한 메시지를 담고 있는 이 현상의 원인에 대해서 고민해보자. 아이들은, 도대체, 왜, 수업시간에 졸고, 잡담하고, 멍하니 있는 것일까? 학원에서 이미 배운 내용이라 시시해서? 선생님이 못 가르쳐서? 시험에 나오지 않는 내용이라서? 지금부터 부모들이 놓치고 있었던 놀라운 진실에 다가가 보자.

한국교육개발원은 고등학생 1만 여명을 대상으로 학교수업의 이해도에 관한 조사를 실시했다. 진실은 그 결과 속에 담겨 있다.

| 표 II-2 | 고등학생의 교과별 수업이해도*

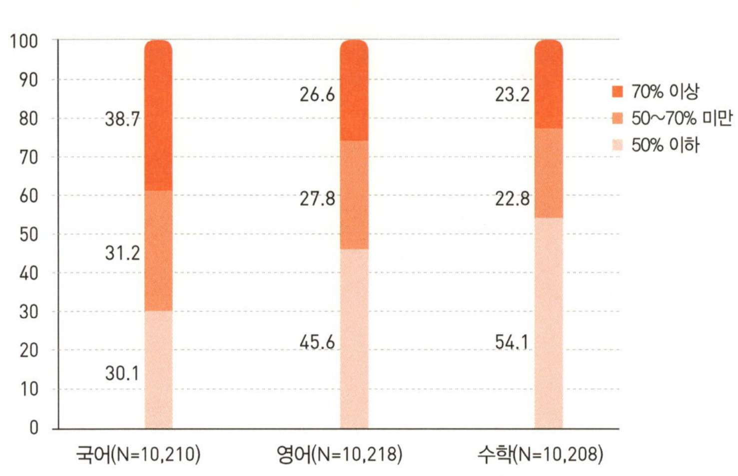

진실은 우리의 생각과 상당히 달랐다. 아이들의 수업태만은 자발적인 선택이 아니었다. 다 알고 있어서, 교사가 못 가르쳐서, 시험에 나오지 않아서 수업을 듣지 않았던 것이라면 차라리 나을 뻔했다. 수업을 70

---

* 한국교육개발원(2009), 「고등학생의 학업생활과 문화 연구」.

퍼센트 이상(80퍼센트, 90퍼센트가 아니다) 이해하고 있는 고등학생의 비율은 국어 38.7퍼센트, 영어 26.6퍼센트, 수학 23.2퍼센트에 불과했다. 한편 수업을 절반도 이해 못하는 비율은 국어 30.1퍼센트, 영어 45.6퍼센트, 수학 54.1퍼센트에 달했다.

나는 무미건조한 통계 수치를 보면서 애잔함을 느꼈다. 일부 아이들은 수업에 동참하고 싶은 마음이 간절했지만 어쩔 수 없이 졸음을 청했을 것이다. 다른 아이들은 한국말을 알아들을 수 없는 상황이 당혹스러워서 멍하니 앉아있었을 것이다. 어떤 아이들은 체념한 채 동지와 잡담을 나눴을 것이다. 상황은 이렇게 암울한데, 부모들은 자녀를 학원으로 내몰고 선행학습을 강요하고 있다. 부디, 현실을 똑바로 볼 줄 아는 혜안을 갖기 바란다. 지금 당신 아이에게 필요한 것은 학원수업과 선행학습이 아니다. 자녀의 장래를 생각한다면 자녀교육의 중심축을 학원과 선행이 아닌 학교와 복습에 두어야 한다.

'고등학생은 배우는 게 어려우니까 그럴 수도 있겠지. 그나저나 우리 애는 초등학생이라서 괜찮을 것 같은데…?' 과연 그럴까?

학교수업을 이해하지 못하는 것은 고등학생들만의 이야기가 아니다. 놀랍게도 초등학생 상당수가 수업을 이해하지 못한다.[*] 초등학생이 수업을 이해하지 못한다? 이 말은 자녀교육서를 많이 읽었다고 자부하는 독자들도 금시초문일 것이다. 그도 그럴 것이, 이 충격적인 사실은 교육

---

[*] 초등학생들이 수업을 이해하지 못한다는 말이 도무지 믿기지 않는가? 그렇다면 직접 확인해보자. 자녀에게 오늘 학교에서 배운 것이 무엇이냐고 물어보라. 단언하건대 당신 아이는 오늘 학교에서 배운 내용을 제대로 이해하지 못하고 있거나, 잘 기억해내지 못할 것이다. 심지어 수업시간에 뭘 배웠는지조차 모를 수도 있다.

전문가라고 자부하는 사람들도, 정신과 전문의로 아동 심리에 해박한 지식과 경험을 갖고 있는 의사들도, 교리를 기반으로 부모들에게 깨우침을 설파하는 종교인들도 전혀 알지 못하는 놀랍고도amazing, 믿을 수 없는incredible 이야기다. 이는 현직 교사들 중에서도 관찰력 예리한 일부 교사들만이 알고 있는 실상이다.

수업시간에 공부하지 않는 아이들을 목격하는 것은 교사들의 일상이 된지 오래다. 많은 아이들이 아침부터 멍하니 있고, 수업시간에 딴짓을 일삼는다. 혹자는 학생들이 공부하지 않을 때 교사는 뭘 하고 있었냐고 의아해할지 모르겠다. 공부 안하는 학생을 보고 가만히 있을 교사가 어디 있겠는가. 교사들은 "딴짓 말고 책 좀 봐라", "학교 왔으면 공부 좀 해라"를 입에 달고 산다. 하지만 딴짓하는 아이들이 너무 많다. 하루 이틀 그러는 것도 아니다. 사철 푸른 소나무처럼 사시사철 딴짓을 한다. 딴짓하는 아이들을 일일이 지적하다 보면 수업을 진행할 수가 없다. 현실적으로 그런 아이들을 무시하고 진도를 나갈 수밖에 없다.

당신 아이 또한 수업을 듣지 않을 확률이 매우 높다. 초등학교 1학년 때부터 수업을 듣지 않았다고 한다면, 수업을 듣지 않은 것이 몇 년째인가? 자녀의 학년이 1학년에서 멀리 떨어져 있다면 꽤 오랜 세월 동안 수업을 듣지 않았을 것이고, 그런 수업태도는 습관으로 자리잡은 지 오래되었을 것이다. 수년 동안 고착화된 수업태도를 고치기란 상당히 어렵다. 수업에 집중하는 학생의 비율이 초등학교와 고등학교에서 20퍼센트 내외로 일치하는 현실이 이를 증명한다.

　안타깝지만 지금 같은 상황이라면 부모들 중 십중팔구가 자녀교육에 실패할 수밖에 없다. 아이들 중 십중팔구가 수업을 듣지 않기 때문이다. '학교수업이 자녀교육의 성패를 좌우할 만큼 중요하단 말인가?' 물론이다. 지난 수십 년 동안 사람들은 수석자들에게 판에 박힌 말을 들어왔다.

　"학교수업에 충실했습니다."

　일부 사람들은 이 말에 회의적이다.

　'나는 도저히 저 말을 믿지 못하겠어. 수석이 학교수업을 잘 들은 덕분이라고? 그럼 왜 똑같은 수업을 들었던 다른 학생들은 수석을 못한 거야?'

　혹, 당신도 비슷한 의문을 품고 있는가? 그 이유는, 똑같은 수업을 들었던 다른 학생들은 수업을 듣지 않았기 때문이다. 나는 단언할 수 있다. 학교수업만 잘 들어도 최소한 상위 20퍼센트 이내에 속하는 우등생이 될 수 있다. 수업을 진지하게 듣는 학생의 비율이 20퍼센트를 넘지 않기 때문이다. 일부 독자들은 학교수업만으로 정말 수석이 가능한지 여전히 의심스러울 것이다. 하지만 수석자들의 증언은 거짓이 아니다. 2012학년도 수능시험에서 만점을 받은 한 학생은 이렇게 말했다.

　"교과서만 보고 공부했다, 학원도 안 다니고 학교생활에 충실했다. 사실 저도 이런 뉴스 봤을 때 믿지 않았습니다. 하지만 저 역시 그들처럼 기본 학교교재에 충실했고, 또 학원에 안 다니고 혼자서 공부하는 것에 흥미를 느꼈습니다. 여러분도 믿기 어려우시겠지만 제가 바로 그 증인입니다."

당신의 아이가 초등학교 1학년 때부터 고등학교 3학년 때까지 수업을 듣지 않는다고 가정해보자(가정이지만 80퍼센트로 상당히 높은 확률이다). 과연 공부를 잘 할 수 있을까? 초등학생 때라면 어떻게든 버텨 낼 수 있을지 모른다. 하지만 중·고등학교에 가서 수업을 듣지 않으면 절대로 우등생이 될 수 없다. 학교수업이 차지하는 비중이 절대적이고, 학교선생님이 시험 문제를 출제하기 때문이다. 자녀가 수업을 듣지 않는다면 당신이 자녀교육에 쏟은 혼신의 노력은 물거품처럼 사라지고 만다. 우려되는 점은, 확률적으로 당신 아이가 수업을 듣지 않고 있을 가능성이 상당히 높다는 사실이다. 자녀가 공부를 잘하기 바라는가? 그렇다면 어떤 수를 써서라도, 무슨 방법을 동원해서라도 수업을 잘 듣게 만들어야 할 것이다.

초등 6년이 자녀교육의 전부다

수업을
잘 듣게 만드는 비법

나는 하루도 빠짐없이 고민한다.

'어떻게 하면 이 아이들을 수업에 집중하게 만들 수 있을까?'

눈치 빠른 독자라면 내 고민이 여전히 진행 중이라는 사실을 간파했을 것이다. 그렇다. 나는 오늘도 수업에 집중하지 않는 아이들과 전쟁을 치르고 있다. 왜 교사가 수업시간에 해찰하는 아이를 잡지 못해서 아등바등 대냐고? 벌써 잊었는가? 열에 여덟아홉이 수업을 듣지 않는다. 교사 한 명이 하루 종일, 실시간으로, 모든 학생들의 일거수일투족을 관리 감독하는 일이 가능하다고 보는가?

물론, 전혀 불가능한 일은 아니다. 하지만 그것이 가능하려면 교사는 쉼 없이 학생들을 닦달하고 지적하고 질책해야 한다. 학생들은 아침부터 집에 갈 때까지 교사의 닦달을 견뎌내야 하고, 지적을 감수해야 하며, 질책을 감내해야 한다. 이렇게 사는 건 교사와 학생 모두를 지치게 만들 뿐이다. 교사는 학생들을 닦달하고 혼내려고 학교에 오는 것이 아니다.

학생들 또한 질책과 꾸중을 들으려고 아침부터 교실에 앉아 있는 것이 아니다. 당신은 아침부터 자녀를 지적하고 질책하는 교사를 담임으로 만나고 싶은가? 내가 하고 싶은 말은, 교사가 수업시간에 모든 학생을 관리하고 감독하는 일이 생각만큼 간단한 문제가 아니며, 설령 가능하다 해도 그것이 전적으로 바람직한 일은 아니라는 점이다. 요컨대 나는 부모들에게 이 중차대한 사실을 각성시켜주고 싶다.

> "교사 한 명이 수십 명에 달하는 학급 학생들을
> 일일이 통제하는 것은 불가능에 가깝다.*
> 내 아이의 학교 공부를 전적으로 교사에게 일임하겠다는
> 생각은 무척 안이하고 위험한 발상이다."

교사들은 당신 아이를 지도하고 관리 감독하는 일에 나름의 최선을 다 할 것이다. 하지만 그들의 노력은 당신이 만족할만한 수준에 미치지 못할 것이다. 당신이 자녀의 학교수업에 적극 개입하고, 자녀의 수업태도를 적극 관리해야 하는 이유가 바로 여기에 있다. '매일 교실 뒤에 서서 아이를 감시할 수도 없는 노릇인데, 어떻게 아이의 수업태도에 영향력을 행사할 수 있단 말인가?'

---

* 학생 개개인을 일일이 통제 할 수 없는 것은 학급당 학생 수가 상대적으로 적은 학원도 예외가 아니다. 교사 한 명이 담당하는 인원수가 열 명 미만이라 하더라도 모든 학생의 일거수일투족을 통제하고 관리하는 일은 불가능에 가깝다. 학생을 완벽히 통제 관리하기 위한 방법은 오직 일대일 지도 밖에 없다. 자녀 둘을 동시에 지도해본 경험이 있는 부모라면 내 말이 과장이 아니라는 것을 잘 알 것이다.

　　　　　　　　초등 6년이 자녀교육의 전부다

나는 그동안 이 문제에 대해서 많은 고민을 거듭했고, 두 가지 방책을 고안해냈다. 이제 당신 아이의 수업태도를 개선시킬 수도 있는 두 가지 방책을 제안해보겠다. 그런데 이 방책은 수업을 잘 듣게 만드는 방법도 아니고, 수업태도를 변화시키는 방법도 아니다. 심지어 수업태도를 개선시키는 방법도 아니다. 대개 저자들은 자신의 주장을 펼칠 때 강하고 확신에 찬 어조로 글을 전개하기 마련이다. 하지만 나는 '개선시킬 수도 있는'이라는 다소 애매모호한 표현을 썼다. 수업을 잘 듣게 만드는 문제는 누구도 자신 있게 말할 수 없는, 해결이 쉽지 않은 고질적인 문제이기 때문이다. 어쩌면 내 방책도 효과가 없을 수도 있다. '그렇다면 굳이 방책을 시도할 필요가 있을까?' 효과와 의미를 따지기에 앞서 이것만은 확실하게 말할 수 있다.

"아무 것도 하지 않는 것보다, 시도하는 것이 백배는 낫다."

첫 번째 방책은 자녀의 교과서를 검사하는 것이다. 나는 해마다 학생들에게 부모님이 교과서를 검사하는지 물어보는데, 답변은 한결같다.

"부모님이 교과서를 펼쳐보신 적은 한 번도 없어요!"

이 한결같은 대답은 자녀가 학교에서 뭘 배우고 있는지 무관심한 부모들이 많다는 반증이다. 또한 아이들이 교과서를 학교에 놓고 다니는 상황에 비춰보건대, 부모들은 자녀의 교과서를 일 년 내내 한 번도 펼쳐보지 않는 것은 물론이요, 교과서를 펼쳐본다는 생각 자체를 아예 하지 않는 것 같다. 당신은 어떤가? 자녀의 교과서를 마지막으로 펼쳐본 게 언제인가? 이번 기회에 자녀의 교과서를 펼쳐보기 바란다. 상태가 어떤가? 무척 깨끗하다고? 수업시간에 아무 것도 하지 않고 있는 것이다. 아이가 학교에 가서 하는 일이라곤 놀다가 밥 먹고 오는 게 전부일 것이다. 무언가 빼곡히 적혀 있다고? 적어도 수업시간을 허투루 보내고 있는 것은 아니다.

물론 교과서 상태만 보고 수업을 잘 듣고 있다고 단정지을 순 없다. 수년 동안 딴짓하기에 숙련된 아이들은 부모들이 생각하는 것보다 훨씬 더 영악하다. 아이들은 대책 없이 놀지 않는다. 그들은 나름의 안전장치를 걸어두고 빈둥거린다. 딴짓을 하다가도 선생님이 교실을 돌기 시작하면 재빨리 교과서에 무언가를 끼적거려 놓는다. 물론 교과서에는 질문과 전혀 상관없는 엉뚱한 답이 버젓이 적혀 있거나 수준 낮은 답이 그럴 듯하게 적혀 있다. 수업시간 내내 빈둥거리다가 교사가 제시하는 답을 그대로 베끼는 노련한 아이들도 있다.

눈속임에 넘어가지 않기 위해서는 보다 면밀한 검사가 필요하다. 먼저 아이가 교과서에 쓴 답이 정답에 가까운지 확인해보자(정답은 전과나 문제집 등을 통해서 확인할 수 있다). 정답을 맞춰보니 엉뚱한 답이 잔뜩 적혀 있다면? 딴짓을 하다가 선생님이 교실을 순시할 때 아무 것이나 갈겨 적어 놓았을 가능성이 크다. 그런 이유가 아니라 하더라도 질문과 동떨어진 답을 버젓이 적어놓았다 함은 수업을 제대로 듣지 않고 있다는 결정적 증거다. 정답이긴 한데, 적다 말았다면? 딴짓을 하다가 선생님이 보여주는 정답을 미처 다 베끼지 못한 것이다. 정답에 유사한 답을 온전한 문장으로 적어놓았다면? 확언하기는 조심스럽지만, 수업에 적극적으로 참여했을 가능성이 높다.

'고민을 거듭한 끝에 내놓은 방책이 고작 교과서 검사란 말인가?' 물론 교과서 검사는 학원 보내기나 학습지 시키기에 비하면 한없이 사소하고 하찮은 일로 여겨질 것이다. 하지만 당신이 교과서를 검사한다면 매달 수백만 원을 들여서 사교육을 시키는 부모들도 갖지 못하는 세 가지 보물을 건질 수 있다.

첫 번째 보물은

'자녀의 수업태도를 점검'할 수 있게 되는 것이요,

두 번째 보물은

'자녀가 수업에 적극 참여하도록 유도'할 수 있게 되는 것이요,

세 번째 보물은

'자녀의 학습 상태와 수준을 파악'할 수 있게 되는 것이다.

나는 아이들의 수업태도를 개선시킬 수 있는 방책을 수년째 고민하고 있다. 그리고 교과서 검사보다 효과적인 방법을 아직까지 찾아내지 못했다. 나는 당신에게 강력히 권고한다.

"자녀의 교과서를 매일매일 검사하라."

"매일 검사해주는 것은 현실적으로 어렵다."

"그렇다면, 일주일에 한두 번만이라도 검사하라."

"일주일에 한 번도 어려울 것 같다."

하루에 100미터도 달리지 않는 육상선수가 있다. 그는 당신을 만날 때마다 이렇게 외친다.

"나는 반드시 금메달리스트가 될 것입니다."

당신은 그에게 어떤 말을 하겠는가? "너의 꿈은 언젠가 이루어질 것이다"고 격려할 것인가? 상식이 있고, 솔직한 사람이라면 그렇게 말하지는 않을 것이다. 당신은 육상선수에게 무슨 말을 하겠는가? 당신의 뇌리를 스치는 말이, 지금 내가 당신에게 해주고 싶은 말과 비슷할 것 같다. 수고와 노력을 들이지 않고 자녀교육에 성공하겠다는 당신의 바람은, 연습과 훈련을 하지 않고 금메달을 따겠다는 육상선수의 허황된 꿈과 다르지 않다. 교과서 검사에 걸리는 시간은 5분이면 충분하다. 하루 5분 투자로 자녀의 수업태도를 바로잡고, 수업 집중력을 높이고, 학습 상태를 점검할 수 있다고 한다면 기꺼이 감내할만한 수고 아닌가!

부모는 자녀에게 가장 중요한 타자이며, 막강한 영향력을 행사하는 사람이다. 부모들은 말을 듣지 않는 자녀 때문에 때때로 속을 썩지만, 사실 아이들은 부모의 말을 거스르지 않기 위해서 무던히 애쓴다. 부모의 VIP가 자녀인 것처럼 자녀의 VIP는 부모이기 때문이다. 당신 아이에게 가장 소중한 존재인 당신. 당신은 자녀에게 학교수업에 대해서 어떤 말을 들려주고 있는가? 잘 들어야 한다고 말하는가? 들을 필요가 없다고 말하는가? 듣든 말든 무관심한가? 두 번째 방책은 학교수업을 바라보는 부모의 사고방식과 태도에 관한 것이다. 여기 학교수업에 대해 정반대의 생각을 갖고 있는 두 부모가 있다. 먼저 첫 번째 부모가 자녀에게 하는 말부터 들어보자.

"수업시간에 선생님께서 하시는 말씀은 하나도 빠짐없이 잘 들어야

 초등 6년이 자녀교육의 전부다

한단다. 선생님에게서 눈을 떼지 말고, 최선을 다해서 수업에 집중하렴.”

한편 두 번째 부모는 자녀에게 이런 말을 들려준다.

“학교수업은 다른 아이들도 똑같이 배우잖니. 성적을 올리려면 학원수업을 더 열심히 들어야 해. 둘 다 듣는 게 힘들면 학교수업은 적당히 듣고 학원수업에 집중하렴.”

‘설마 학교수업을 건성으로 들으라고 말하는 부모가 있을까?’ 있다. 그것도 적잖게 말이다. 필자는 “아빠가, 공부는 학원에서 하고, 학교에서는 놀고 쉬래요”, “엄마가, 학교는 공부하는 곳이 아니래요. 공부는 학원에 가서 하래요” 라는 말을 심심치 않게 들었다.

첫 번째 부모 밑에서 자란 아이가 수업을 열심히 들을까, 두 번째 부모 밑에서 자란 아이가 수업을 열심히 들을까? 아이들에게 수업은 지루하고 재미없는 것이다. 이 상황에서 부모마저 수업을 대충 들으라고 말한다면, 아이 입장에서는 수업을 들어야 할 이유가 없다. 아이가 지루하고 재미없는 수업을 묵묵히 참고 들어야 하는 이유가 있다고 한다면, 수업을 잘 들으라고 말했던 부모의 요구를 거스르지 않기 위해서다. 부모가 어떤 말을 들려주는가에 따라 자녀에게 수업을 들어야 할 이유가 생기기도 하고, 수업을 들을 필요가 없는 이유가 생기기도 하는 것이다. 실제로 수업태도가 바른 학생들의 부모들을 만나보면 공교육을 신뢰하고, 학교수업을 가장 중요시 여기는 경우가 많았다. 반면 수업태도가 불량한 학생들의 부모들과 대화를 나눠보면 사교육 중심으로 자녀를 키우고 있다는 느낌을 강하게 받았다. 부모들은 수업에 대한 자신의 생각이 자녀에게 고스란히 주입되고 있다는 사실에 경각심을 가져야 한다.

　수업태만은 사교육을 받지 않는 아이들에게서도 종종 목격된다. 사교육을 받지 않았던 3학년 수민이는 수업을 거의 듣지 않았다. 수업태도가 바르지 못한 수민이 때문에 고민을 하던 중, 때마침 수민이 어머니와 상담을 하게 되었다. 어머니의 말을 직접 들어보자.

　"1, 2학년 때는 공부를 시키기보다는 맘껏 놀게 하였어요. 저나 수민이 아빠는 아이가 어렸을 때부터 공부로 스트레스 받는 걸 원치 않았거든요. 지금까지는 아이에게 공부를 요구하거나 강요한 적은 없었어요. 3학년이 되었으니 이제부터는 슬슬 공부를 시켜야 할 것 같아요."

　그동안 수민이 부모는 공부에 무관심했고, 아이에게 수업을 잘 들어야 한다고 말을 한 적도 없었다. 가장 중요한 VIP인 부모가 수업을 가볍게 여긴다면 자녀 또한 수업을 가볍게 여길 가능성이 크다.

　"어머님, 수민이를 열심히 공부하는 아이, 공부 잘하는 아이로 키우고 싶으시죠? 그렇다면 먼저 수업을 잘 듣게 만들어야 합니다. 수민이에게 수업을 잘 들어야 한다고 매일 말해주는 것은 물론이고요, 무엇보다도 어머님부터 수업을 가장 중요하게 생각하셔야 합니다."

　솔직히 수민이의 수업태도가 단시일 내에 호전될 것이라고 기대하지는 않았다. 하지만 놀랍게도 어머니가 다녀간 바로 다음날부터 수민이의 수업태도가 눈에 띄게 좋아졌다. 아이는 나와 눈을 마주치며 수업에 집중하려고 노력했고, 학습활동에도 적극적으로 참여했다. 어떻게 단 하루 만에 수업태도가 눈에 띄게 좋아질 수 있었던 것일까? 이유는 단순했다. 어머니가 수민이의 학교생활과 수업태도에 관심을 갖기 시작했기 때문이다.

당신의 어린 자녀가 수업의 중요성을 인식하기는 어렵다. 수민이의 사례를 통해서 확인되듯이, 부모가 수업에 얼마나 관심을 갖느냐에 따라 자녀의 수업태도는 더 좋아질 수도 있고 더 나빠질 수도 있다. 자녀가 수업에 적극적으로 참여하기를 바라는가? 그렇다면 VIP인 당신이 학교 수업의 중요성을 수시로 역설해야 한다. 책가방을 메고 집을 나섰던 자녀에게 "선생님 말씀 잘 들어라"를 외쳤던 옛 부모들의 교육방식이 절대적으로 옳았던 것이다.

교과서를 검사하라, 수업의 중요성을 역설하라. 이 두 가지 외에 다른 방책이 또 없을까? 한국교육개발원은 고등학생 1만 여명을 대상으로 '수업에 집중하지 않는 이유'를 조사했는데, 그 속에 방책이 숨어 있다.

| 표 II-3 | 고등학생이 수업에 집중하지 않는 이유*

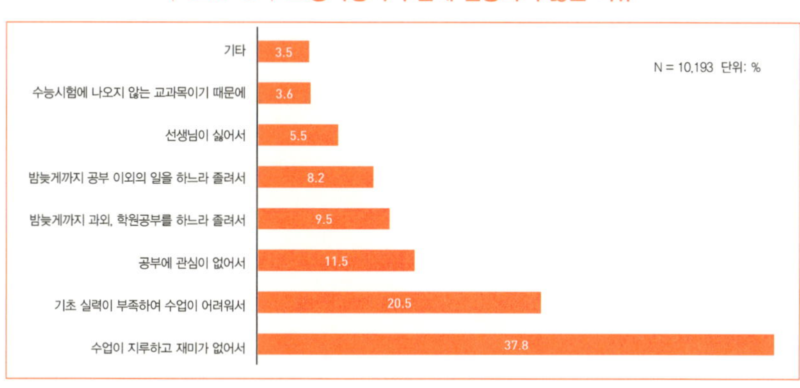

---

* 한국교육개발원(2009), 「고등학생의 학업생활과 문화 연구」.

조사 결과, 학생들이 수업에 집중하지 않는 가장 큰 이유는 '지루하고 재미가 없어서(37.8%)'다. 다른 이유로는 '공부에 관심이 없어서(11.5%)', '선생님이 싫어서(5.5%)'가 있다. 그런데 이 세 가지는 부모가 통제할 수 없는 요인이다. 그저, 공부에서 재미와 가치를 느낄 수 있도록 자녀를 격려하고 지원하는 수밖에 달리 방법이 없다.

한편 부모가 통제할 수 있는 요인도 있다. '기초 실력이 부족하여 수업이 어려워서(20.5%)', '밤늦게까지 과외, 학원 공부를 하느라 졸려서(9.5%)', '밤늦게까지 공부 이외의 일을 하느라 졸려서(8.2%)'가 그것이다. 이 세 가지 요인은 부모들에게 유의미한 시사점을 던져준다. 즉, 선행학습이나 학원수업 대신 자녀의 기초 실력을 다지는 데 주력한다면, 수면시간을 빼앗는 사교육을 자제한다면, 자녀의 야간 활동을 적절히 통제한다면 수업에 집중하지 않는 요인의 38.2퍼센트를 제거할 수 있다. 여기에 덧붙여 교과서를 검사하고 수업의 중요성을 역설한다면, 자녀의 수업태도를 개선시키는 데 부모가 상당한 영향력을 행사할 수 있다.

많은 부모들이 공부 잘하는 아이로 키우기 위해서 조기교육이다, 선행학습이다 극성을 떤다. 하지만 정작 자녀가 학교에서 어떻게 공부를 하고 있는지 관심을 두는 부모는 극소수에 지나지 않는다. 부모가 학교수업에 무관심하면 자녀 또한 수업을 등한시하게 된다. 수업을 듣지 않으면 공부시간의 절반을 포기하는 것이고, 공부시간의 절반을 날린다면 죽었다 깨어나도 우등생이 될 수 없다. 부모는 학교수업에 무관심하면서 자녀에게 우등생이 되라고 요구하는 것은 어불성설인 것이다.

 초등 6년이 자녀교육의 전부다

부모들의 무관심 속에 십중팔구의 아이들이 학교에 와서 공부를 하지 않고 있다. 나는 오늘도 이 생생한 비극을 순순히 목도할 수밖에 없다. 고백하건대, 교사로서 수업을 듣지 않는 아이들을 무시하고 진도를 나갈 수밖에 없는 현실에 심한 자괴감을 느낀다. 이 처참한 현실은 교사에게 환멸을, 자녀에게 비극을, 부모에게 비애를 초래할 것이다. 정말로 면목이 없다. 하지만 부모들에게 부탁하는 것 말고는 달리 방법이 떠오르지 않는다. 위기에 처한 당신 아이를 구해줄 수 있는 사람은 오직 부모, 당신 밖에 없기 때문이다.

사교육이
필요한지 점검하라

자녀의 학년이 올라갈수록 부모들의 고민은 깊어만 간다. 학원에 보내야 할까? 보낸다면 어디로 보내야 할까? 학원보다 과외가 낫지 않을까? 영어, 수학만 시켜도 괜찮을까? 선행학습을 시켜야 할까? 시킨다면 진도를 어디까지 나가야 할까?

자녀교육을 함에 있어서 선택과 결정의 순간에 '효율성'을 판단 기준으로 삼아야 한다고 앞에서 밝힌 바 있다. 그런데, '효율성'이라는 추상적인 단어로 사교육을 시킬지 말지, 어떤 사교육을 시켜야 할지 판단하기에는 다소 애매한 부분이 있다. 하여, 당신이 올바른 선택과 현명한 결정을 내릴 수 있도록 도움을 주고자 한다. 먼저, 당신이 다음 두 가지 질문에 모두 YES라고 답할 수 있다면 자녀에게 사교육을 시켜도 괜찮다고 본다.

어떤가? YES라고 답할 수 있겠는가? 확률적으로 따지자면 당신은 질문 1, 2에 모두 NO라는 답을 내놓아야 할 것이다. 수업을 집중해서 듣는 아이는 극소수에 지나지 않으며, 그와 동시에 수업시간에 배운 내용을 잘 알고 있는 아이도 극소수에 불과하기 때문이다. 믿을 수 없다고? 그럼 직접 확인해보자. 방법은 간단하다. 자녀에게 오늘 학교에서 뭘 배웠냐고 물어보면 된다. "국어시간에는 이걸 배웠고요, 수학시간에는 저걸 배웠어요"라고 간단히 답하는 것으로는 부족하다. 수학시간에 '각'을 배웠다면 아이는 교과서에 나와 있는 정의대로 '각'을 설명할 수 있어야 하고, 정의에 근거하여 '각'을 그릴 줄 알아야 한다.*

예상컨대 당신 아이는 오늘 수업을 제대로 듣지 않았을 것이고, 수업시간에 배운 내용을 잘 설명하지 못할 것이다. 다시 말해 당신은 질문 1, 2에 모두 NO라고 답할 수밖에 없을 것이다.**

두 질문에서 모두 NO가 나왔을 때, 복습에 집중했더라면 사태는 일단락되었을 것이다. 하지만 부모들은 첫 번째 관문인 학교의 장障에서 NO가 나왔음에도 불구하고, GO를 외치며 사교육의 장으로 들어선다.

---

* 각을 설명하고 그릴 줄 알아야 한다는 필자의 주장은 무리한 요구가 아니다. 각은 3학년 1학기 평면도형 단원의 3차시에 나오는 내용이다. 이 수업의 학습목표는 '반직선을 이용하여 각의 개념을 알고 표현할 수 있다'이다. 학습활동은 ① 도형에서 같은 점 찾아보기, ② 각 알아보기, ③ 세 점을 이용하여 각 그리기, ④ 생활에서 각 찾아보기가 나온다. 수업을 잘 듣고 교과서를 제대로 공부한 아이라면 마땅히 각을 설명하고 그릴 줄 알아야 한다.

** 물론 확률상 그렇다는 말이다. 두 질문에 모두 YES라고 답할 수 있는 부모도 있을 것이다. 편의상 다수가 포함될 가능성이 높은 쪽으로 이야기를 풀어나가 보자.

하지만 사교육에서 답을 찾고 있는 부모들은 끝끝내 답을 찾지 못할 것이다. 문제의 원인이 사교육에 있지 않기 때문이다. 즉, 자녀의 성적이 제자리걸음이거나 하락하는 원인이 사교육을 시키지 않아서 또는 사교육을 더 많이 시키지 않아서가 아니란 말이다. 문제의 원인은 첫 번째 관문인 학교수업에 있고, 해결책 또한 학교수업에 있다. 다시 말해서 자녀의 성적이 추락하는 원인은 학교수업을 듣지 않고, 학교에서 배운 것을 기억하지 못하기 때문이다.

'우리애는 점수가 올백에 가까운데, 문제가 없다고 봐야지 않을까?' 두 질문에 모두 NO가 나왔다면 문제가 없을 수는 없다. 문제는 분명히 있다. 단지 드러나지 않고 있을 뿐이다. 점수가 잘 나오든, 문제가 드러나지 않든, 학교수업도 제대로 듣지 않는 아이에게 사교육을 시키는 것이 과연 올바른 선택일까? 학교에서 배운 것도 기억 못하는 아이에게 학원수업을 듣게 하는 것이 과연 현명한 결정일까?

어떤 부모들은 이렇게 항변한다. "학교에서 공부를 안 하니까 학원이라도 보내는 것이다." 좋다. 어떤 이유로든 자녀를 학원에 보냈다고 치자. 그렇다면 다음 두 가지 질문에는 모두 YES라고 답할 수 있겠는가?

질문 3. 자녀가 오늘 학원수업을 잘 들었는가?　　　　□ YES　　□ NO

질문 4. 자녀가 오늘 학원에서 배운 내용을 잘 알고 있는가?　　□ YES　　□ NO

과연 당신 아이는 학원수업을 제대로 듣고 있을까? 학교에서 공부하는 모습과 학원에서 공부하는 모습이 전혀 다를 수는 없다. 학교에서 열심히 공부하는 아이라면 학원에 가서도 열심히 공부할 것이고, 학교에서 노는 아이라면 학원에 가서도 놀 것이다. 물론 이건 어디까지나 추측일 뿐이다. 실제로 그런지는 학원선생님에게 물어봐야 할 것이다. 하지만 애석하게도 학원강사와 학원관계자는 당신 아이의 수업태도를 솔직하게 말해줄 수 없는 사람들이다. "당신 아이는 학원에 와서 놀다 갑니다"라는 말을 듣고 어떤 부모가 자녀를 그 학원에 보내겠는가. 따라서 자녀의 수업태도를 정확히 알고 싶다면 학원에 찾아갈 일이 아니라, 학교 담임을 찾아가는 것이 옳다.

물론 학부모를 앞에 두고 "자녀의 수업태도가 상당히 좋지 않습니다. 수업시간에 전혀 공부를 하지 않아요"라고 말하는 것은 담임 입장에서도 쉽지 않다. 담임에게 허심탄회하게 말해달라고 요청하는 수밖에 없다. 확률상, 당신은 담임에게서 자녀의 수업태도가 좋지 않다는 말을 듣게 될 것이다. 충격을 받거나 담임을 원망할 필요는 없다. 아이들 중 십중팔구가 수업시간을 태만하게 보내고 있으며, 담임 한 사람이 십중팔구나 되는 아이들을 통제하는 일은 불가능하기 때문이다. 그저, '내 아이도 확률에 포함되는구나!' 생각하면서 앞에서 소개한 방책을 시도하는 것이 최선의 대응책이다.

수업시간을 어떻게 보내고 있는지는 담임에게 물어보면 해결될 문제고, 당신이 중점적으로 체크해야 할 것은 '내 아이가 오늘 학원에서 무엇을 배우고 왔는가'이다. 과연 당신 아이는 학원에서 배운 내용을 기억하고 있을까? 이것은 별다른 수고를 들이지 않아도 되는 일이니 오늘 당장 점검해보기 바란다. 점검에 앞서 한 가지 예언을 하자면, 당신은 충격과 당혹감에 휩싸이게 될 것이다. 왜냐하면 자녀가 학원에서 배운 것을 잘 기억하지 못하며, 기억하더라도 수준 낮은 답을 떠듬떠듬 말할 것이기 때문이다. 혹시 내 예언이 적중했는가? 그렇다면 당신은 자녀에게 사교육을 시킬 필요가 없다. 아니, 사교육을 시켜서는 안 된다. 당신은 네 가지 질문에 모두 NO가 나온 상황이고, 이는 자녀교육에 심각한 결함이 있다는 경고 신호다. 이를 무시하고 폭주한다면 종국에는 자녀교육의 실패라는 대형 참사를 맞게 될 것이다.

당신 아이는 오늘 학교와 학원에서 수업을 잘 들었을까? 학교와 학원에서 배운 내용을 제대로 기억하고 있을까? 네 가지 질문을 꼭 점검해보기 바란다. 특히 1, 2번 질문에 YES라고 답할 수 없다면 발등에 떨어진 불은 사교육이 아니다. 학교수업을 듣지 않고 학교에서 배운 내용을 기억하지 못하는 아이에게 사교육이 무슨 의미가 있겠는가!

많은 부모들이 사교육이 자녀의 성적 향상에 얼마나 도움이 되고 있는지 모니터링하지 않는다. 혹, 당신도 효과에 대한 검증 없이 자녀를 학원에 보내고 있지는 않은가? 이번 기회에 사교육이 자녀의 성적에 얼마나 기여를 하고 있는지 지난 1년 동안의 성적 추이를 체크해보기 바란다. 만일 성적이 제자리걸음이거나 오히려 떨어졌다면 사교육이 효과가 없다고 판단해야 하지 않을까? 자녀에게 사교육을 시키고 있다면, 사교육이 공부에 도움이 되고 있는지, 사교육이 인생을 허비하게 만드는 것은 아닌지 꼼꼼히 모니터링해야 한다. 이 모니터링은 자녀가 초등학교에 입학하는 날부터 고등학교를 졸업하는 날까지 지속되어야 하며, 자녀의 하루 일과 중 상당 시간을 사교육으로 채워 넣은 부모라면 마땅히 져야 할 책임이자 의무다.

초·중·고 12년을 어떻게 보냈는가에 따라 성년成年의 출발점이 결정된다. 이 출발점까지는 부모가 책임을 지고 이끌어주어야 한다. 만일 당신이 선택한 사교육이 자녀의 인생을 허비하게 만들고 있다면, 당신의 잘못된 선택이 12년 동안 지속된다면, 자녀의 스무 살은 어디에서 시작하게 될까? 출발이 지연되거나 예상치 못한 엉뚱한 지점에서 시작될 것은 불 보듯 뻔하다. 자녀의 스무 살이 유리한 출발점에서 시작되길 바라는가? 그렇다면 오늘부터 네 가지 질문을 수시로 점검하라.

문제집이 성적을 떨어뜨린다

초등학생 시절, 나는 학습지를 하는 친구들이 부러웠다. 하지만 부모님에게 학습지를 시켜달라고 말할 순 없었다. 우리집은 가난했고, 학습지를 하려면 돈이 들었다. 부모님에게 부담을 드리고 싶지는 않았다. 예나 지금이나 아이들은 공부를 싫어한다. 친구들도 학습지 풀기를 싫어했다. 몇몇 친구들의 학습지는 새것처럼 깨끗했다. 학습지를 풀어보고 싶었던 나는 친구들에게 제안했다.

"밀린 학습지, 내가 대신 풀어줄까?"

내 소망은 몇몇 친구들의 배려(?)로 이루어졌다. 한 친구는 학습지를 풀어줘서 고맙다며 과자까지 사주었다. 학습지도 풀고 과자도 얻어먹고, 횡재한 기분이었다.

방학이 시작될 무렵이면 나는 도보로 왕복 60분이 걸리는 시내의 한 대형서점까지 홀로 걸어가곤 했다. 방학 때 풀 문제집을 구입하기 위해서였다. 방학 즈음에 한 시간을 걷는다는 건 고통이 따르는 일이었다. 여름이면 아스팔트를 녹일 듯한 뜨거운 태양빛에 포위되어 땀을 비 오듯 쏟아냈고, 겨울이면 온 세상을 눈과 얼음으로 뒤덮어버린 동장군에게 온기를 빼앗겨 손발이 꽁꽁 얼었다. 하지만 혹서와 혹한쯤은 기꺼이 감내할 수 있었다. 양질의 문제집을 구할 수만 있다면. 악조건을 딛고 힘겹게 구한 문제집뿐만 아니라 이달학습이나 다달학습 같은 월간 문제집도 웬만해선 끝까지 다 풀었다.

게걸스럽게 문제를 풀어댔던 나는 공부를 잘 했을까? 우등상은 매번 받았던 것 같다. 그렇다고 수석을 다툴 정도는 아니었다. 성적은 상위 10~20퍼센트 정도를 오갔던 것으로 기억한다. 사정을 잘 모르는 사람들은 괜찮은 성적이라고 생각할지도 모르겠다. 하지만 내 입장에서는 전혀 만족스럽지 않았다. 문제 풀기에 투자한 시간과 노력을 생각한다면 더 나은 성적을 거뒀어야 마땅했다.

중학교 입학을 앞둔 겨울의 끝자락. 새봄과 함께 시작될 새날을 기다리는 내 가슴은 뜨거워졌다. 인생이라는 무대에서 철부지 아역 배우 역은 이제 그만 맡고 싶었다. 위대하고 열정적인 삶을 사는 주인공이 되고 싶었다. 하지만 내 삶은 나이를 한 살 더 먹은 것 말고는 달라진 게 없었다. 꿈을 이루기 위해서 출가를 하거나 유학을 떠난다는 건 소설 속에서나 가능한 일이었다. 별처럼 빛나는 인생을 꿈꿨지만, 일상은 시계 안에 갇혀 있는 바늘처럼 학교와 집을 오가며 원을 그리고 있었다. 위대하고 열정적인 삶은 정녕 밤하늘의 별처럼 따낼 수 없는 것이란 말인가.

별처럼 빛나는 인생을 먼 은하에 살고 있는 별에게서 찾을 순 없었다. 그것은 내 일상 속에서 찾아야 했다. 학생인 내가 위대해진다는 건 공부를 잘하는 것이요, 열정을 쏟을 만한 곳은 공부 밖에 없었다.

'그래, 공부를 열심히 하자.'

열정적인 삶을 살기 위해서 하루에 5시간씩 자습을 했다. 위대한 삶을 살기 위해서 등하굣길에 영어 단어를 암기했다. 지금 생각해보면 참 독했다는 생각이 든다. 초등학교를 갓 졸업한 열네 살 아이가 길거리를 오가며 영어 단어를 암기하고, 책상에 오롯이 앉아 저녁 7시부터 밤 12시까지 자습을 했으니 말이다. 더군다나 이런 기행奇行(?)을 일 년 가까이 지속했다.

열정적이고 위대한 삶을 살겠다며 유난과 극성을 떨었던 나, 과연 성적은 어땠을까? 엉덩이에 땀이 찰 정도로 우직하게 책을 팠지만, 성적은 상위 10~20퍼센트 사이를 맴돌았다.* 그 정도면 괜찮은 것 아니냐고? 당신이 몇 달 동안 하루에 5시간씩 공부를 했는데, 반에서 10등을 했다면 만족할 수 있겠는가? 나로서는 절대로 만족할 수 없었다. 성과가 미미한 공부는 중학시절로 끝나지 않았다. 가혹하게도 나는 초·중·고 12년에 재수, 삼수까지 장장 14년 동안 노력에 비해 초라한 성적표를 받아야 했다. 왜 그랬을까?

학생 시절 나에게 공부란 문제집을 푸는 것 그 이상도, 그 이하도 아니었다. 문제집을 펼치는 것으로 시작된 공부는 채점과 동시에 끝을 맺었다. 정말로 공부시간 내내 문제집만 줄창 풀어댔다. 열렬히 문제를 풀어댔지만, 점수는 요지부동이었다. 돌이켜 생각해보니 패인은 문제집 일

---

* 그나마 이때가 내 중학시절 중 최고의 성적을 거둔 시기였다. 열정이 식어버린 중2 이후로는 성적이 계속 추락했다.

변도의 극단적인 공부에 있었다. 불행히도 나는 이 사실을 14년 동안 전혀 눈치채지 못했다. 조금만 더 일찍 깨달았다면 어땠을까? 인생은 지금과 많이 달라졌을 것이다. 재수, 삼수를 실패해서 군대에 끌려가지 않았을 것이고, 좀더 이른 나이에 대학에 입학했을 것이다. 그랬더라면 교사가 아닌 다른 직업을 갖고 전혀 다른 삶을 살아가고 있었을 것이다.

국방의 의무를 마치고 나니 스물넷이 되었다. 하지만 내 상황은 말이 아니었다. 고졸의 무적無籍 상태였던 것이다. 스물넷이 되도록 공부 말고는 해본 것이 없었고, 딱히 할 줄 아는 것도 없었다. 나약하고 무능한 고졸 청년을 받아주는 일터는 없었다. 선택지는 대학뿐이었다. 손에서 책을 내려놓은 지 33개월 만에 다시 책을 집어 들었다.

공부를 다시 시작한 날은 8월 1일이었고, 그 해 수능시험일은 11월 7일이었다. 주어진 기간은 98일. 녹슨 기억을 벗겨내는 것만으로도 촉박한 시간이었다. 익숙한 내용과 맞은 문제를 두 번 쳐다볼 시간이 없었다. 98일 동안 난해한 부분과 틀린 문제에 집중했다. 어떻게든 올해 끝내고 싶은 마음이 컸지만, 준비기간이 워낙 짧아서 일 년 더 공부할 각오를 하고 있었다.

어느덧 98일이 지나고, 한 달이 더 지나 수능성적표가 나오는 날이 되었다. '내년이면 스물다섯인데, 점수가 잘 안 나왔으면 어쩌지…' 심란한 마음으로 성적표가 담긴 봉투를 열었다.

결과는 예상 밖이었다. 고작 석 달 남짓 공부했을 뿐인데, 내 생애 최고의 성적이 찍혀 있었다. 고3, 재수, 삼수를 통틀어 그동안 치렀던 수능시험의 수리(수학)영역에서 내 최고 성적은 3등급(상위 16.5퍼센트)이었다. 그런데 33개월의 공백기를 보낸 후에 고작 98일을 공부했을 뿐인데, 1등급(상위 1.4퍼센트)이 나왔다. 영어도 1등급(상위 3.4퍼센트)을 받았고, 사회탐구도 1등급(상위 0.7퍼센트)을 찍었다. 사실 수능 공부를 하면서 느낌이 좋았다. 일 년 더 공부한다면 서울대도 가능하겠다는 생각이 들곤 했다. 종합 1등급(상위 2.5퍼센트)이 나온 것을 감안하면 당시의 예감이 헛된 망상은 아니었으리라.

나는 3년 가까이 공부와 담쌓고 살다가 고작 98일을 공부하고 평생 받아본 적 없는 1등급을 받았다. 14년 동안 요지부동했던 성적이 왜 갑자기 수직상승한 것일까?

비결은 문제를 대하는 태도에 있었다. 무작정 문제만 풀어댔던 기존 방식에서 벗어나 틀린 문제에 집중했던 공부가 효과를 거둔 것이다. 나는 기나긴 세월 동안 시행착오를 되풀이하고 나서야 비로소 깨달았다. 시험을 잘 보려면 닥치는 대로 문제를 풀 것이 아니라, 틀린 문제에 매달려야 한다는 사실을.

명문대생들의 합격수기서를 읽다보면 오답 정리에 관한 이야기가 자주 등장하는데, 그럴 때면 나는 무릎을 탁 치곤 한다. 14년 동안 시행착오를 되풀이하고 나서야 깨달은 나와 달리, 명문대생들은 틀린 문제의 중요성을 중·고등학생 때부터 간파하고 있었기 때문이다. 수능시험에서 만점을 받은 한 학생은, 많은 학생들이 채점만 하고 시험지를 던져버리거나 채점도 하지 않은 채 성적표만 기다린다고 지적하면서 다음과 같이 조언했다.

"오답만큼 나의 약점을 잘 가르쳐주는 것은 없다. 오답과 해설을 함께 보면서 왜 틀렸는지, 어느 부분이 부족한지 등에 대해서 철저히 분석해야 한다. 단순히 훑고 지나가는 것이 아니라, 문제와 함께 등장한 자료, 선지 하나하나까지 완벽하게 설명할 수 있을 정도로 해야 한다. 실력이 가장 크게 느는 것은 바로 오답을 분석하는 과정에서다.”

시험을 보는 날이면 나는 아이들에게 똑같은 질문을 수없이 받는다.

“채점은 언제 하실 건가요?”

“시험 결과는 언제 나오나요?”

시험에 대한 아이들의 관심은 성적표가 나오자마자 거짓말처럼 사라진다. 단원평가나 쪽지시험도 사정은 마찬가지다. 아이들은 점수만 확인하고 시험지를 곧장 책상 속에 쑤셔 넣는다. 몇몇 시험지는 미여 터지는 책상을 비집고 나와 교실 바닥에 나뒹굴기도 한다. 그것으로 시험지와의 짧은 만남은 끝이다. 문제집이나 학습지도 상황은 다르지 않다. 대다수 아이들은 한 번 풀었던 문제집과 학습지를 두 번 풀지 않는다. 아이들에게 공부란 오직 문제를 푸는 것이다. 부모들 또한 문제 푸는 것을 공부의 전부로 생각한다. 문제를 풀지 말라는 말이 아니다. 내가 지적하고 싶은 것은, 문제 풀기를 공부의 전부로 여기는 것이다.

건강 검진을 받는다고 해서 병이 저절로 낫는 것은 아니다. 검진을 받는 것과 건강이 좋아지는 것은 아무런 상관이 없다. 마찬가지로 문제를 푼다고 해서 몰랐던 것을 저절로 알게 되는 것은 아니다. 문제를 푸는 것과 실력이 향상되는 것은 아무런 상관이 없다. 검진을 받고 난 후에 아픈 곳을 찾아내서 치료를 해야 건강해지듯이, 문제를 풀고 난 후에 잘 모르는 곳을 찾아내서 보충을 해야 실력이 향상된다.

자녀를 우등생으로 키우고 싶다면 무작정 문제만 풀게 해서는 안 된다. 문제를 푸는 것은 공부의 한 과정일 뿐이다. '문제 풀기'가 실력과 성적 향상에 보탬이 되기 위해서는 '오류 수정'과 '다시 풀기'를 공부 과정에 반드시 포함시켜야 한다. 이를테면 표 II-4와 같은 단계와 비중으로 문제를 푸는 것이다.

| 표 II-4 | 문제 풀기의 단계와 비중

단계		시간 투입 비율	60분 기준
1단계	문제 풀기	50%	30분
	↓		
2단계	오류 수정(오답 분석)	20%	12분
	↓		
3단계	다시 풀기	30%	18분

각 단계별 비중은 문제의 난이도에 따라 달라질 수 있다. 예컨대 쉬운 문제를 풀 때는 2, 3단계의 비중이 줄어들 것이고, 어려운 문제를 풀 때는 2, 3단계의 비중이 늘어날 것이다. 우선은 1단계에 50퍼센트, 2단계에 20퍼센트, 3단계에 30퍼센트 정도로 시간을 배정해보자. 물론 이 비율이 절대적인 것은 아니다. 포인트는, 문제를 푸는 시간 외에 오류 수정과 다시 풀기 시간을 확보해야 한다는 것이다.

    초등 6년이 자녀교육의 전부다

문제 풀기에 열을 올리고 있는 제자들을 볼 때마다 아픔과 슬픔이 동시에 밀려온다. 14년 동안 반복했던 내 시행착오를 아이들이 똑같이 되풀이하고 있기 때문이다. 나는 오늘도 맺힌 한을 풀어내려는 듯 제자들을 향해 외친다.

"얘들아! 제발, 문제만 풀어대지 마라! 굳이 문제를 풀지 않았더라도 맞힌 문제는 맞혔을 것이고, 틀린 문제는 틀렸을 것이다. 문제만 풀고 공부를 끝낸다면 풀고 틀리고, 풀고 또 틀리는 헛공부만 반복하게 된다. 문제를 푸는 것은 준비 과정일 뿐이다. 진짜 공부는 틀린 문제를 붙잡고 씨름할 때부터 시작된다."

성적을 쑥쑥 올려주는
학습지 공부법

"창민아, 왜 채점을 안 했어?"

"엄마가 채점을 안 해주셨어요."

"그럼, 해답지는 어딨니?"

"엄마가 가져 가셨어요."

"해답지를 달라고 해서 네가 직접 채점하면 되지?"

"엄마가 해답지를 절대로 못 보게 하세요."

"……"

답답하고 안타까웠다. 창민이 엄마가 옆에 있었다면 나는 이렇게 말했을 것이다.

"아, 어머님, 왜 그러셨어요. 정말 그러시면 안돼요."

뭘 그렇게 흥분하냐고? 당신은, 창민이 엄마가 저지르고 있는 치명적인 실수가 보이지 않는가? '치명적인 실수?' 정말 모르겠는가? 그렇다면 당신도 똑같은 실수를 하고 있거나, 앞으로 똑같은 실수를 하게 될 가능성이 상당히 높다.

3학년 슬기는 수업태도가 바르고 공부를 잘하는 모범 학생으로, 이번 기말시험에서 1등을 했다. 아이는 학교가 끝나면 방과후 수업을 듣거나 피아노 학원에 갔다가 오후 4시쯤 집에 도착한다. 집에서는 1시간에서 1시간 30분 정도 학습지를 풀고, 남은 시간은 맘껏 논다. 학원도 안 다니고 학습지만 하는데 성적이 잘 나오는 걸 보면, 우등 비결은 학습지 덕분인 것처럼 보인다. 정말 그럴까? 궁금해진 나는 아이를 불렀다.

"슬기야, 네가 풀고 있는 학습지를 내일 좀 가져와 볼래?"

다음날 아침, 내 책상 위에는 슬기의 학습지가 놓여 있었다. 학습지를 넘겨보던 나는 고개를 갸웃했다. 채점한 흔적이 전혀 없었기 때문이다.

"슬기야, 채점은 왜 안 했어?"

"채점은 학습지 선생님이 해주세요. 선생님이 화요일에 오셔서 학습지를 가져가세요."

"그럼 채점을 일주일에 한 번만 하는 거야?"

"아니요. 선생님이 학습지를 가져가서 채점을 하시고, 다음번에 오실 때 갖다주세요."

"그럼, 오늘 푼 걸 맞았는지 틀렸는지 다다음주 화요일에나 알 수 있는 거야?"

"예!"

"……"

당황스러웠다. 아니, 학습지를 이런 식으로 풀다니. 이렇게 풀면 공부에 별로 도움이 안 될 텐데.* 학습지를 엉터리로 풀고 있는 건 다른 아이들도 마찬가지였다. 몇몇 아이들의 학습지를 살펴본 결과, 상당수 아이들이 비효율적인 방식으로 학습지를 풀고 있었다. '아니, 학습지를 그냥 풀면 되는 거지, 푸는 방법이 특별히 따로 있나.' 물론이다. 특별한 방법이 따로 있다. 그게 뭐냐고? 우선은, 자녀교육의 성공 비결로 학습지를 꼽는 한 엄마의 이야기부터 들어보자.

"① 나는 일주일 분량을 받으면 먼저 이것을 7로 나누어 하루치씩 나누어주었다. 아이들에게 그냥 하라고 맡기지 않고, ② 반드시 정해진 시간에 ③ 나와 함께 푸는 것을 원칙으로 했다. 나는 아이와 함께 푼 후에, ④ 곧바로 채점도 하였고, ⑤ 틀린 문제에 대해서 설명도 해주었다. ⑥ 초등학교 4학년 때까지 이렇게 해주니, 5학년 때부터는 아이들이 스스로 풀고 스스로 채점도 했다."

다른 부모들과 똑같은 방식으로 학습지를 시켜서는 남다른 효과를 볼 수 없다. 효과를 보고 싶다면 두 남매를 명문대에 보낸 이 엄마의 노하우를 벤치마킹할 필요가 있다. ① 하루 분량을 정해주는 것이나, ② 정해진 시간에 풀게 하는 것은 그다지 특별하지 않다. 이 두 가지는 당신이나 다른 부모들도 대부분 하고 있다.

특별한 방법은 이제부터 등장한다. 첫 번째 노하우는 ③ 아이의 학습지를 함께 풀었다는 것이다. '아니, 나더러 아이의 학습지를 풀란 말인

---

* 슬기는 학습지를 엉터리로 풀고 있는데, 어떻게 우등생이 될 수 있었을까? 슬기가 풀고 있는 학습지는 학교 진도보다 한참 앞선 내용으로 시험과 직접적인 관련이 없었다. 슬기가 시험을 잘 볼 수 있었던 이유는 학교수업을 충실히 듣고, 시험기간에 공부를 열심히 했기 때문이다.

가?' 물론 쉽지 않은 일이다. 솔직히 부모들에게 "오늘부터 자녀와 함께 학습지를 풀라"고 권유하지는 못하겠다. 학습지를 푼다는 것이 말처럼 쉬운 일이 아니거니와 그것이 성공을 위한 필수 요건도 아니기 때문이다. 채점도 해주지 않는 부모들이 넘쳐나는 마당에 학습지를 풀라는 주문은 비현실적이고 무리한 주장인 듯하다. ③은 전적으로 당신의 선택에 맡기고 싶다. 다만, 이 엄마는 이런 의견을 피력했다.

"학습지를 통해 효과를 보고 싶다면, 엄마들이 꼭 함께 챙겨야 한다. 아이들에게만 맡겨 놓으면 절대로 하지 않는다. 방문선생님만 믿고 맡겨놓아서도 안 된다. 방문선생님은 하루에 많은 학생들을 돌아가며 방문해야 하기 때문에 머무는 시간이 짧고, 또 매일 오는 것이 아니기 때문에 아이들에게 동기부여를 해주기도 힘들다. 이것은 오직 엄마만이 챙길 수 있는 일이다. 학습지를 할 때에는 반드시 시간을 정해놓고 아이와 함께 풀어야 한다."

단순히 학습지를 시키는 것만으로는 효과를 볼 수가 없다. 효과를 보고 싶다면 이 엄마처럼 자녀가 학습지를 풀자마자 ④ 곧바로 채점을 해주고, ⑤ 틀린 문제를 다시 풀도록 관리해주어야 한다.* 하지만 학습지 성공 신화를 전해들은 부모들은 '학습지를 시켰다'는 말에만 방점을 찍는다. '곧바로 채점'과 '틀린 문제 다시 풀기'는 하나 마나 별 차이가 없는, 하찮은 것쯤으로 여긴다. 그래서 창민이 엄마나 슬기 부모도 학습지

---

* 문제를 설명해주었다는 말이 부담되는가? 하지만 포인트는 틀린 문제를 '설명해주었다'에 있는 것이 아니라, 틀린 문제를 '다시 풀게 했다'는 것에 있다.

를 풀게만 할 뿐, 채점이나 오답 관리에는 전혀 신경을 쓰지 않았던 것이다. 채점을 안 해주는 것은 둘째 치고서라도, 답지라도 공개해주면 아이 본인이 채점이라도 할 텐데, 채점도 안 해주고 답지도 못 보게 한다. 결국 아이는 학습지만 줄창 풀어대야 하는 상황에 처하고 만다.

바로 앞에서 말했듯이 문제만 풀고 채점을 하지 않으면 공부를 하지 않은 것이나 다름없다. 문제를 푸는 것은 공부가 아니다. 공부를 시작하기 위한 준비 과정일 뿐이다. 학습지를 푸는 목적은 틀린 문제를 통해서 몰랐던 내용을 보충하고, 잘못 알고 있었던 지식의 오류를 수정하기 위함이다. 학습지를 풀고 난 후에 곧바로 채점을 해야 몰랐던 내용이 무엇인지 알 수 있고, 잘못 알고 있었던 지식을 바로잡을 수 있다. 오류를 즉각 수정하지 않으면 머릿속에 오개념이 굳건히 자리잡게 되고, 어느 순간부터는 뇌가 오답을 정답으로 인식하기 시작한다. 지식의 오류가 사고의 오류로 전이轉移되면 틀린 문제를 계속 틀리는 실수를 반복하게 된다. 지식과 사고의 오류를 고착화시키는 맹목적인 문제 풀기는 하지 않느니만 못한, 못된 공부다.

마지막으로 ⑥을 통해서 얻을 수 있는 교훈을 살펴보자. 명문대생이 된 남매는 아마도 어렸을 적부터 공부에 남다른 재능을 보였을 것이다. 자녀가 우등생임에도 불구하고 이 엄마는 아이들이 초등학교에 입학했을 때부터 4학년 때까지 장장 4년 동안 ①~⑤를 했다. 당신 또한 학습지 분량과 시간을 정해주고, 함께 풀고, 채점해주고, 설명해주는 일을 최소 4년은 해야지 않을까 싶다. 물론 말처럼 쉽지 않다는 건 나도 잘 안다. 하지만 남다른 결과를 얻고 싶다면 남다른 노력이 필요하다. 남다른 방식으로 4년 동안* 학습지를 시킨 이 엄마도 두 남매를 과학고-서울대, 외고-이화여대 의대에 합격시켰다. 힘들고 어려운 것에만 초점을 맞추면 아무 것도 시작할 수가 없다. 가치 있는 일은 원래 힘들고 어렵다. 당신이 수년 간 쏟을 노고는, 그것을 충분히 상쇄하고도 남을 만큼의 고부가 가치를 창출할 것이다.

지금까지 학습지를 통해서 자녀교육의 성공 신화를 이룩한 한 엄마의 노하우를 살펴보았다. '한 개인의 특수 사례를 너무 일반화시키는 것 아닌가?' 이 엄마의 노하우는 한 사람만의 특수 사례가 아니다. 학습지를 성공의 밑거름으로 삼았던 부모들은 한결같이 ①~⑥을 실천했다. 여섯 가지 노하우는 학습지로 성공 신화를 꿈꾸는 부모라면 기준으로 삼을만한 모범이다.

이제, 창민이 엄마의 치명적인 실수가 무엇인지 알겠는가? 성실히 학습지를 풀었던 슬기에게 엉터리 공부를 하고 있다고 말한 이유를 알겠는가? 이쯤해서 이야기를 마무리해야 할 듯싶다. 그런데 이렇게 마치기에는 뭔가 꺼림칙하다. 학습지 공부법을 좀더 간단명료하게 제시해야 할 필요성을 느낀다. 하여, 학습지 공부법의 7단계를 표 Ⅱ-5와 같이 제안한다.

---

* 남매가 학습지를 한 기간은 초1 때부터 중3 때까지 총 9년이었다. 여기서 말하는 4년은 이 엄마가 학습지를 직접 채점해주고 관리해준 기간을 말한다.

1단계	1차 풀기	—	정해진 시간에, 정해진 분량의 문제를 푼다.
2단계	1차 채점	—	곧바로 채점을 한다.
3단계	오류 수정	—	관련 도서(교과서, 부교재 등)를 참고하여 지식과 사고의 오류를 수정한다.
4단계	2차 풀기	—	틀린 문제를 다시 푼다.
5단계	2차 채점	—	곧바로 채점을 한다.
6단계	3차 풀기	—	틀린 문제를 다시 푼다. 이 단계에서는 해답지 풀이를 참고해서 지식과 사고의 오류를 수정한다. 해답을 봐도 모르는 문제는 학습지 교사 또는 부모에게 배운다.
7단계	복습	—	주말, 월말, 시험기간에 틀렸던 문제를 다시 푼다.

오늘도 많은 아이들이 채점도 하지 않고 학습지만 풀어대고 있다. 7단계 중 고작 1단계만 하고 마는 것이다. 2단계는 며칠이 지난 후에 부모가 해주거나 오랜 시간이 지난 후에 학습지 방문교사가 해준다. 하지만 한참이 지난 후에 채점을 하면 문제를 왜 그렇게 풀었는지 기억도 나지 않을뿐더러, 계속 밀려드는 학습지의 물결에 허우적대느라 틀린 문제를 다시 풀어볼 시간도 나오지 않는다. 채점도 하지 않은 채 무작정 학습지

---

* 표 II-4는 문제 풀기의 단계별 학습 비중을 설명하기 위해 제시한 모형이고, 표 II-5는 채점과 복습이 추가된 확장 모형이다.

초등 6년이 자녀교육의 전부다

만 풀면 실력이 쌓이기는커녕 지식의 오류만 쌓여간다. 학습지로 효과를 보고 싶다면 1단계부터 6단계까지 일사천리로 진행시켜야 한다.

공부를 잘하는 아이들도 학습지를 하고, 공부를 그럭저럭 하는 아이들도 학습지를 하고, 공부를 못하는 아이들도 학습지를 한다. 일등부터 꼴등까지 학습지를 풀고 있다는 것이 무엇을 의미할까? 학습지가 우수한 성적을 보장하는 것이 아니며, 학습지가 실패 요인으로 작용할 수도 있다는 사실을 의미한다. 당신은 학습지를 어떻게 이용하고 있는가? 성공 요소로 선용善用하고 있는가, 실패 요소로 악용하고 있는가? 학습지로 성공 신화를 쓰고 싶다면 7단계 학습지 공부법을 준수하라.

우등생으로 키우는
최고의 공부법

부모들의 가장 큰 관심사이자 걱정거리는 자녀의 성적이다. 당신은 자녀 교육의 걱정과 불만족을 어떻게 해결하고 있는가? 많은 부모들은 사교육에서 답을 찾는다. 부모들에게 사교육은 희망의 빛이요, 최선의 대안이요, 유일한 해법이다. 사실 부모들에게는 효과를 따질 여유도, 다른 대안을 선택할 여지도 없다. 공부 꽤나 한다는 아이들이 모두 사교육을 받고 있는 마당에, 공부에 흥미도 재능도 보이지 않는, 그저 그런 성적표를 들고 오는 내 아이를 학원에 보내지 않는다는 건 너무도 불안하고 무모한 선택이다. 그런데 과연, 사교육은 최선의 선택이었을까?

사교육에 의지해서 성공을 꿈꿨던 부모들은 머지않아 엄혹한 현실과 마주하게 된다. 최선의 선택이라고 믿었던 사교육이 제 힘을 발휘하지 못하는 까닭이다. 어떤 이는 외친다. "생생하게 꿈꾸면 이루어진다." 혹, 당신도 자녀교육의 칼자루를 사교육에 내어준 채, 1등이 찍힌 성적표를 꿈꾸고 있지는 않은가?

생생히 꿈꾼다고 해서 모두 현실이 되는 것은 아니다. 안타깝지만 당신의 열렬한 꿈은, 여전한 꿈에 머무를 가능성이 상당히 높다. 어떻게 그걸 자신하냐고? 그동안 내가 담임을 맡아서 가르친 학생은 대략 삼백 명쯤 된다. 그들 중에서 학원, 과외, 학습지를 하지 않은 아이가 얼마나 될 거라고 생각하는가? 아이들은 너나할 것 없이 모두 학원에 다녔고, 과외를 받았고, 학습지를 풀었다. 부모들의 꿈대로라면 아이들은 모두 우수한 성적을 거뒀어야 함이 마땅하다.

하지만 현실은 달랐다. 공부를 잘하거나 잘할 것으로 예상되는 제자는 손가락으로 꼽을 정도에 불과했다. 학원, 과외, 학습지는 아이들에게 우수한 성적표를 안겨주지 않았다. 오히려 눈을 의심할 만큼 형편없는 점수를 받는 아이들이 적지 않았다. 부모들의 간절한 꿈은 왜 이루어지지 않은 것일까? 최선의 선택이라고 믿었던 사교육이 실상은 최선의 선택이 아니었기 때문이다.

그런데 이 대목에서 짚고 넘어가야 할 진실이 하나 있다. 서울대생 상당수가 고교시절에 사교육을 받았다는 사실이다. 서울대학교 대학생활문화원의 '2014 신입생 특성조사 보도자료'에 따르면, 서울대 신입생 88.7퍼센트가 사교육을 받은 경험이 있다고 응답했다. 이 통계수치는 '사교육 없이는 명문대에 갈 수 없다'는 주장에 큰 힘을 실어준다. 이 발표를 접한 사람들은 대개 이런 반응을 보일 것이다.

"그렇다니까. 학교수업만 듣고 어떻게 서울대에 들어갈 수 있었겠어. 대한민국에서 사교육을 안 받고 좋은 대학에 들어간다는 건 불가능해!"

과연, 그럴까? 겉으로 보이는 것과 진실이 언제나 일치하는 것은 아니다. 이번 경우도 "88.7퍼센트의 서울대생이 사교육을 받았다"는 말만 듣고 섣불리 판단할 일이 아니다. 발표 내용을 조금만 더 파고들어 보면 선입견을 뒤집는 진실과 마주치게 된다. 그 진실에 다가가 보자.

대다수 초·중·고생이 사교육을 받고 있는 현실에 비춰볼 때, 서울대생이 사교육을 받았다는 사실은 그다지 놀랄만한 일이 아니다. 내가 궁금한 것은, 학업성취에 가장 큰 영향을 준 요인으로 '사교육'을 지목한 비율이다. 얼마나 될까?

놀랍게도 사교육을 1순위로 꼽은 서울대생은, 겨우 5퍼센트 미만에 불과했다.* 즉, 서울대 신입생 100명 중 5명 미만이 학업성취에 가장 큰 영향을 준 요인으로 사교육을 꼽았던 것이다. 서울대생 88.7퍼센트가 사교육을 받았다는 말을 듣고 사교육 덕분에 합격한 줄로만 생각했는데, 합격의 공功을 사교육으로 돌린 학생이 5퍼센트를 넘지 않았다. 예상을 뒤집는 반전이 아닐 수 없다. 그렇다면 무엇이 서울대 합격을 가능케 했던 것일까?

압도적 비율로 1위를 차지한 요인이 있었다. 바로, '자기주도학습'이었다. 서울대 신입생 100명 중 81명(81.6%)이 우수한 성적의 일등 공신으로 자기주도학습을 지목했다.**

당신은 초·중·고교 중 어디에 가장 많은 관심을 두고 있는가? 당

---

* 2014 신입생 특성조사 보도자료에 근거하여 추정한 최대치다. 추정치로 제시한 까닭은 '사교육'을 1순위로 꼽은 학생의 비율이 너무 낮아서 순위권 안에 사교육이 없었기 때문이다.
** 학업성취에 가장 큰 영향을 준 요인으로 '자기주도적 학습'을 꼽은 학생이 81.6%였고, 다음으로 '정규수업'과 '독서'가 각각 6.3%, 5.1%로 나타났다. 서울대 대학생활문화원은 학업성취에 가장 큰 영향을 준 요인의 순위를 3순위인 독서까지만 발표했다. 사교육은 5.1%로 3위에 오른 독서보다도 더 비율이 낮기 때문에 5퍼센트 미만으로 추정했다.

    초등 6년이 자녀교육의 전부다

연히 자녀가 초등학생이면 초등학교일 것이고, 중학생이면 중학교일 것이다. 하지만 자녀가 현재 초등학생이든 중학생이든, 당신의 시선은 고등학교에 집중되어야 한다. 왜냐하면 당신 아이 또한 언젠가 고등학생이 될 것이고, 고등학교 성적에 따라 대학과 학과가 결정되기 때문이다. 자녀교육의 승부처는 초등학교도 아니고, 중학교도 아니다. 승패의 갈림길은 고등학교다. 자녀교육이라는 전장에서 승리하고 싶다면 당신 아이가 초등학생이든 중학생이든, 고등학교에서 통하는 공부법을 훈련시키고 습득시켜야 한다.

고등학교에서 통하는 공부를 초등학생 때부터 시켜라. 틀린 말은 아닌데, 부모들을 혼란에 빠뜨리는 문제가 하나 있다. 초·중학교 때 통하는 공부법(사교육)과 고등학교 때 통하는 공부법(자기주도학습)이 일치하지 않는다는 점이다. 초등학교나 중학교 때까지만 해도 사교육 약발은 어느 정도 통한다. 때때로 사교육 중심으로 공부한 아이들이 더 우수한 성적을 거두기도 한다. 부모 입장에서도 자녀교육을 사교육에 일임하면 몸과 마음이 편해진다. 이런 이유로 많은 부모들이 사교육 중심으로 자녀를 키운다.

하지만 자녀교육을 사교육에 의탁한 부모들이 분명히 알아둬야 할 사실이 하나 있다. 사교육 유효기간이 딱 중학교 때까지만이라는 사실이다. 고등학교에 가서 초·중학교 때처럼 사교육에 의존하는 공부를 했다가는 성적 향상은커녕 현상 유지도 어렵게 된다. 왜?

가장 큰 이유는 고등학교에 가면 공부해야 할 과목과 내용이 방대해지고, 어려워지기 때문이다. 초·중학교 때 통했던 족집게 과외, 진도빼

기식·문제풀이식 학원수업은 더 이상 통하지 않는다. 게다가 고등학교의 생활 패턴은 초·중학교 때와 많이 다르다. 어떻게 다르냐고? 앞으로 5년 또는 10년 안에 천지개벽이 일어나지 않는 한, 고등학교 1학년이 된 당신 아이는 아래 표 II-6과 같은 스케줄에 따라 생활하게 된다.

| 표 II-6 | 고등학교 1학년의 학교생활 시간표* |

	월	화	수	목	금	토	일
08:00	아침자습	아침자습	아침자습	아침자습	아침자습	자습	자습
09:00	1교시	1교시	1교시	1교시	1교시	자습	자습
10:00	2교시	2교시	2교시	2교시	2교시	자습	자습
11:00	3교시	3교시	3교시	3교시	3교시	자습	자습
12:00	4교시	4교시	4교시	4교시	4교시	자습	자습
13:00	점심시간	점심시간	점심시간	점심시간	점심시간	점심시간	점심시간
14:00	5교시	5교시	5교시	5교시	5교시	자습	자습
15:00	6교시	6교시	6교시	6교시	6교시	자습	자습
16:00	7교시	7교시	7교시	7교시	7교시	자습	자습
17:00	8교시	8교시	8교시	8교시	8교시	자습	자습
18:00	저녁시간	저녁시간	저녁시간	저녁시간	저녁시간	저녁시간	저녁시간
19:00	야간자습	야간자습	야간자습	야간자습	야간자습	자습	
20:00	야간자습	야간자습	야간자습	야간자습	야간자습	자습	
21:00	야간자습	야간자습	야간자습	야간자습	야간자습	자습	
22:30	야간자습	야간자습	야간자습	야간자습	야간자습		

* 일부 지역에서 9시 등교가 실시되고 있는 관계로 시간표는 지역마다, 학교마다, 학생마다 약간씩 차이가 있을 수 있다. 또한 당신 아이가 고등학생이 될 때 등교 시간이 다시 바뀔 수도 있다. 이처럼 시간표는 상황과 시기에 따라 약간씩 차이가 있다. 제시된 시간표의 정확성을 따지기 보다는 고교생활이 자습과 수업으로 가득 차 있다는 의미성에 초점을 맞춰서 이해해주기 바란다.

시간표를 보라(몇 년 후에 당신 아이는 이 시간표대로 생활한다). 아침부터 밤까지, 월요일부터 금요일까지 무엇으로 채워져 있는가? 고등학교 1학년은 하루에 6시간 40분 동안 수업을 받고, 4시간 30분 동안 자습을 한다. 당신의 아이가 열일곱 살이 되면 일주일에 33시간 20분에 달하는 수업과 22시간 30분에 달하는 자습을 소화해내야 하는 것이다. 주말에 해야 할 21시간의 자습*을 더하면 일주일 동안 해야 할 자습량은 43시간 30분에 달한다. 이렇게 긴 자습시간을 알차게 보낼 수 있는 아이가 과연 몇이나 될까? 자녀가 공부하는 모습을 떠올려보라. 지금처럼 키운다면 당신 아이가 고등학교 생활을 잘 해낼 수 있을까? 시간표는 초·중학교에서 맹위를 떨쳤던 사교육이 왜 고등학교에서 통하지 않는지, 서울대생이 학업성취의 일등 공신으로 왜 자기주도학습을 지목했는지를 여실히 보여주고 있다.

입시철이 막바지에 다다른 작년 겨울, 제자 지연이가 명문대 3곳(서울대, 연세대, 순천향대 의대)에 최종 합격했다는 반가운 소식을 전해왔다. 희소식을 그저 기쁘고 대견하게 받아들이면 될 일인데, 직업병 같은 게 도졌다. '어떻게 공부했을까'라는 생각이 머릿속을 계속 맴돌았던 것이다. 무엇보다도 사교육을 받았는지 받지 않았는지가 궁금했다. 마침 얼마 뒤에 지연이를 만났고, 궁금증을 해결할 수 있었다.

"고등학교 때 사교육이 필요하다고 느꼈던 적은 딱히 없었던 것 같

아요. 사실 중학교 때 수학 선행학습을 했던 적이 있었는데, 쓸데없는 짓이었죠. 고등학교에 올라와보니 중학교 때 배운 것들이 전혀 기억나지 않더라고요.”

“학원, 과외 같은 거 했냐고요? 그런 걸 왜 해요? 학교수업 잘 듣고 야자시간에 혼자서 공부하면 되지요. 그게 가장 효과적인 공부라고 생각해요.

“고등학교 때 사교육을 안 받았냐고요? 당연하죠.”

너무 교과서적인 답이라고 생각하는가? 뻔해도 어쩔 수 없다. 직접 들은 이야기를 그대로 옮겨 적은 것뿐이다. 흥미롭게도 제자의 증언은 수석자들의 단골 어록인 “학교수업에 충실했어요”, “교과서를 열심히 봤어요”, “혼자서 공부했어요”와 매우 흡사하다. 제자와 수석합격자들이 거짓말을 하고 있는 것일까? 진실은 “학원수업에 충실했어요”, “학원교재를 열심히 봤어요”, “학원 선생님의 도움을 받아가면서 공부했어요”일까?

천재급 영재들이 굳이 사교육에 의존할 필요가 있을까? 공부의 신들이 누구에게 뭘 더 배워야 하는 수준일까? 수십 년째 반복되고 있는 수석자들의 증언은 100퍼센트 진실에 가깝다. 고등학교 시간표를 보라. 수업과 자습으로 도배되어 있지 않은가.

한국개발연구원_{KDI}이 발표한 보고서 「왜 사교육보다 자기주도학습이 중요한가」는 자녀교육의 정답이 자기주도학습에 있다는 사실을 여실히 보여준다. 보고서에 따르면, 사교육 시간이 주당 1시간 늘어날 때 수능점수의 백분위 상승효과는 수학 1.5, 국어 0.5였고, 영어는 0.3으로 통계적 유의성이 없는 것으로 나타났다. 특히 고3 때 수학 과목 월평균 사교육비가 100만 원 늘어나면 수학 백분위는 0.0007 상승하는 데 그쳤다.

반면 혼자 공부한 시간은 수능시험의 주요 영역에서 뚜렷한 점수 향상 효과를 보였다. 고3 때 수학 자습시간이 주당 3~5시간인 학생은 0시간인 학생보다 수능백분위가 9.1 높았으며, 5~10시간인 학생은 0시간인 학생보다 수능백분위가 13.7 높았다. 국어와 영어도 자습시간이 주당 5~10시간 학생은 0시간인 학생보다 수능백분위가 각각 11.9, 14.8 높았다.

자기주도학습자와 사교육의존자의 희비는 대학 성적에서도 엇갈렸다. 고2 때 사교육을 1시간 더 받으면 대학 학점(백분 점수 기준)이 0.4 상승했다. 반면, 자기주도학습이 1시간 늘어나면 학점이 1.7 상승했다. 취업 후 임금에서도 희비가 엇갈렸다. 사교육 1시간은 시간당 실질 임금을 2.8퍼센트 상승시켰다. 반면, 자기주도학습 1시간은 시간당 실질 임금을 3.9퍼센트 상승시키는 효과를 보였다.

굳이 연구 결과를 인용할 필요도 없다. 자기주도학습의 효과가 사교육보다 월등하다는 사실은 지극히 상식적이다. 이렇게 공부하는 두 학생이 있다고 치자. A학생은 방과 후에 학교수업에서 이해가 잘 안 되거나 중요한 내용을 중심으로 복습을 하고, 틀린 문제를 다시 풀어보고, 내일 배울 것을 예습한다. B학생은 방과 후에 학원에 가서 수업을 듣고, 집에 와서 학원숙제를 한다. 누가 더 배운 것을 오래 기억할까? 누가 더

효율적인 공부를 하는 것일까? 누가 더 우수한 성적을 거둘 수 있을까?

부모들은 말한다. 시간이 없어서, 가르칠 능력이 부족해서, 아이가 공부를 안 해서, 내 아이만 뒤처질 것 같아서 사교육을 시킬 수밖에 없다고. 하지만 부모들이 사교육을 내려놓지 못하는 이유는 따로 있다. 사교육이 성적을 향상시켜 준다고 굳게 믿기 때문이다. 특히 초등 학부모들의 믿음은 유독 강하다. 학원에 다니는 자녀가 만족스러운 성적표를 들고 오기 때문이다.* 사교육 효과의 허상을 실상實像이라고 착각한 초등 학부모들은 사교육에 대한 종교적 믿음을 갖게 되었고, 사교육이 성공을 보장해준다는 환상에 사로잡힌 채 사교육에 올인하고 있다. 초등교육계에서 사교육은 하늘을 찌를 듯한 맹위를 떨치고 있으며, 자녀교육의 해결사를 자처하며 무소불위의 권세를 누리고 있다.

아이가 중학생이 되면 사교육에 대한 맹신은 한풀 꺾이고, 성공은커녕 불길한 기운이 감돌기 시작한다. 초등학교 때보다 학원도 더 열심히 다니고, 숙제도 더 많이 하고, 과외도 시작했는데, 이상하게도 성적은 점점 더 떨어진다. 무언가 조금씩 엇나가고 있다는 생각이 들지만, 실체를 파악하지 못한 채 오리무중 상태로 고스란히 중학 3년을 흘려보낸다.

---

* 사교육 효과에 관한 이야기가 나오면 도무지 그냥 지나칠 수가 없다. 괜찮은 성적은 사교육 효과라기보다는 초등학교 시험이 쉽게 출제되고 있기 때문이고, 학원에 가서 공부를 한 자라도 더 했기 때문이다. 학원에 앉아 있을 시간에 혼자서 공부를 한다면 더 우수한 성적을 거둘 수 있다. 이는 단지 추측이 아니다. 필자는 다수의 학생들에게 학원을 그만두게 한 후에 자기주도학습을 지도했다. 그 결과, 대부분 아이들이 학원에 다녔을 때보다 더 우수한 성적을 거두었다. 특히 필자의 지도를 충실히 따랐던 아이들은 예외 없이 모두 성적이 급상승했다.

아이는 어느새 고등학생이 되었다. 지나간 일들은 잊자. 앞으로 3년 동안 절차탁마한다면 극적인 역전이 가능하리라. 심기일전하여 의기충천한 아이는 더 열심히 학원에 다니고, 주말·방학까지 반납하며 학원특강과 과외에 몰두한다. 하지만 야속하게도 성적은 중학교 때보다 더 떨어지고 만다. 이쯤 되면 사교육 효과가 신기루일지도 모른다는 불안감에 휩싸인다. 허둥지둥하다 보니, 일 년이 훌쩍 지났다.

아이는 고2가 되었다. 첫 중간고사 결과는 도무지 믿기지 않는다. 고1 때보다 성적이 더 떨어졌다. 무슨 수라도 쓰고 싶지만, 사교육 말고는 달리 방법이 없다. 10년 동안 사교육에 의지해서 공부해왔기 때문이다. 이제 더 이상 사교육에 꿈이나 희망 따위는 걸지 않는다. 그렇다고 대안이 있는 것도 아니다. 울며 겨자 먹기로 사교육을 시킬 수밖에 없다.

세월 참 빠르다. 벌써 고3이다. 무언가 큰 착각 속에서 아이를 키웠다는 느낌을 지울 수가 없다. 하지만 손을 쓰기엔 이미 늦었다. 더 떨어질 점수가 남아있었다는 사실이 그저 놀라울 따름이다. 극적인 역전을 노렸지만, 3년 동안 극적인 추락만 반복했다.

어느덧 수능시험도 끝나고, 아이는 스무 살이 되었다. 아이는 십대의 막을 내리면서 사춘기의 방황도 함께 막을 내린 듯 한결 의젓해졌다. 졸업식장으로 향하는 길은 등산을 하고 있는 착각이 들 정도로 가팔랐다. 아, 우리애가 이 고단한 오르막길을 3년이나 오르락내리락했구나. 졸업식이라는 이벤트는 평소라면 무심히 넘길만한 사소한 것들에도 애잔한 감상을 입히나 보다. 비탈길을 타고 불어오는 겨울바람이 유난히 매섭게 느껴진다. 바람 소리가 인파 소리에 점점 묻히는 걸 보니 식장에 가까워진 듯하다.

거친 바람을 헤치고 거친 숨을 몰아쉬며 졸업식장에 들어선 순간, 초등학교 입학식 때부터 이 졸업식장에 들어서기 전까지 겪었던 일들이 파노라마처럼 스쳐간다. 12년, 참 모진 세월이었다. 나름 힘껏 달려왔다고 자부하는데, 이렇다 할 보람도 결실도 맺지 못했다. 일주 전쯤이던가. 아이는 난생 처음 들어보는 대학에 등록을 마쳤다.

도대체 뭐가 문제였던 걸까? 무엇을 잘못했던 걸까? 어디서부터 꼬여버린 걸까? 아뿔싸, 그렇구나! 그랬구나! 그 망할 놈의 사교육, 신기루였구나! 왈칵 쏟아지려는 눈물을 참아보려 애썼지만, 감정은 의지보다 강했다. 지금 흐르고 있는 눈물은 기쁨의 눈물일까, 회한의 눈물일까. 이미 끝난 일이다. 좋게 생각하자. 오늘은 우리 애가 고등학교를 졸업하는 '기분 좋은 날'이 아니던가. 오래 전에 읽은 '운수 좋은 날'이라는 소설이 불현듯 떠오른다.

운수 좋은 날은 소설이지만, 방금 당신이 읽은 이야기는 소설이 아니다. 수많은 부모들이 겪고 있는 실제 상황이다. 믿기 힘들다고? 그렇다면 자녀를 대학에 보낸 부모들을 찾아가서 이렇게 물어보기 바란다. "사교육으로 효과를 좀 봤나요?" 당신은 어두운 표정으로 차마 말을 잇지 못하는 그들과 마주하게 될 것이다. 초등학생, 중학생 자녀를 둔 부모들에겐 아직 기회가 남아 있다. 군이 선배 부모들의 시행착오를 답습할 필요가 없다. 사교육에 대한 미련을 과감히 버리고, 자녀에게 자기주도학습능력을 길러주는 것에 역량을 집중해야 한다.

사교육을 끊어야 한다, 스스로 공부할 줄 아는 아이로 키워야 한다는, 잔소리에 가까운 반복적 외침에도 부모들은 고민에 휩싸인다. '사교육을 시킬 것인가, 말 것인가?' 안타깝게도 대다수 부모들은 이런저런 이유를 들어 사교육을 선택하고 만다. 당신이 심사숙고 끝에 내린 결정을 말릴 생각은 없다. 다만, 이 사실만큼은 알고 있었으면 한다.

"사교육을 선택하는 순간,
자기주도학습능력을 갖출 수 있는 기회는
영영 사라지고 만다."

당장 점수가 잘 나온다고 사교육 효과를 맹신해서는 안 된다. 수많은 연구 결과와 교육전문가들, 심지어 사교육 관계자들마저도 사교육은 백해일익百害一益하다고 경고한다. 현직 교사들 또한 사교육은 학교수업과 학습의 위해危害 요소일 뿐이라고 지적한다. 아직도 내 말이 수긍되지 않는 독자가 있다면 빠른 시일 내에 자녀를 대학에 보낸 또 다른 선배 부모들과 대화를 시도해보기 바란다. "사교육이 자녀교육에 얼마나 도움이 되었나요?" 그들과의 대화를 통해서 당신은 사교육의 초라한 민낯을 재차 목격하게 될 것이다.

시간은 빨리 흐른다. 당신 아이가 고등학생이 될 날은 얼마 남지 않았다. 자녀를 키워낸 세월이 한 번 더 지나가면 아이는 청소년이 된다. 자녀가 현재 8살이라면, 8년 후에는 중학교 3학년이 된다. 9살이라면, 9년 후에는 고등학교 2학년이 된다. 그 때가 되면 당신 아이는 매주 33시간 동안 수업을 들어야 하고, 22시간 동안 자습을 해야 하며, 38시간의 여가를 어떤 식으로든 채워야 한다. 지금처럼 키운다면 당신 아이가 수업과 자습으로 가득 찬 학교생활에 적응할 수 있을까? 저녁과 주말에 주어지는 기나긴 여가시간을 자습으로 채울 수 있을까? 한 달이 넘는 방학을 알차게 보낼 수 있을까?

초·중학교 시절 내내 사교육에 의존하는 공부를 시키는 것은 총알(자기주도학습능력)을 주지 않고 전쟁터(대학입시)로 내모는 것과 같다. 자녀를 패잔병으로 전락시키지 않으려면 초등학생 때부터 사교육 중심이 아닌, 자기주도학습 중심의 공부를 시켜야 한다.

부모들은 꿈꾼다. 내 아이가 우등생이 된다면, 시험을 잘 봐서 명문대에 합격한다면, 장학금을 받고 대학에 다닌다면, 번듯한 직장에 취직한다면, 얼마나 좋을까. 무엇이 당신의 간절한 꿈을 이뤄줄 수 있을까? 아직도 사교육에 희망을 걸고 있는가? 사교육이라는 유령에 당신과 자녀의 소중한 인생을 내맡길 것인가?

"희망의 빛이요, 최선의 대안이요,
유일한 해법은 자기주도학습이다.
오직 자기주도학습만이
당신과 자녀의 간절한 꿈을 이루어 줄 수 있다."

제3부

공부의 신으로 거듭나는 비법

공부의
신으로
거듭나는
비법

상위 1퍼센트를 보장하는
1만 시간의 법칙

전교 200등으로 고등학교에 입학한 K군은 불과 6개월 만에 전교 1등에 등극했고, 졸업할 때까지 수석을 놓치지 않았다. 전교 200등 밖이었던 고교생 Y군은 16개월 만에 수능 만점의 실력을 갖추게 되었다. 영어 한마디 못했던 쌍둥이 형제는 유학을 떠난 지 31개월 만에 하버드대에 합격 통보를 받았다. 무엇이 이 기적 같은 일들을 가능하게 한 것일까? 말콤 글래드웰은 저서 「아웃라이어」에서 한 분야의 전문가가 되기 위해서는 1만 시간의 연습이 필요하다고 주장했다. 수많은 책에서 인용되어 식상해졌지만, 이 시점에서 1만 시간의 법칙을 언급하지 않을 수 없다. 대학입시에도 1만 시간의 법칙이 적용되기 때문이다.[*]

'좋은 대학에 들어가려면 정말로 1만 시간이나 공부를 해야 하나?' 명문대생을 대상으로 한 다수의 조사 자료와 명문대생들의 합격 수기를

---

[*] 대학입시의 1만 시간 법칙이란 명문대에 합격할만한 실력을 갖추기 위해서는 고교 3년 동안 1만 시간을 공부해야 한다는 뜻이다.

면밀히 분석해본 결과, 1만 시간 이상 공부하지 않고 명문대에 합격하는 것은 불가능에 가깝다는 결론이 나왔다. 실제로 K군은 고교 3년 동안 아침부터 잘 때까지 책에서 눈을 떼지 않았다. Y군은 16개월 동안 평일에는 6시간, 주말과 방학에는 18시간씩 공부했다. 쌍둥이 형제는 31개월 동안 하루에 4시간 이상 자본 적이 없었다.

나 또한 대학입시를 준비하면서 1만 시간의 법칙을 몸소 체험했다. 고1 때 내 성적은 전교 303등, 내신 7등급이었다. 자포자기의 삶을 청산하고 공부를 해야겠다고 결심한 것이 고2 말 무렵. 그때부터 스물다섯 살에 교대에 입학할 때까지 하루 10시간 이상 공부한 기간을 따져보니 고교시절 10개월, 재수 4개월, 삼수 9개월, 제대 후 98일이었다. 비록 6년이라는 긴 시간이 걸리긴 했지만 26개월 동안 하루에 10시간 이상 공부한 결과, 수능시험에서 상위 2.5퍼센트의 성적을 거둘 수 있었다. 나는 제대 후 98일 동안 수능시험을 준비하면서 문리가 트이는 느낌을 수차례 받았다. 일 년 더 공부한다면 서울대도 가능하겠다는 생각을 하곤 했다. 아마도 공부시간이 1만 시간에 근접했기 때문이 아닐까?

아무리 효율적으로 공부를 한다 해도 학습량이 적으면 점수가 잘 나올 수 없다. 성적은 학습량을 얼마나 채웠는가에 따라 결정되기 때문이다. 점수가 30점인 학생은 학습량을 30만큼 채운 것이고, 50점인 학생은 학습량을 50만큼 채운 것이다. 잔에 물을 가득 채우려면 넘칠 때까지 부어야 하듯이, 100점을 맞기 위해서는 학습량이 100을 초과할 때까지 공부에 시간을 쏟아 부어야 한다. 초등학교 1학년 아이들은 채워야 할 잔(학습량)이 작기 때문에 시험을 보면 대부분 100점을 맞는다. 하지만 잔

    초등 6년이 자녀교육의 전부다

의 크기는 학년이 올라갈수록 점점 커지고, 100점을 맞기 위한 학습량도 급격히 증가한다. 예컨대 초등학교 1학년은 100을 채우면 100점을 맞을 수 있지만, 중학교 1학년은 700을 채워야 100점을 맞을 수 있고, 고등학교 1학년은 1,000을 채워야 100점을 맞을 수 있다.

학습량 100을 채우기 위해서는 공부를 얼마나 해야 할까? 초등학교와 중학교도 중요하지만, 자녀교육의 최종 관문인 고등학교에 초점을 맞춰서 이야기해보자. '우리애는 이제 겨우 초등학교에 입학했는데, 고등학교는 너무 먼 이야기 아닌가?' 그렇다면 좀더 집중해서 읽어주기 바란다. 유비무환有備無患이라 하지 않던가. 지금부터 준비한다면 훗날 근심할 일이 없을 것이다.

고등학생이 된 자녀가 수능과 내신에서 몇 등급 정도를 받았으면 좋겠는가? 2등급(상위 5~11퍼센트)? 3등급(상위 12~23퍼센트)? 4등급(상위 24~40퍼센트)? '2, 3, 4등급 정도로는 만족 못하겠다, 상위 1퍼센트는 아니더라도 최소한 1등급(상위 1~4퍼센트) 정도는 받아야 하지 않겠는가?' 당신의 교육열을 모르는 바는 아니지만, 1등급을 받는 건 생각보다 만만치가 않다. 성적을 소득에 비유하는 게 적절할지 모르겠지만, 1등급의 높은 벽을 피부로 느끼기엔 이만한 것도 없다.

나는 고소득자의 연봉을 조사하면서 잠시 우울과 좌절을 맛봤다. 상위 5퍼센트 안에 한 번도 들어보지 못한 채 생을 마감할 거라는 사실을 직감했기 때문이다. 고소득자들은 일반 사람들이 평생을 모아도 만질 수 없는 돈을 일 년 만에 벌어들이고 있었다. 대체 얼마나 벌길래? 소득 상위 1~5퍼센트 사람들은 일 년에 1억 6천 681만 원을 벌고, 상위 1퍼센트 사람들은 일 년에 3억 8천 116만 원을 번다(2011, 국세청). 이것도 몇 해 전 통계자료다. 지금은 더 늘었을 것이다.

자, 당신의 연간 소득은 얼마나 되는가? 상위 5퍼센트, 상위 1퍼센트에 속할 만큼 벌고 있는가? 또는 몇 년 후엔 가능할 것 같은가? 아주 불가능한 일은 아니지만, 대부분의 사람들에게 억대 연봉은 보이지만 만질 수 없는 구름과 같다. 물론 고소득자 클럽에 가입할 수 있는 특급 비법이 하나 있긴 하다. 로또에 당첨되는 것이다. 일해서 버는 것보다 더 어려울 것 같다고?

당신이 상위 5퍼센트 이내의 고소득자 대열에 합류하는 것이 무척 어렵듯이 당신 아이가 상위 4퍼센트 이내(1등급)의 우등생 대열에 합류하는 것, 그러니까 당신이 자녀교육에 성공하는 것 또한 무척 어렵다. 물론 이것도 특급 비법이 하나 있긴 하다. 로또에 당첨되는 것이다. '자녀교육에 웬 로또 당첨?' 모르고 있었는가? 자녀교육에도 로또가 존재한다. 시키지도 않았는데 아침부터 잘 때까지 눈에 불을 켜고 공부하는, 공부벌레 같은 아이를 자녀로 둔 부모들. 딱히 신경 써준 것도 없는데 시험 볼 때마다 백점을 척척 맞아오는, 천재 같은 아이를 자녀로 둔 부모들. 일등을 못하면 분해서 잠을 못 이루는, 악바리 같은 아이를 자녀로 둔 부모들. 이런 부모들이 로또를 맞은 사람들이다. 따라서 당신 아이가 공부벌레, 천재, 악바리가 아니라고 노여워할 이유가 전혀 없다. 이런 특이한(?) 아이를 낳는 건 그야말로 로또에 당첨되는 것만큼이나 희귀한 일이니까.

다른 사람들처럼 평범하게 일하면서 억 단위의 소득을 올릴 수 있는 방법은 오직 로또 당첨 밖에 없다. 마찬가지로 다른 부모들처럼 평범하게 키우면서 자녀가 우등생이 될 수 있는 방법 또한 로또 당첨 밖에 없다. 로또 당첨 수준의 확률이니까 자녀교육에 성공하겠다는 생각을 접으시오, 뭐 이런 말을 하려는 건 아니다. 내가 주지周知시키고 싶은 메시지는 이것이다.

"당신이 별다른 조치를 취하지 않는다면
자녀교육의 성공 확률은 로또의 영역으로 넘어간다.
당첨 가능한 수준으로 확률을 끌어올리고 싶다면
좀더 전략적이고 체계적인 접근이 필요하다."

여기서 전략적이고 체계적인 접근이란 1만 시간의 법칙을 준수하는 것을 말한다. 앞에서 언급했듯이 명문대를 바라볼 정도의 특급 우등생 반열에 오르기 위해서는 고교 3년 동안 1만 시간 이상을 공부해야 한다. '정말 그렇게까지 살벌하게(?) 공부해야 하나?' 물론이다. 만일 1만 시간의 법칙을 준수하지 않는다면 당신 아이가 우등생이 될 확률과 당신이 자녀교육에 성공할 확률은 로또 당첨 수준으로 치솟는다. 고등학생이라면 1만 시간까지는 아니더라도 보통 7, 8천 시간 정도는 공부를 한다. 간발의 차이(?)로 대학과 학과가 달라지는데, 조금만 더 분발해서 1만 시간을 채우고 명문대에 가는 게 더 낫지 않을까? 질질 끌며 말하는 것도 지친다. 깔끔하게 이렇게 결론짓고 다음 이야기를 진행하고 싶다.

　　1만 시간을 채우기 위해서 하루에 몇 시간을 공부해야 할까? 산술적으로 따졌을 때, 고등학교 1학년 3월 1일부터 수능시험을 보기 직전인 3학년 10월 31일까지 하루도 빠짐없이 10시간 30분씩(학교수업시간 포함) 공부를 해야 한다는 계산이 나온다. 계산대로 공부하면 정상적인 생활을 위해서 필요한 시간*을 빼고 하루 24시간에서 딱 1시간 30분이 남는다. 다시 말해서 1만 시간을 채우기 위해서는 고등학교 3년 내내 아침부터 밤까지 책만 봐야 한다는 뜻이다. '정말 그렇게나 많이 해야 하나?' 지금 우리는 상위 1퍼센트의 진입 장벽을 뚫기 위해서 필요한 학습량에 대해서 이야기하고 있다. 상위 1퍼센트 고소득자가 버는 돈을 생각해보라.

　　그럼 자습은 얼마나 해야 할까? 여러 경로를 통해서 수집한 자료를 종합해볼 때, 수능과 내신에서 1등급을 받았던 우등생들은 평일에 5시간 이상, 주말과 방학에 10시간 이상 자습을 했던 것으로 추정된다.** 또한 명문대와 인기학과로 분류되는 서울대·연세대·고려대·의치대·한의대에 합격하기 위해서는 고등학교 3년 동안 주당 50시간 이상을 자습

---

* 수면 7시간, 이동 2시간, 식사 2시간, 세면·위생 1시간
** 이것도 학교수업을 잘 듣고 복습을 철저히 하는 등 효율적인 공부를 했다는 전제 하에서 산출된 학습량이다. 효율성이 떨어지는 공부를 한다면 이보다 더 많은 시간을 공부해야 한다.

　　　　　　　　초등 6년이 자녀교육의 전부다

해야 한다는 분석 결과가 나왔다.* 부모들이 막연히 바라는 1등과 명문대 합격이 현실적으로 얼마나 어려운 일인지 실감할 수 있는 대목이다.

'내 아이는 공부를 거의 안 하는데, 과연 1만 시간을 채울 수 있을까?'

'그렇게 지독하게 공부시키면서까지 명문대에 보내야 하는 걸까?'

고민스러운 부모들은 둘 중 하나를 택하면 된다. 고등학교 입학 전까지 하루 10시간 이상 공부할 수 있는 내공을 길러주든지, 수능 1등급(우등생)을 깨끗이 포기하든지.

'아이고, 수능 1등급(우등생)은 바라지도 않는다, 그냥 중간만 가도 만족한다.'

알다시피 공부는 1등급, 명문대를 목표로 하는 아이들만 하는 게 아니다. 공부는 학생의 본분이다. 수능 1등급을 받든 안 받든, 명문대를 가든 안 가든, 학생이라면 누구나 많은 시간을 공부해야 한다. 아침부터 밤까지 수업과 자습으로 채워진 고등학교 시간표를 떠올려보라. 고등학생이라면 아무리 못해도 5, 6천 시간은 공부할 것이다. 5, 6천 시간 공부하고 점수에 맞춰서 아무 대학이나 갈 바에는 7, 8천 시간을 공부해서 괜찮은 대학에 가는 게 낫지 않을까? 7, 8천 시간을 공부해서 괜찮은 대학에 갈 바에는 1만 시간을 채워서 명문대에 가는 게 낫지 않을까?

성적 때문에 꿈을 포기하고 진로를 급선회하는 고등학생들이 부지기수다. 우등생, 명문대, 자녀교육의 성공은 둘째 치고서라도, 점수 몇 점

---

* 자습시간에 대한 이야기를 하다 보니, 하루 4시간 자습으로 서울대 의대에 진학한 L군이 새삼 떠오른다. 하루 4시간이면 주당 28시간인데, 이는 필자가 주장하는 주당 50시간에 턱없이 부족한 시간이다. 하지만 효율적인 공부의 달인이었던 L군은 자신의 실제 공부시간이 다른 학생들의 두세 배에 달했다고 증언하고 있다. 그의 주장이 사실이라면 실제 자습량은 주당 56~84시간이었던 셈인데, 이 정도 학습량이면 명문대 최고학부에 충분히 합격하고도 남는다.

때문에 당신 아이가 대학과 학과를 바꿔야하는 상황이 벌어질 수도 있는 것이다. 이는 인생 항로가 달라지는 중차대한 문제다. 우리 또한 문제 몇 개 때문에, 점수 몇 점 때문에 대학과 학과를 바꿔야 했던, 인생의 노선을 변경해야만 했던 아픔을 갖고 있지 않은가. 그 옛날 우리가 겪었던 아픔을 당신 아이에게 대물림하지 않으려면 1만 시간을 공부할 수 있는 내공을 길러주어야 한다.

시간이 많이 남아 있는 것 같지만 따지고 보면 얼마 남지 않은 것이다. 당신이 자녀의 공부에 적극적으로 개입하고 영향력을 행사할 수 있는 시간이 초등 6년 밖에 주어지지 않기 때문이다. 1만 시간의 스타트 라인은 열일곱 살이지만, 자녀교육의 피니쉬 라인은 열세 살이다.

'정말 1만 시간이나 공부를 해야 하는 것일까? 과연 내 아이가 1만 시간 내공을 갖출 수 있을까?' 의심과 걱정만 늘어놓으며 허송세월할 때가 아니다. 당신 아이가 취학 전이라면 초등 6년을 어떻게 보낼지 지금부터 로드맵을 짜두어야 한다. 자녀가 초등학생이라면 전략적인 계획과 체계적인 준비를 거쳐 빠른 시일 내에 내공 쌓기 작업에 착수해야 한다.

'무슨 말인지 알겠는데, 그럼 지금부터 무엇을 준비하고 어떻게 시작해야 한단 말인가.' 그 문제에 대해서는 걱정하지 않아도 된다. 당신이 무엇을 해야 할지는 이 책을 읽다보면 저절로 해소될 것이기 때문이다.

     초등 6년이 자녀교육의 전부다

1년에 30분씩 늘리면 명문대 간다

성급한 부모들은 학대에 가까울 만큼 자녀에게 과도한 공부를 시키고 있다. 느긋한 부모들은 방치에 가까울 만큼 자녀를 놀리고 있다. 어떤 부모가 자녀를 학대하고 방치하고 싶겠는가. 자녀를 학대하는 것처럼 보이는 부모들은 자녀의 미래를 생각해서 공부를 많이 시키는 것이고, 자녀를 방치하는 것처럼 보이는 부모들은 자녀의 현재를 생각해서 맘껏 뛰놀게 하는 것이다. 부모들이 학대 또는 방치에 가깝게 자녀를 키우고 있는 이유는, 초등 3학년은 몇 시간 정도를 공부해야 하고, 6학년은 몇 시간 정도를 공부해야 하는지에 대한 가이드라인이 없기 때문이다. 자녀가 하루에 몇 시간을 공부해야 하는지 갈피를 잡을 수 없기 때문에 부모들은 학대와 방치 사이를 오가며 혼란스러워하고 있다.

정보 부재로 혼란에 빠진 부모들을 위해서 학년별 권장 공부(자습) 시간을 제안하고자 한다. 물론 내 제안이 정답은 아닐 것이다. 하지만 나는 재수, 삼수를 거쳐 스물네 살 때까지 대학입시 공부를 했다. 그리고 현재는 초등교사로서 자기주도학습 코치로서 학생들을 가르치고 있으며, 학습법과 우등생을 수년째 연구 중이다. 내 제안이 당신의 상황에 딱 들어맞진 않겠지만, 지침으로 삼을만한 길잡이 역할로는 부족함이 없을 것이라고 확신한다.

M군은 내신과 수능에서 탁월한 성적을 거두고 서울대 경영학과에 진학했다. 그가 대학입시에 성공할 수 있었던 비결은 무엇일까? 식상하게 또는 의아하게 들릴지 모르겠지만, 그는 학교수업을 충실히 듣고 자습 중심으로 공부를 했다. 사교육은 일절 받지 않았다. 중학시절에는 저녁 6시부터 9시까지 그날 배운 내용을 복습했고, 고교시절에는 3년 동안 하루도 빠짐없이 밤 11시 30분까지 야간자율학습에 참여했다. 그는 학창 시절 내내 자습을 고집한 이유에 대해서 "배운 것을 이해하려면 혼자 내용을 곱씹을 시간이 필요하기 때문에 고되더라도 자습에 계속 참가했다"고 밝혔다.

중·고등학교 시절 내내 자습에 몰두한 M군은 유별난 경우가 아니다. 오히려 1만 시간의 법칙을 충실히 따랐던 우등생의 표준 사례이다. 앞에서 충분히 설명했듯이 명문대를 노려볼 만한 실력을 갖추려면 고교 시절 동안 1만 시간의 학습량을 채워야 한다. 이를 위해서는 수업시간 내내 완벽히 집중하는 것은 물론, 평일에는 5시간 이상, 주말과 방학에는 10시간 이상 자습을 해야 한다.*

고등학교 타령은 이제 그만하고, 초등학생인 당신 아이가 얼마나 자습을 해야 하는지 알아보자. 초등학생의 최적 학습량을 산출해내기 위해서는 이미 검증이 완료된 고교 우등생들의 학습량을 참고할 필요가 있다. 필자는 명문대생들의 고교시절 자습시간을 분석한 결과를 바탕으로 고등학교 1~3학년의 평일 자습시간을 5~6시간으로 산정했다. 다음으로 산정한 자습시간을 역逆추산하여 학년별 권장 자습시간을 표 Ⅲ-1과 같이 산출해냈다.

| 표 Ⅲ-1 | 평일 권장 자습시간**

학년		초1	초2	초3	초4	초5	초6	중1	중2	중3	고1	고2	고3
자습 시간	학기 중 평일	30 분	60 분	90 분	120 분	150 분	180 분	210 분	240 분	270 분	300 분	330 분	360 분

흥미로운 사실은, 산출된 자습시간이 해당 학년의 최상위권 진입에 필요한 학습량과 대체로 일치한다는 점이다. 이는 당신 아이가 우등생 대열에 합류하려면 표 Ⅲ-1의 자습시간 이상 공부해야 한다는 사실을 의미한다. 즉 당신 아이가 초등 3학년이라면 매일 90분 이상, 초등 6학년이라면 매일 180분 이상 자습을 해야 최상위권에 안착할 수 있다는 말이다. 여기서 최상위권이라 함은 학급이나 전교 단위의 최상위권이 아닌, 전국 상위 1퍼센트를 뜻한다.

---

* 일례로 2010년에 모 EBS 프로그램에서 서울대생 889명을 대상으로 설문조사한 결과를 보면, 고교시절에 평일 6시간 이상 자습을 했다는 서울대생이 무려 63%에 달했다. 이는 전체 고등학생의 평일 자습시간인 1.19시간에 비해 약 4배 많은 양이다(「엄마가 알아야 아이가 산다」의 75쪽 내용 일부를 발췌함)

** 학기 중 평일 자습시간으로, 학교 수업·숙제 및 사교육 수업·숙제에 소비된 시간을 제외한 순수하게 혼자서 공부한 시간을 의미한다.

내 경험과 여러 논문 및 보고서의 통계자료에 비춰볼 때, 하루에 1시간 이상 자습하는 아이는 극히 일부에 불과할 것으로 추정된다. '설마, 그렇게까지 적을까?' 물음표가 찍히는 독자를 위해서 자습시간을 좀 더 객관적으로 파악할 수 있는 자료를 하나 소개한다. 한국교육개발원이 발표한 「한국교육종단연구 보고서(Ⅵ)」에는 연구대상자 6,908명이 4년(중2~고2) 동안 '학교숙제 및 자습'에 소비한 시간이 표 Ⅲ-2와 같이 제시되어 있다.

| 표 Ⅲ-2 | 일주일 동안 학교숙제 및 자습에 소비한 시간

	중2	중3	고1	고2
국어	1.57시간	1.50시간	1.62시간	1.67시간
영어	1.95시간	2.03시간	2.14시간	2.46시간
수학	2.06시간	2.14시간	1.29시간	2.74시간
합계	5.58시간	5.67시간	5.05시간	6.87시간

놀랍게도 학생들이 중·고등학교 시절에 학교숙제와 자습에 소비한 시간은 일주일에 7시간이 채 되지 않는다(이마저도 학교숙제가 포함된 시간이다). 통계자료를 통해서 단적으로 확인되듯이 초·중·고를 막론하고 아이들의 자습량은 하루 1시간이 채 되지 않는다. 대다수 아이들이 학원 수업과 숙제에 짓눌려 살아가는 현실을 보면, 대다수 부모들은 자녀의 자습시간이 극히 적다는 사실을 대수롭지 않게 여기는 것 같다. 얼핏 보면 문제가 없는 듯 보이지만, 자습시간 부족은 치명적인 문제를 내포하고 있다. 지금과 같은 미량의 자습으로는 우등생 대열에 절대로 합

류할 수 없기 때문이다.

　수많은 아이들이 방과 후 모든 시간을 사교육에 잠식당한 채 초·중학교 9년을 보내고 있다. 9년 동안 사교육 중심으로 공부한 아이가 고등학생이 돼서 하루 5시간 자습을 해낼 수 있을까? 초등학교 때까지는 학습량이 많지 않기 때문에 자습시간이 적어도 별다른 문제가 드러나지 않는다. 하지만 중·고등학교로 갈수록 학습량이 증가하면서 소화해야 할 자습시간도 덩달아 증가한다. 물론 대다수 중·고등학생은 초등학생 때와 마찬가지로 자습을 거의 하지 않는다. 이러한 자습 결핍으로 말미암아 수많은 중·고등학생이 학습부진에 빠져들고 있으며, 학력이 붕괴되는 파국을 맞고 있다.

　5시간 자습내공은 하루아침에 길러지지 않는다. 오랜 세월을 갈고 닦아야 쌓을 수 있다. 다행스럽게도 자습내공은 고1 때 완성하면 되고, 당신의 아이는 초등학생이다. 아직 늦지 않았다. 지금부터 차근차근 준비하면 된다. 어떻게? 초등 1학년 때 하루 30분 자습을 시작으로, 한 학년이 올라갈 때마다 자습시간을 30분씩 늘려나가는 것이다. 즉 1학년 때 30분, 2학년 때 60분, 3학년 때 90분, 4학년 때 120분, 5학년 때 150분, 6학년 때 180분을 자습시키는 것이다. 이런 식으로 자습시간을 늘려나간다면 당신 아이는 초등학교 시절 내내 만점에 가까운 점수를 받는 것은 물론이요, 초등학교를 졸업할 때쯤이면 하루 3시간 자습능력을 갖추게 된다. 중학교에 올라가서도 30분씩 자습시간을 늘려간다면 상위권~최상위권의 성적을 유지할 수 있음은 물론, 고등학교 1학년이 되었을 때 5시간 자습능력을 갖추게 된다. 그럼 주말과 방학 때는 얼마나 해야 할까? 필자가 제안하는 주말과 방학 중 권장 자습시간은 표 III-3과 같다.

| 표 III-3 | 주말·방학 중 권장 자습시간

학년		초1	초2	초3	초4	초5	초6	중1	중2	중3	고1	고2	고3
자습 시간	토	30분	60분	90분	120분	150분	180분	210분	240분	270분	600분	660분	720분
	일	–	–	–	–	–	–	210분	240분	270분	600분	660분	720분
	방학 중 평일	60분	120분	180분	240분	300분	360분	420분	480분	540분	600분	660분	720분

주말이 되면 공부를 중단하는 아이들이 많은데, 주말 내내 책을 한 번도 펼쳐보지 않으면 주중에 쌓은 공부 리듬이 무너지게 된다. 따라서 토요일에도 평일 권장 자습시간 정도는 공부를 시키는 것이 좋다. 주말까지 공부를 시키는 건 좀 심한 것 같다고? 주5일제가 시행되기 전에는 토요일에도 학교를 갔었다. 휴식을 몇 시간 미룬다고 해서 자녀에게 큰 부담과 고통을 주지는 않을 것이다. 방학 중에는 평소보다 자습량을 늘려야 한다. 방학 중 평일 자습은 학기 중 평일 자습의 2배 정도가 적당하다.

중학생이 되면 평일과 토요일 자습만으로는 최상위권에 도달하기 위한 학습량을 채울 수가 없다. 일요일에도 평일 수준으로 자습을 해나가야 한다. 방학 중 평일에는 초등학생 때와 마찬가지로 학기 중 평일의 2배를 자습한다. 고등학생이 되면 평일, 주말, 방학의 구분이 무의미해진다. 1만 시간을 채우기 위해서는 3년을 하루같이 평일에는 5~6시간 이상, 주말과 방학에는 10~12시간 이상 자습을 해야 한다.

자습의 성공 여부는 학년에 따라 달라질 수 있다. 만일 자녀가 초등

저학년이라면 30~60분 정도의 자습을 어렵지 않게 소화해낼 수 있을 것이다. 하지만 고학년이라면 권장 자습을 소화해내기 어려울 것이다. 5, 6학년 중에서 150~180분을 자습하는 아이는 거의 없기 때문이다. 만일 당신 아이가 권장 자습을 소화해내기 어려운 상태라면 자습시간을 월 단위나 분기 단위로 서서히 늘려가도록 하자. 예컨대 5학년인데 하루에 60분 정도 자습을 하고 있다면 석 달 간격으로 자습시간을 30분씩 늘려나가는 것이다.

한편 공부습관이 잘 잡혀 있는 아이라면 권장 자습시간을 어렵지 않게 소화해낼 수 있다. 3학년 수진이는 하루에 1시간 30분씩 자습하라는 내 조언을 듣고 흔쾌히 "예, 할게요!"라고 했다. 평소에 1시간씩 자습을 하던 수진이에게 자습을 30분 더 늘리는 것은 어려운 일이 아니었고, 실제로 90분 자습을 무리 없이 소화해냈다. 반면 평소에 공부를 거의 하지 않는 아이라면 고학년일지라도 30분 자습도 힘들어 한다. 6학년 민수는 30분 동안 학습지를 푸는 것이 하루 공부의 전부였다. "얼마나 더 자습할 수 있겠냐"고 물었더니, "30분을 더 하겠다"고 했다. "시간을 좀더 늘리는 것이 어떻겠냐"고 제안했지만, "1시간 이상은 힘들다"고 했다. 민수는 6학년이었지만 3학년인 수진이보다 자습능력이 30분 이상 뒤처져 있었던 것이다.

학년별 권장 자습시간은 초등학교 1학년 때부터 시작해서 매해 30분씩 늘려나갔다는 전제 하에 산출된 것이다. 그러므로 자녀의 학년, 공부습관, 생활패턴, 학습능력 등을 감안하여 자습시간을 탄력적으로 조절해야 한다. 만일 자녀가 자습능력이 부족하거나 공부습관이 잡혀 있지 않다면 권장 자습시간에 구애 받지 말고 하루 30분부터 시도할 것을 권한다.

자습을 시작하고 난 후 얼마간은 자습을 거부하거나 힘겨워하는 아이와 실랑이를 벌여야 할 것이다. 하루하루가 전쟁처럼 느껴질 수도 있다. 하지만 인간의 적응력이란 우리의 예상을 훨씬 뛰어넘는다. 당신에게 인내와 열정이 준비되어 있다면 자녀의 자습능력을 키우는 작업은 차츰 안정 궤도에 진입할 것이다. 아이 또한 점점 자습에 적응하게 될 것이고, 종국에는 권장 자습시간을 채우게 될 것이다.

인생은 강물과 같다. 흘러갈 뿐 역류하지 않는다. 생生의 순간들은 오직 단 한번만 주어지고, 오직 단 한번만 내 것이 된다. 우리는 반복되는 일상 속에서 어제 같은 오늘을, 오늘 같은 내일을 살고 있지만, 오늘은 내 생애 단 한번 뿐인 하루다. 부모로서 살아가는 오늘 또한 생애 단 한번만 소유할 수 있는 처음이자 마지막 하루다.

오늘 당신은 부모의 역할에 충실했는가? 미처 못 다한 일이 있지는 않은가? 부모 역할은 내일로 미뤄도 되는 잡무가 아니다. 마감 시간이 오늘까지인 책무다.

같은 강물에 발을 두 번 담글 수 없듯이, 오늘이 지나고 나면 기회는 영영 사라진다. 아이가 커가는 속도를 생각해보라. 걸음마를 시작했다고 기뻐했을 때가 엊그제 같은데, 어느새 초등학생이 되었다. 더 늦기 전에 천릿길의 첫걸음을 내딛기 바란다.

공신으로 거듭나는
4단계 복습법

천재소년 쇼 야노. 아홉 살에 로욜라 대학교에 입학한 그는 열두 살에 최우등(학점3.99/4.00만점) 성적으로 생물학 학사를 받는다. 졸업과 동시에 그는 시카고대학 의과대학원의 일반 박사과정과 통합 교육 프로그램(M.D/Ph.D)에 합격한다. 이후 열여덟 살에 분자유전학과 세포학에서 박사 학위를 받고, 스물한 살에 의학 박사 학위를 받는다. 현재 그는 시카고대학 부속병원에서 소아신경과 수련의 과정을 밟고 있다. 쇼 야노의 화려한 실적들은 하나같이 전미全美 최연소이라는 수식어가 붙어 있는 경이적인 기록들이다.

'아홉 살에 대학에 입학해서 열두 살에 학사 학위를 받고, 열여덟 살에 박사가 되다니. 정말 놀랍긴 한데, 지금 내 아이는 70점, 80점도 받지 못해서 빌빌대고 있다. 이런 판국에 천재의 신기神技한 이력이 무슨 대수란 말인가.' 맞는 말이다. 천재의 전설적인 이력을 나열하는 건 당신의 자녀교육에 별다른 도움이 되지 않는다. 천재의 경이로운 업적에 감탄

사나 연발하라고 그의 일화를 소개한 것은 아니다. 내가 공론화하고 싶은 것은 천재의 세계 신기록이 아니다.

쇼 야노의 아이큐는 200이 넘는다는 사실 외에 알려진 바가 없다. 일반적인 아이큐 테스트로는 측정이 불가능하기 때문이다. 전문가들에 따르면 200을 넘어 어디엔가 자리한다고 한다. 측정이 불가할 만큼 초고도超高度의 지능을 갖고 있는 천재는 공부를 어떻게 할까? 공부를 하기는 할까? 특별히 공부할 필요가 없을 것 같은데. 무슨 글이든 한 번만 읽으면 머릿속에 고스란히 복사될 것 같기에. 답은 그에게 직접 들어보자.

"나는 종종 예습이나 복습을 하지 않아도 좋은 성적을 얻는 학생이라는 오해를 받곤 했다. 나 같은 사람은 교실에 앉아서 듣기만 해도 지식이 두뇌에 차곡차곡 쌓일 거라고 생각하는 걸까? 아, 그럴 수만 있다면 정말 행복할 것 같다. 하지만 불행히도 나는 예습과 복습을 철저히 한 학생이었다. 그래야만 내용을 제대로 이해하고 잘 기억할 수 있었던 것이다. 아무리 아이큐가 200이 넘는다고 하더라도 예습, 복습 없이 좋은 성적을 받기란 어렵다."*

세계적인 천재로 불리는 사람이 너무 인간적(?)이라서 실망했는가? 천재의 기억력이 생각만큼 대단치 않다는 사실도 놀랍긴 하다. 하지만 더 놀라운 사실은 이것이다.

"아이큐 200이 넘는 천재도 예습, 복습을 철저히 했다."

---

* 쇼 야노(2012), 「꿈이 있는 공부는 배신하지 않는다」, 센추리원.

지난 십년 동안 삼백여 명의 학생들을 가르친 사람으로서 단언하건대, 오늘 학교에서 배운 내용을 완벽히 소화하는 아이는 단 한 명도 없다. 그걸 어떻게 확신할 수 있냐고? 벌써 잊었는가? 다시 한 번 이 말을 떠올려보는 것이 좋을 듯하다.

리틀 아인슈타인으로 불리며 천재 중의 천재로 칭송받는 사람도 복습에 목숨을 걸었다.* 비단 천재뿐만이 아니다. 복습은 명문대생들의 합격수기서에 빠지지 않고 등장하는 단골메뉴다. 이것은 부모들에게 두 가지 시사示唆를 준다. 하나는 당신 아이가 천재급이나 명문대를 바라볼 만큼 뛰어난 학생일지라도 복습에 매진해야 한다는 사실이요, 다른 하나는 당신 아이가 천재에 준하는 지능을 갖고 있지 않거나 명문대에 갈 정도의 실력이 아니라면 목숨걸고 복습에 매달려야 한다는 사실이다. 진실은 이런데, 현실은 어떨까?

나는 수업 도입 단계에서 지난 시간에 배운 내용을 학생들에게 묻곤 하는데, 제대로 답하는 아이는 거의 없다. 아이들은 왜 기억 상실증에 걸린 것일까? 복습을 전혀 하지 않기 때문이다. 복습의 부재, 이는 자녀교육의 실패를 유발하는 치명적인 문젯거리가 아닐 수 없다. 천재든

---

* 쇼 야노는 저서에서 예습과 복습 중 복습에 더 중점을 두었다고 증언하고 있다. 여기서는 예습은 논외로 하고 복습을 중심으로 이야기해보자.

범재든 망각에서 자유로운 인간은 없다. 복습을 하지 않으면 기억은 유리창을 타고 흘러내리는 빗물처럼 흔적도 없이 사라지고 만다. 천재 쇼야노마저도 "아무리 아이큐가 200이 넘는다고 하더라도 복습 없이 좋은 성적을 받기란 어렵다"고 고백했다. 당신 아이의 뇌는 컴퓨터 하드디스크가 아니다. 복습을 하지 않으면 힘들게 저장한 지식은 모두 삭제되고 만다.

아이들은 저마다 열심히 공부한다. 매일 학원에 가고, 학원숙제를 하고, 학습지를 푼다. 하지만 이런 공부는 복습이 아니다. 복습이란 오늘 학교에서 배웠던 내용을 익히는 것이다. 그렇기에 교과서를 빼놓고서는 복습을 논할 수 없다. '교과서를 보니 뭘 공부시켜야 할지 잘 모르겠던데, 무엇을 복습시키란 말인가?' 어렵게 생각할 것 없다. 교과서를 읽히면 된다. 너무 막연하다고? 복습은 표 Ⅲ-4의 4단계 절차로 진행된다.

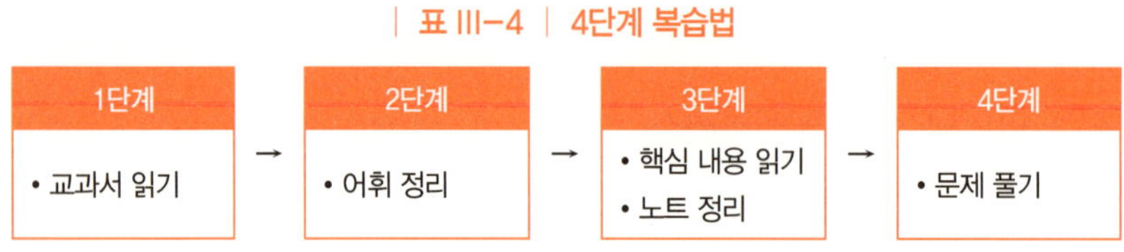

| 표 Ⅲ-4 | 4단계 복습법

1단계: 교과서 읽기

복습은 오늘 수업시간에 배웠던 교과서를 다시 읽어보는 것에서부터 시작된다. 물론 대다수 아이들은 복습을 시작조차 할 수 없다. 교과서를 집으로 가져오는 아이가 드물고, 집에서 교과서를 펼쳐보는 아이는 더

더욱 드물기 때문이다. 그럼 아이들은 집에서 무엇을 공부할까? 대개는 학원숙제를 하거나 학습지 또는 문제집을 푼다. 부모들 또한 자녀가 교과서를 갖고 오든 말든, 읽든 말든 아무 관심이 없다. 상황이 이렇다보니 오늘 배운 내용을 교과서로 복습하는 아이는 전무全無하다.

언젠가 당신은 하향곡선을 그리는 자녀의 성적 때문에 고민에 빠지게 될 것이다. 그런 위기에 봉착했을 때 당황하지 말고 자녀가 무엇을 어떤 식으로 공부하고 있는지 점검해보라. 예언하자면, 당신 아이는 학원 수업과 숙제를 중심으로 공부하고 있거나, 학습지와 문제집을 중심으로 또는 선행학습을 중심으로 공부하고 있을 것이다. 반면 교과서는 수업 시간에 딱 한 번만 사용하는 일회용품으로 전락했을 것이다. 내 예언이 적중했다면 성적 하락의 원인을 다른 곳에서 찾지 말라. 성적이 떨어진 원인은 오직 하나다. 교과서를 공부하지 않기 때문이다.

기본으로 돌아가야 한다. 교과서만 제대로 공부(복습)해도 단원평가나 기말시험 등 어떤 시험에서도 올백에 가까운 성적을 거둘 수 있다. '그게 정말인가? 우리 애는 문제집을 두세 권 풀려도 시험 결과가 신통치 않던데?' 정말이다. 교과서만 봐도 올백을 맞을 수 있다. 나는 학교 자체 시험뿐 아니라 전국 단위의 진단평가, 교육청 주관 학기말, 학년말 평가 등 각종 시험에서 문제를 출제한 경험을 갖고 있다. 교사들이 평가 문항을 출제할 때 참고하는 자료가 뭘까? 전과, 문제집, 학습지를 들춰보면서 문제를 낼까? 그렇지 않다. 교사들은 오직 교과서만 참고해서 문제를 낸다. 이 사실이 무엇을 의미할까? 교과서만 잘 봐도 백점을 맞을 수 있다는 뜻이다. 이렇게 생각하는 부모들도 있을 것이다. '교과서만 봐

도 백점을 맞을 수 있다고? 그 말이 사실이라면 왜 우리 애는 80점, 90점도 넘지 못하나?'

곰곰이 생각해보라. 자녀가 평소에 교과서를 얼마나 펼쳐보는가? 시험 보기 전에 교과서를 몇 번이나 읽는가? 당신은 평소는 물론, 시험기간마저도 교과서를 읽는 자녀의 모습을 떠올릴 수 없을 것이다. 대신 문제집만 줄기차게 풀어대는 자녀의 모습이 아른거릴 것이다. 문제는 모두 교과서에서 나왔는데, 문제집만 풀어댔으니 점수가 잘 안 나오는 게 당연한 일 아니겠는가!

재삼再三 언급하지만, 초등학교 시험에서는 교과서만 제대로 공부하면 올백을 맞는다. 아무래도 못 믿겠다고? 교과서 밖에서 시험 문제를 출제하는 것은 학부모 민원을 넘어서 뉴스에 나올 정도로 파장이 큰 중대 사건이다. 더욱이 2014년 9월 12일부터 '공교육정상화법'이 시행되면서 법적으로도 교육과정(교과서)에서 벗어난 문제를 출제할 수 없게 되었다.* 이런 위험 부담을 감수하고 무리하게 교과서 밖에서 문제를 출제할 교사는 없다. 논쟁은 이렇게 일단락 짓기로 하자.

"교과서만 봐도 올백을 맞을 수 있다."

교과서를 완벽하게 공부하기 위해서 문제집을 푸는 게 나을까, 교과

---

* 공교육정상화법의 세부 내용은 ① 학교가 편성한 교육과정의 범위와 수준 내에서 학교수업 및 방과후 학교 실시, ② 학교시험(지필평가, 수행평가 등) 및 각종 교내대회 등은 배운 내용에서 출제, ③ 대학, 특성화중, 특목고, 자사고 등의 입학 전형은 입학 이전 교육과정의 범위 안에서 시행, ④ 선행학습 유발 광고 또는 선전에 대한 지속적인 행정지도 및 공교육 정상화를 위한 사교육 기관의 참여 유도이다.

서를 읽는 게 나을까? 시중에 나와 있는 모든 문제집을 풀 수 있다면 교과서를 읽는 것보다 더 나은 성적을 거둘 수 있을지도 모른다. 하지만 시중에 나와 있는 모든 문제집을 푼다는 것은 불가능하다. 설령 가능하다고 해도 그것은 지극히 비효율적인 공부다. 시험 문제뿐만 아니라 문제집에 나와 있는 문제들 또한 대부분이 교과서를 바탕으로 뽑아낸 것들이다. 그렇다고 한다면 문제집을 열 권 푸는 것보다 교과서를 열 번 읽는 것이 시간도 덜 걸리고, 점수도 더 잘 나오는 효율적인 공부가 아니겠는가! 우수한 성적을 거두기 위해서는 복습을 철저히 해야 하고, 복습의 중심에는 언제나 교과서가 있어야 한다.

사실 초등학교 시절에는 교과서를 열심히 읽는 아이나, 전혀 읽지 않는 아이나 점수에 아무런 차이가 없다. 교과서 한 번 펼쳐보지 않는 아이들이 백점을 척척 맞기도 한다. 왜? 배우는 내용이 쉽고, 시험 문제도 쉽기 때문이다. 교과서 중심의 복습이 큰 위력을 발휘하는 시기는 학습량이 폭발적으로 증가하고 학습난도가 급상승하는 중학교 때부터다. '중학교 때부터 효력을 발휘한다면 굳이 초등학교 때부터 교과서 읽기에 집착할 필요가 있을까?'

습관은 하루아침에 만들어지지 않으며, 한번 자리잡은 습관은 쉽게 고쳐지지 않는다. 초등 6년 동안 교과서를 펼쳐보지 않았던 아이는 중학생, 고등학생이 되어도 교과서를 펼쳐보지 않을 가능성이 매우 높다. 초등학생 때부터 교과서 중심으로 공부하는 습관을 길러주어야 한다.

2단계: 어휘 정리

교과서만 한두 번 읽고 복습을 끝낸다면 반쪽짜리 복습이 되고 만다. 온전한 복습이 되려면 교과서에 나오는 난해한 어휘들을 정리해야 한다. '어휘를 정리하라고? 그런 것도 복습이란 말인가? 그런 시시콜콜한 것까지 공부할 필요가 있나? 문맥을 통해서 유추하면 되지 굳이 뜻을 찾아서 정리할 필요까지 있을까?' 밀려드는 의문을 잠시 뒤로 미루고, 당신의 어휘력을 점검해보기로 하자. 다음 제시하는 낱말들 중에서 그 뜻을 정확히 알고 있는 단어가 몇 개나 되는지 세어보라.

평계, 짐작斟酌, 연수研修, 우쭐해지시는, 후들거려서, 끔찍한, 고통, 수리修理, 엉켜서, 만년필萬年筆, 한시름, 으쓱해졌다

자, 아는 낱말이 몇 개나 되는가? 대부분 알고 있다고? 물론 성인들에겐 어렵지 않을 수도 있다. 하지만 대상이 초등학교 3학년 아이들이라면 이야기는 달라진다. 이 낱말들은 3학년 2학기 국어-가 교과서의 '칠판 앞에 나가기 싫어(26~32쪽)'라는 본문에 등장하는 어휘들이다. 3학년 아이들 중에서 위에 제시한 낱말의 뜻을 정확히 알고 있는 아이가 과연 몇이나 될까? 말이 나온 김에 고학년 교과서에 나오는 어휘 수준도 살펴보자. 당신 아이가 초등학교 6학년이 되면 어느 날엔가 국어 교과서에서 다음 낱말들과 조우하게 된다.

초등 6년이 자녀교육의 전부다

관련성, 상관관계, 수혈, 이식, 치명적, 부작용, 내향적인, 공로, 증명,
착각하여, 모호하게, 덤벙대는, 적혈구

아는 낱말이 몇 개나 되는가? 아마도 잘 모르는 낱말이 더러 있을 것
이다. 생소한 낱말이 많이 나오는 본문을 의도적으로 선별한 게 아니다.
초등학교 교과서에는 성인들에게도 난해한 낱말들이 적잖게 나온다. 예
컨대 이암, 사암, 역암은 성인들도 잘 쓰지 않는 어휘들이지만, 초등학
교 3학년 아이들에겐 무척 중요한 낱말이다. 과학 교과서에서 비중 있
게 다뤄지고 있는 핵심 용어이기 때문이다. 이처럼 어린 초등학생들, 그
러니까 당신 아이는 교과서를 통해서 매일 끊임없이 난해한 어휘들을
접하고 있다.

교과서에 나오는 생소한 어휘들을 찾아보고 정리하고 암기하는 아
이가 있을까? 내 경험상으로는 없.다.고. 판단된다. 부모들은 영어, 수
학에는 과도하게 집착하는 반면 어휘에는 과도하게 냉담하다. 왜 그토
록 어휘에 무관심한 것일까? 교과서 읽기와 마찬가지로 공부를 해도 티
가 나지 않기 때문이다. 다시 말해서 어휘를 공부하나 안 하나 시험 점수
에 차이가 없기 때문이다. 그런데, 정말로 아무런 차이가 없는 것일까?
3학년, 6학년 교과서에 나오는 어휘 수준을 생각해보라. 중 · 고등학교
교과서에는 훨씬 더 난해한 어휘들이 즐비하다. 그래도 여전히 어휘 정
리가 해도 그만, 안 해도 그만인 공부라고 여겨지는가? 사태의 심각성이
피부로 와 닿지 않는 부모들을 위해서 중학교 1학년 사회 교과서의 본
문 일부를 소개한다.

"대통령제는 미국에서 발전한 정부 형태로 입법부와 행정부가 엄격하게 분리된 것이 특징이다. 국민은 의회의 의원뿐만 아니라 행정부의 수반인 대통령도 선출하며, 대통령은 행정부의 각료를 임명하여 행정부를 구성하게 된다. 즉, 입법부와 행정부는 따로 구성되어 견제하며 균형을 이룬다.

행정부의 수반인 대통령은 국가 원수의 지위를 갖고 있으며, 자신을 선출해 준 국민과 나라의 모든 정책에 대해 책임을 진다. 그러나 의회에 대해 책임을 지지 않으므로 의회는 행정부를 불신임할 수 없고 행정부도 의회를 해산할 수 없다. 대통령은 의회에서 의결된 법률안을 거부할 권한이 있지만 법률안을 제안할 권리는 없다. 이처럼 대통령제는 입법부와 행정부가 서로 대등한 위치에서 엄격하게 분리되어 있으므로 권력 분립의 원리를 보다 충실하게 실현할 수 있다."[*]

자, 어떤가? 별로 어렵지 않다고? 성인인 당신에게는 평이한 글일 수도 있다. 하지만 이 글은 초등학교를 갓 졸업한 중1 아이들이 배우는 교과서 본문이다. 당신 아이가 열네 살이 되면 이 정도 수준의 글로 도배된, 300여 쪽에 달하는 교과서를 읽어야 한다. 아이들은 초등학교 교과서에 나오는 어휘들도 잘 모른 채 중학생이 된다. 이런 상황에서 중학교 교과서를 제대로 읽을 수 있는 아이가 과연 몇이나 될까?

'중1 사회만 유난히 난해한 게 아닐까?' 아니다. 중학교 교과서는 과

---

[*] 조영달 외 15인(2013), 중학교 1학년 사회, (주)미래엔.

　　　　　　　　　　　　초등 6년이 자녀교육의 전부다

목을 불문하고 난해한 어휘들이 쉼 없이 쏟아진다. 게다가 고등학교에 가면 어휘 수준은 한 단계 더 높아진다. 하지만 대다수 중·고등학생은 교과서에 난해한 어휘들이 즐비해도 그냥 지나친다. 초등학생 때부터 그렇게 공부해왔기 때문이다.

한글로 적혀 있는 교과서를 해석하지 못하는 난감한 상황에 처하지 않으려면 초등학생 때부터 어휘를 철저히 공부시켜야 한다. 교과서를 읽다가 생소한 어휘가 나오면 동그라미를 치든 밑줄을 긋든 표시를 해둬야 한다. 그리고 복습 2단계에서 표시한 어휘들을 정리하고, 수시로 복습해야 한다. 참고로 어휘를 정리할 때에는 한자 뜻까지 함께 정리하는 것이 좋다. 예컨대 과학시간에 이암, 사암, 역암을 배웠다면 이가 '진흙 니泥', 사가 '모래 사沙', 역이 '조약돌 력礫'이라는 것까지 정리하는 것이다.

나는 때때로 수업시간에 아이들에게 어휘를 정리해주곤 한다. 하지만 생소한 어휘를 모두 정리해주지는 못한다. 어휘의 뜻을 아는 것이 수업의 핵심활동이 아닐뿐더러, 어휘를 정리하는 데는 생각보다 많은 시간이 소요되기 때문이다. 당신 아이의 담임 또한 수업시간에 어휘를 정리해주지 않을 것이다. 어휘 정리는 온전히 부모와 자녀의 몫이라고 생각하는 것이 좋다.

그런데, 어휘 정리에 문제가 하나 있다. 매일매일 쏟아지는 난해한 어휘들을 정리하는 데 적지 않은 시간이 소요된다는 점이다. 이 문제를 해결할 방법이 없을까?

한 가지 묘안이 있다. 전자사전이나 인터넷사전을 활용하는 것이다.

필자는 '다음사전'을 추천한다. 다음사전의 특장점은 낱말의 글자들을 터치하면 한자 뜻이 나온다는 것이다. 또 '내 단어장'이라는 기능을 활용하면 검색한 어휘를 일목요연하게 정리할 수 있고, 단어장에 담긴 단어를 파일로 내려 받을 수 있다(이 파일은 암기나 테스트 용도로 활용할 수 있다). 그 밖의 기능과 장점에 대한 설명은 생략하겠다. 백문이 불여일견. 지금 바로 스마트폰에 어플(다음사전)을 깔아서 유용한 기능들을 직접 확인해보기 바란다. 단, 다음사전은 인터넷이 접속된 상태에서만 사용 가능하다.

영어 단어를 모르면 영어 지문을 해석할 수 없는 것처럼 국어 낱말을 모르면 한글로 적힌 교과서를 해석할 수 없다. 영어책을 많이 읽는다고 해서 영어 단어를 저절로 알게 되는 것은 아니다. 마찬가지로 책을 많이 읽는다고 해서 국어 어휘력이 저절로 늘진 않는다. 어휘력을 키우기 위해서는 영어 단어를 암기할 때처럼 공부해야 한다. 모르는 낱말을 수첩에 정리하고, 수시로 읽어보고, 암기해야 하는 것이다.

어휘 정리를 하지 않는다면 교과서를 제대로 읽어낼 수 없다. 공부는 기본이 중요하고, 어휘력은 기본 중의 기초이다. 기초, 기본을 무시하고 부실하게 공부한 아이들은 중·고등학교에 가서 무너지고 만다. 기초를 튼튼히 다지면서 기본을 쌓아나간 아이만이 승승장구, 일취월장할 수 있다.

  초등 6년이 자녀교육의 전부다

3단계: 핵심 내용 읽기와 노트 정리

3단계는 수업시간에 필기한 공책과 문제집(전과)에 나와 있는 핵심 내용을 읽어보는 것이다. 하지만 1, 2단계에서 이미 많은 시간이 소비되었을 것이다. 때문에 핵심 내용 읽기는 가급적 짧은 시간 안에 끝내야 한다.

핵심 내용을 다 읽고 난 다음에는 핵심 내용을 노트에 정리해본다. 하지만 노트 정리에는 상당한 시간이 소요되며, 초등학교 공부는 노트 정리를 해야 할 만큼 어렵거나 복잡하지 않다. 더욱이 어린 초등학생이 체계적으로 노트 정리를 한다는 것은 역부족이다. 단, 고학년 때부터는 노트 정리를 시도해보는 것이 좋다. 중학교에 가면 본격적으로 노트 정리를 해야 하기 때문이다.

교과서를 읽고 어휘를 정리하고 암기까지 하다보면 어느새 자습시간이 훌쩍 지나간다. 때문에 노트 정리할 시간이 없는 날도 더러 생길 것이다. 시간 부족 문제를 해결하기 위한 한 가지 묘안은, 복습을 평소와 시험기간으로 나눠서 하는 것이다. 다시 말해서, 평소에는 주로 교과서 읽기(1단계)와 어휘 정리(2단계)를 하고, 시험기간에는 노트 정리(3단계)와 문제 풀기(4단계)를 중점적으로 하는 것이다. 물론 시간이 충분하다면 1~4단계를 모두 하는 것이 좋긴 하다.

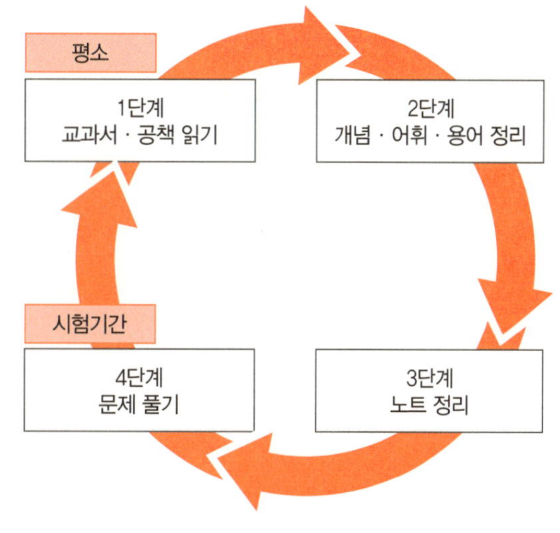

노트 정리에 적지 않은 시간이 걸리고, 남다른 노하우가 필요하지만, 공부에 도움이 된다는 사실에는 이견의 여지가 없다. 서울대생 100명을 조사한 자료에 따르면, 서울대생의 97퍼센트가 학창 시절에 노트 정리를 했고, 그중 91퍼센트가 노트 정리가 공부에 큰 도움이 되었다고 밝히고 있다(2011, 양현). 노트 정리에 대한 보다 자세한 방법은 시중에 출간된 책들을 참고하기 바라며, 여기서는 노트 정리의 기본 원칙만 짚어보도록 하자.*

① 공부 과정에서 노트 정리할 내용을 선별한다.

② 노트 정리에 너무 많은 시간을 소비하지 않는다.

③ 모든 과목, 모든 내용을 정리할 필요는 없다. 노트 정리는 암기가 필요한 내용, 자주 틀리는 내용, 복잡하고 어려운 내용을 중심으로 한다.

④ 노트 정리 자체가 목적이 되어서는 안 된다. 노트 정리의 목적은 공부한 내용을 암기하는 것이다. 따라서 노트 정리한 내용은 백지에 그대로 복원할 수 있는 수준으로 완벽히 암기해야 한다.

⑤ 노트 정리는 시간 여유가 많은 주말이나 핵심 내용을 정리해볼 필요가 있는 시험기간에 집중적으로 한다.

⑥ 노트 정리는 한 번으로 끝나는 것이 아니다. 초본을 기반으로 몇 차례 수정, 보완을 거치면서 완성도를 높여나가야 한다.

⑦ 노트 정리한 것은 수시로 본다.

---

* 필자는 노트 정리에 관한 책 중에서 「서울대 합격생 100인의 노트 정리법(다산에듀)」이라는 책을 추천한다.

4단계: 문제 풀기

학습지나 문제집 풀기는 아이들의 주된 공부다. 부모들 또한 학습지나 문제집 푸는 것을 공부의 전부로 여긴다. 하지만 문제 풀기는 굳이 매일매일 할 필요가 없다. 문제들이 하나같이 교과서의 내용을 꼬아서 만들어낸 것에 불과하기 때문이다. 물론 수학은 연산과 개념 적용에 대한 연습이 필요하기 때문에 문제를 푸는 것이 주된 공부가 된다. 하지만 수학을 제외한 나머지 과목들은 평소에 문제를 풀 필요가 없다. 아니, 문제를 풀 시간이 없다. 평소 공부는 교과서를 읽고 어휘를 정리하는 것만으로도 충분하다.

내가 가르쳤던 아이들은 하나같이 천재를 능가하고 인간의 한계를 극복한 듯 보였다. 복습을 하는 아이가 백에 하나 있을까 말까 할 정도로 희귀했기 때문이다. 아이들은 학교와 학원을 오가며 많은 지식들을 머릿속에 담았지만, 그 지식들을 온전히 지켜내는 아이는 드물었다. 많은 아이들이 배우고(학교), 잊어버리고, 또 배우고(학원), 잊어버리는 무의미한 공부를 무한 반복했다.

배웠으면, 익혀야 한다. 이것은 기본이고 상식이다. 배운 것을 익히지 않으면 잊어버리게 된다. 잊어버리면 안 배운 것과 똑같다. 안타까운 점은, 아이들의 무의미한 공부를 바로잡아 주는 부모가 거의 없다는 사실이다. 그 결과, 아이들은 초 · 중 · 고 12년 내내 습쩔이 빠진 엉터리 학습을 무한 반복하고 있다. 이야기가 무척 길어졌는데, 내가 전하고 싶은 메시지는 단순하다.

이 짧고 간결한 메시지를 엿가락처럼 늘인 것 같다. 쇼 야노의 고백으로 장황설의 마침표를 찍고 싶다.

“많은 사람들이 내가 한 번 본 것은 전부 기억한다고 오해한다. 때로는 버튼을 누르면 음료수를 뱉어내는 자판기처럼, 질문만 던지면 원하는 정보와 지식을 척척 대답해낼 거라고 기대하는 사람도 있다. 하지만 불행히도 나의 두뇌는 게으름뱅이에게 가혹한 변덕쟁이여서 반복적인 연습을 하지 않으면 결코 답을 내놓지 않는다.
나는 복습을 단 한 번도 거른 적이 없었고, 집에 돌아오면 언제나 노트를 다시 한 번 읽어보았다. 나의 복습은 노트를 검토하고, 교과서를 처음부터 끝까지 읽은 후, 그날 배운 내용을 확실하게 내 것으로 만들었을 때 끝을 맺었다.”

복습을 하지 않는다면 지식의 성城은 망각의 파도에 휩쓸려 기억 저편으로 사라지고 만다. 아이큐 200이 넘는 세계적 천재도 복습을 단 하루도 거른 적이 없었다. 당신 아이는 어떻게 공부하고 있는가?

수학이 대학을 결정한다

수학은 당신에게 어떤 기억으로 남아있는가? 잠시 눈을 감고, '수학'이라는 단어가 불러일으키는 감상感想을 음미해보자.

자, 찰나의 시간 동안 어떤 감정이 피어올랐는가? 간혹, 기쁨과 환희를 느낀다는 특이한 사람들이 있다. 하지만 평범한 학창 시절을 보낸 평범한 사람들은 충격과 공포의 잔상들이 되살아난다. 수많은 사람들의 인생을 뒤흔들어 놓았던 수학, 그 잔혹사는 여전히 진행 중에 있다. 수학은 학년을 막론하고 아이들이 가장 어려워하는 과목이고, 머리를 싸매고 공부해도 도무지 점수가 오르지 않는 야박한 과목이다.

"피할 수 없다면 즐겨라!"

이런 느긋한 조언은 아이들에게 전혀 와 닿지 않는다. 오히려 이런 말이 더 가슴에 와 닿는다.

"피할 수 없다면 포기하라!"

포기할 수만 있다면 포기하라고 말해주고 싶다. 하지만 수학을 포기하고 괜찮은 대학에 들어가기란 현실적으로 불가능에 가깝다. 상위권 대학들은 입학 전형에서 수학에 가산점을 주고 있으며*, 수학은 학생들 간의 점수 편차가 크기 때문에 표준점수가 높게 형성된다.** 이러한 이유로 수학이 대학을 결정한다는 말은 오래 전부터 입시의 정설로 통하고 있다.

수학이 입시의 흥망을 좌우하는 상황은 부모들에게 큰 시련으로 다가온다. 자녀가 수학을 극도로 혐오하고, 점수도 형편없이 나오기 때문이다. 부모들에게 수학은 자녀교육이라는 험준한 산의 등반을 위해서 반드시 넘어야 할 가파른 절벽이다. 이 절벽 앞에 선 부모들의 대응은 자못 공격적이다. 자녀가 초등학교에 입학하기 전부터 수학 교구를 들이고 학습지를 풀게 하고, 초등학교에 입학하면 학원에 보내고 과외를 시킨다.

하지만 이러한 온갖 노력에도 불구하고, 대다수 아이들은 수포자(수학을 포기한 자)의 대열에 합류하고 만다. 입시전문가들은 고등학생의 70~80퍼센트가 수학을 포기했거나 반포기 상태에 있다고 추정하고 있다.*** 초등 학부모들에겐 수포자가 넘쳐나는 현실이 강 건너 불구경처

---

* 서울대는 2015학년도 정시 전 모집단위에서 수능 성적표에 기재된 수학 표준점수에 6/5를 곱한 가중치를 적용하고 있다. 서울대의 수능 영역별 상대 반영 비율은 국어 100, 수학 120, 영어 100, 사회·과학 80이다. 한편 연세대·고려대의 2015학년도 정시 자연계열은 수능 수학 표준점수 200점에 3/2을 곱하여 300점 만점으로 반영한다. 이는 국어와 영어(200점)에 비해서 1.5배의 가중치가 적용된 점수다.

** 2014학년도 수능시험에서는 국어(A/B), 수학(A/B), 영어(A/B) 1등급의 표준점수는 국어(128/127), 수학(137/132), 영어(129/129)였다. 이 점수에 가중치까지 붙게 되면서 수학이 당락에 미치는 영향력은 막강해진다. 물론 2015학년도 수능처럼 수학이 너무 쉽게 나오면 표준점수가 국어, 영어와 비슷하거나 더 낮게 나오기도 한다. 하지만 이건 이례적인 경우다. 수학의 표준점수는 국어, 영어에 비해서 높게 형성되는 경우가 일반적이다.

*** 이를 증명하듯 전국 일반고 중 절반에 가까운 741개교의 1학년 수학 내신평균이 50점 미만이고, 2014학년도 수능시험에서 수학 점수가 30점 미만(100점 만점)인 수험생의 비율이 34.1퍼센트에 달했다 (국어 4.6%, 영어 7.1%).

     초등 6년이 자녀교육의 전부다

럼 느껴질지도 모르겠다. 하지만 그렇게 여유를 부릴 상황이 아니다. 초등학교 때부터 수학을 포기하는 아이들이 적지 않기 때문이다.

한 언론기관의 조사에 따르면, 학생들이 수학을 포기한 시점은 중학교 (60.1%), 초등학교(20.0%), 고등학교(17.9%) 순인 것으로 나타났다 (세계일보, 2014). 즉, 고등학교 수포자의 20퍼센트가 초등학생 때 수학을 포기했고, 중학교 단계에서 수포자의 80퍼센트가 결정되는 것이다. 고등학교 수포자의 비율을 70퍼센트로 잡고, 이중 20퍼센트가 초등학교 때 수학을 포기했다고 한다면, 전체 고등학생의 14퍼센트가 초등학생 때 수학을 포기했다는 계산이 나온다. 이 비율은 중학교로 가면서 56퍼센트로 증가한다.

그런데 중학교로 올라가면서 수포자의 비율이 왜 42퍼센트나 급증하는 것일까? 중학교 수학이 어렵기 때문에? 놓치지 말아야 할 진실은, 42퍼센트의 학생들이 중학교에 가서 하루아침에 수포자로 전락한 것이 아니라는 점이다. 그들 중 상당수는 이미 초등학생 때부터 수포자로 전락할 가능성이 농후했다. 단지 초등학교 수학 시험이 쉽게 출제되었기 때문에 수학 포기가 지연되었던 것뿐이다. 이 사실을 감안한다면 잠재적 수포자를 포함한 초등학교 수포자의 비율은 14퍼센트를 크게 웃돌 것으로 추정된다.

그렇다면 초등학생들이 수학을 포기하는 시점은 언제일까? 최초의 위기는 곱셈과 나눗셈, 분수와 소수를 본격적으로 배우기 시작하는 3학년 때 찾아온다. 특히 2학기 때 배우는 (두자릿수)×(두자릿수)와 (두자릿수)÷(한자릿수)에서 많은 아이들이 난해함을 호소한다. 이 공포의 연산 앞에서 적지 않은 아이들이 수포자의 대열에 합류할 채비를 시작한다. 3학년 때 곱셈과 나눗셈을 제대로 익히지 않은 아이들은 4학년 1학기 때 배우는 (세자릿수)×(두자릿수)와 (세자릿수)÷(두자릿수)에서 결국 수포자로 전락하고 만다. 위기는 여기서 끝나지 않는다. 4학년 분수와 소수의 덧셈과 뺄셈, 5학년 약분과 통분, 분수와 소수의 곱셈과 나눗셈, 6학년 분수와 소수의 혼합계산 등 아이들을 수포자로 전락시킬 함정들은 도처에 널려 있다. 곳곳이 함정이고, 하루하루가 살얼음판이다. 당신 아이가 함정이 잔뜩 깔려 있는 살얼음판 위를 걷고 있다. 함정에 빠지는 광경을 속수무책으로 지켜볼 텐가? 자녀를 하루속히 안전한 평지로 인도해야 하지 않겠는가!

먼저 아이들이 수학을 포기하는 원인부터 알아야 한다. 필자의 다년간 분석에 의하면 아이들이 수포자로 전락하는 근본 원인은 두 가지다. 연산력 부족과 개념학습의 부재가 그것이다. 특히 초등 시기에는 연산에 대한 오개념과 계산 미숙이 수학을 포기하게 만드는 주된 원인이다. 다행히도 이것은 문제점이 곧바로 수면 위로 드러나고, 해결도 어렵지 않다. 계산 방법을 정확히 익힌 후에 학습지나 문제집을 꾸준히 풀면서 연산력을 키우면 된다.

문제는, 몇 년이 지나서 부작용이 드러나고, 문제가 파악돼도 해결이 난망한 개념학습의 부재에 있다. 놀랍게도 ('모든'에 가까운) 절대다수의 초등학생이 교과서에서 강조하는 수학 개념을 등한시하고 있다. 교과서에는 개념을 알아보자는 학습목표가 버젓이 적혀 있지만, 아이들은 개념을 공부의 대상으로 인식하지 않는다.

예컨대 초등학교 3학년 아이들은 1학기 때 선분, 직선, 반직선을 배운다. 이 수업의 학습목표는 '선분, 반직선, 직선의 의미를 알고 표현해 봅시다'이다. 이 수업을 배우고 나면 아이들은 '선분', '직선', '반직선'이 무엇인지 설명할 수 있어야 한다. 하지만 단언컨대 선분, 직선, 반직선을 정확하게 설명할 줄 아는 초등학생은 없다. 고학년 아이들은 물론이고, 어제 선분, 직선, 반직선을 배운 3학년 아이들마저도 전혀 설명을 못한다.

개념학습의 부재는 곧바로 부실학습의 뿌리가 된다. 반직선을 배우고 나면 다음 시간에 각을 배운다. 이 수업의 학습목표는 '반직선을 이용하여 각의 개념을 알고 표현해 봅시다'이다. 이 수업이 끝난 후에 각의 개념을 말할 수 있는 아이가 얼마나 될까? 각의 개념(한 점에서 그은 두 반직선으로 이루어진 도형)을 이해하기 위해서는 전 시간에 배웠던 개념(반직선)을 알고 있어야 한다. 물론 반직선을 기억하는 아이는 없다. 이것이 무엇을 의미할까? 각의 개념을 정확히 이해하고 말할 수 있는 초등학생이 한 명도 없다는 뜻이다. 도저히 믿을 수 없다고? 그렇다면 당신 아이 또는 주변에 아는 3학년 이상의 아이에게 '각'이 뭐냐고 물어보기 바란다(4월 초쯤이면 각을 배웠을 것이다). 아이들은 무슨 답을 내놓을까? 한 가지 예언을 하자면, 당신은 각을 정확히 설명하는 아이를 단 한 명도 만날 수 없을 것이다. 당신의 질문에 아이들은 "뾰족한 거요"라고 답하거나, 손가락으로 V자를 만들어 보일 것이다. 개념학습의 부재가 불러온 비극이다.

부실학습은 다음 학년까지 누적되고 지속된다. 4학년이 되면 1학기 때 각도를 배운다. 각도가 공식적으로 데뷔하는 이 수업의 학습목표는 '각의 크기를 재어 봅시다'이다.* 그런데 교과서에는 각도의 개념을 "각의 크기를 각도라고 합니다"라고 간략히 기술하고 있다. 왜 교과서 집필진은 각도를 단 네 글자(각의 크기)로 적어 놓은 것일까? 4학년 아이들이 반직선과 각의 뜻을 알고 있다는 전제 하에 교과서를 집필했기 때문이다. 3학년 때 배웠던 내용을 4학년 교과서에 다시 설명할 필요는 없지 않은가. 물론 반직선과 각에 대한 아이들의 지식은 백지白紙 수준이다. 결국 아이들은 각도를 부실하게 배울 수밖에 없고, 각도의 정확한 뜻을 모른 채 5학년이 된다.

비단 반직선, 각, 각도만의 문제가 아니다. 개념학습의 부재가 불러온 부실학습의 사례를 열거하자면 책 한 권으로도 부족할 것이다. 절대다수의 초·중·고생들이 교과서에 나오는 수학 개념을 제대로 공부하지 않은 채 다음 학년으로 진급한다. 각角과 비比를 모르는 상태로 중학교에 가서 삼각비를 배우고, 삼각비와 함수를 모른 채 고등학교에 가서 삼각함수를 배운다. 초·중학교 9년 동안 엉터리 공부를 지속한다면 고등학교에 가서 어떤 일이 벌어지게 될까? 수학 지도地圖 여기저기에 구멍이 뻥뻥 뚫려서 수포자로 전락하는 게 당연한 수순 아니겠는가!

연계성이 강한 수학 교과의 특성상 부실학습은 전 학년, 모든 단원에 걸쳐서 동시다발적으로 진행되고 있다. 절대다수의 초등학생이 개념학습의 부재와 망각의 악순환에 빠진 채 초등 6년을 보내고 있다. 6년 동

---

* 좀더 정확한 학습목표는 "각도의 뜻을 알고, 각도의 단위인 도(°)를 알 수 있다"와 "각도기의 사용법을 알고 주어진 각의 크기를 잴 수 있다"이다.

안 지속된 부실학습은 중·고등학교에 가서 수포자로 전락하는 기폭제가 된다.

다행인지 불행인지 초등학생 때까지는 부실학습이 잘 드러나지 않는다. 배우는 내용도 쉽고, 시험 문제도 쉽게 출제되기 때문이다. 그러다가 중학생이 되면 부실학습의 실체가 드러나기 시작한다. 그 결과 수포자의 비율이 14퍼센트에서 56퍼센트로 폭증한다. 부모들은 미처 알아차리지 못했지만, 반직선과 각을 몰랐던 초등학교 3학년 때부터 또는 그 이전부터 아이는 수포자의 늪에 빠져들고 있었던 것이다.

물론 수포자로 전락하는 원인을 전적으로 아이들 탓으로 돌려서는 안 될 것이다. 우선 수학이라는 과목 자체가 내용이 방대하고 난해하다. 교육제도에도 맹점이 있고, 공교육이 제 역할을 못하는 면도 있다. 이런 거시적이고 통제 불가한 요인들은 논외로 하자. 내가 지적하고 싶은 불편한 진실은, 수포자가 대거 양산되는 현 상황에 대한 부모들의 책임이 적지 않다는 사실이다. 자녀가 학교에서 어떻게 공부하고 있는지 무관심하고, 가정에서의 학습지도에 소홀하고, 사교육과 선행학습에 올인하는 부모들의 패착이 아이들을 수포자로 전락시키는 강력한 촉매로 작용하고 있다. 부정하고 싶겠지만, 부정할 수 없는 진실이다.

고등학생들은 이과 수학을 감당해낼 수 있는가를 문·이과 선택의 중요한 기준으로 삼는다. 수능시험에서 수학 점수가 낮게 나오는 바람에 희망했던 대학, 학과에 원서를 넣지 못하는 일이 비일비재하다. 나 또한 수학 점수가 낮게 나오는 바람에 재수와 삼수에 연달아 참패했다. 수학 때문에 인생이 헝클어져 버린 것이다. 나뿐만 아니라 수많은 이들이 수학 때문에 인생 항로를 변경해야 했다.

수학 때문에 인생이 바뀌는 것은 남들만의 이야기가 아니다. 당신 아이에게 곧 닥쳐올 가혹한 현실이다. 웬수 같은 수학을 어떻게 처리해야 할까? 이는 자녀교육의 성공을 위협하는 심각한 문제가 아닐 수 없다. 어떤 선택을 할 텐가? 학원에 보낼 것인가? 과외를 시킬 것인가? 학습지를 풀게 할 것인가? 알다시피 이 방법들은 효과가 없다. 고등학생의 70퍼센트 이상이 수포자의 길을 걷고 있는 현실이 이를 증명한다. 자녀가 수학을 포기하지 않길 원하는가? 해법은 의외로 단순명료하다.

해법1. 연산력을 기른다.

해법2. 개념을 공부한다.

해법3. 복습을 한다.

독이 되는
선행학습은 백해무익하다

'인생은 BCD다'라는 말이 있다. 태어나서Birth 죽을 때까지Death 하게 되는 선택Choice들이 곧 인생이라는 뜻이다. 이 말에 따르면 현재 당신이 살아가는 모습은 과거의 선택들이 만들어낸 결과물이다. 당신은 한 남자(여자)를 사귀기로 선택했고, 그와의 결혼을 선택했으며, 아이를 낳기로 선택했다. 앞으로도 당신은 인생을 만들어나갈 수많은 선택들을 하게 될 것이고, 그 선택들 중 상당 부분은 아이를 키우는 과정에서 맞닥뜨리게 될 것이다.

자녀가 초등학생이 되면서 당신은 중대한 선택의 기로에 섰다. 수학교육에 관한 선택말이다. 수많은 아이들이 수학이라는 거대한 절벽 앞에 무릎을 꿇고 있다. 당신 아이 또한 언제 포기를 선언하게 될지 모른다. 수학을 포기한다는 것은 대학을 포기한다는 말과 같고, 이는 곧 자녀교육의 실패를 의미한다. 수포자가 넘쳐나는 절체절명의 상황에서 당신은 어떤 선택을 할 것인가? 다른 부모들처럼 선행학습에 승부수를 띄울 것인가? 물론 선택은 당신의 자유다. 하지만 그 선택은 자녀의 인생을 바꿀 중대한 결정이다. 선택에 앞서 좀더 신중해질 필요가 있다.

사람들은 선택의 순간에 직면했을 때 자신이 갖고 있는 준거 지식을 판단의 척도로 삼는다. 준거 지식이 풍부하면 올바른 선택을 할 수 있지만, 준거 지식이 빈약하면 그릇된 선택을 하게 된다. 아는 만큼만 볼 수 있고, 볼 수 있는 만큼만 선택할 수 있다. 즉, 선택의 폭을 넓히려면 지식의 폭을 넓혀야 한다. 그렇다면 당신은 선행학습에 대해서 얼마나 폭넓은 지식을 갖고 있는가? 올바른 판단을 내릴 수 있을 만큼 충분한 지식을 갖고 있는가? 혹, 당신의 경험, 주변 엄마들의 훈수, 풍문과 괴담이 갖고 있는 지식의 전부는 아닌가? 현명한 선택을 하기 위해서는 먼저 선행학습에 대한 폭넓은 지식을 습득할 필요가 있다.

그런데 선행학습에 관한 지식을 수집하다보면 오히려 혼란이 가중된다. 찬반양론이 팽팽히 맞서고 있기 때문이다. 어떤 이들은 선행학습은 부작용이 심각할뿐더러 효과도 없으니 절대로 시키지 말라고 경고한다. 또 다른 이들은 선행학습을 시키지 않는 건 수학을 포기하겠다는 말이나 다름없다고 으름장을 놓는다. 도대체 누구의 말이 맞는 걸까? 여기, 선행학습에 대해서 독설을 퍼붓는 세 사람이 있다. 일단은 그들의 말부터 들어보자.

"단언컨대 수학 선행학습은 부모의 조바심으로 인해 부모의 자기만족을 위해 일방적으로 시키는 공부다. 자기 확신이 있는 아이들, 옆에 있는 아이들이 존경할 정도로 묵묵히 공부하는 아이들은 전부 자기주도형 학습을 해왔다. 그들의 부모는 언제나 아이의 상태를 살폈고, 아이가 해나갈 수 있다는 것을 믿었다."

"학원에 의존해 수학 선행학습을 한 학생은 중학교 내신에선 힘을 쓸지 몰라도 고등학교에 들어가면 한계를 드러낸다. 바닥이 드러나는 고2 때 뒤늦게 대책을 세우려 해도 어려워진다. 문제풀이 위주의 선행학습으로 내신 성적 올리기에만 급급한 공부를 하면 결국 낭패를 본다. 하루에 한 시간이라도 천천히 배운 내용을 되새김질해 보고 충분히 소화해 피와 살이 되는 공부를 할 수 있는 분위기를 조성하는 것이 부모의 할 일이다."

"지나치게 선행학습을 하면 고등학교에 들어가서 고생할 수 있다. 지나친 선행학습을 줄이려면 학부모가 중심을 잘 잡아야 한다. 자녀가 각 단원을 충분히 이해하고 다음 과정으로 넘어가는 공부계획을 잡아 주어야 한다. 수학은 남보다 빨리 아는 게 결코 도움이 되지는 않는다. 선행보다는 얼마나 정확하게 이해하고 있느냐가 중요한 과목이다."

세 사람의 조언을 듣고 무슨 생각을 했는가? '무슨 말인지는 잘 알겠는데, 그래도 나는 선행학습을 시키고 싶다.' 무엇이 당신으로 하여금 선행학습에 대해 그토록 강한 믿음을 갖게 만들었는가? 혹, 당신의 선택에 영향을 준 사람이 옆집 엄마나 동네 학원의 상담실장은 아니었는가? 또는 선행학습을 안 시키면 중·고등학교에 가서 망한다는 괴담에 공포를 느꼈기 때문인가? 나는 당신이 옆집 엄마, 학원 상담실장, 풍문보다 세 사람의 조언을 따르는 게 현명한 선택이라고 생각한다. '내가 왜 일면식도 없는 사람들의 말을 귀담아 들어야 하나?' 그 이유는 이렇다.

첫째, 세 사람은 명문대 출신으로 대학에서 수학을 전공했고,[*] 평생을 수학 교육에 투신했다.

둘째, 세 사람은 대한민국에서 손가락 안에 드는 전국구 스타 강사로, 수십만의 고교생들에게 '수학의 절대지존', '수학의 신성神聖'으로 불리며 최고의 수학선생님으로 추앙받고 있다.

셋째, 세 사람은 이름만 대면 누구나 다 아는 유명학원을 운영하고 있는 학원장들이다.

한마디로 이들은 수학으로 일가를 이룬 대한민국 최고의 수학전문가들이다. 어떤가? 이들의 조언을 따르는 게 현명한 선택이라고 생각되지 않는가?

그런데 이런 말을 들으면 다시 마음이 흔들린다. 서울대생 130명을 대상으로 설문조사를 실시한 결과, 과거에 선행학습을 한 경험이 있다고 답한 비율이 90퍼센트(118명)를 넘었다(교원 교육연구소, 2011). 또한 44퍼센트가 초등학교 때부터 선행학습을 해야 한다고 답했고, 93퍼센트가 고등학교 입학 전에 선행학습을 시작해야 한다고 답했다.[**] 한 서

---

[*] 두 명은 서울대 수학과를 졸업했고, 한 명은 고려대 수학과를 졸업했다.
[**] 서울대생들은 선행학습을 시작해야 할 시기를 중학교(47%), 초등학교 고학년(26%), 초등학교 저학년(18%), 고등학교(7%)순으로 꼽았다

초등 6년이 자녀교육의 전부다

울대생은 이렇게 고백했다.

"솔직히 서울대에 입학한 주변 친구들의 경험을 보아도, 적어도 수학과 영어 성적에 선행학습이 큰 도움이 되었다는 사실을 부인하기 힘들다."

어떤가? 앞선 세 사람의 말을 듣고 선행학습에 물음표를 던졌는데, 서울대생의 말을 들으니 선행학습에 느낌표가 찍히는가? 현실을 냉정히 바라볼 필요가 있다. 그들은 상위 1퍼센트에 속했던 학생들이다. 선행학습은 상위 1퍼센트 학생들에게는 약이 될지 모르지만, 나머지 99퍼센트 학생들에게는 독이 되는 위험한 공부다. 만일 당신 아이가 서울대에 들어갈 만한 실력을 갖고 있다면, 나도 굳이 선행학습을 말릴 생각은 없다. 하지만 당신 아이는 99퍼센트에 속하는 학생이다(확률상 그렇단 말이다). 선행학습에 기웃거릴 것이 아니라 현행학습에 매진해야 한다.

'수많은 서울대생이 선행학습을 했고, 또 권유하고 있다. 선행학습이 무조건 독이 되는 것은 아니지 않은가?' 맞는 말이다. 솔직히 말하면 선행학습이 약이 될 때도 있다. 하지만 그건 매우 이례적인 경우다. 절대다수 아이들에게 선행학습은 독이 되고 있다. 중1 수학을 선행하고 있는 5학년 유민이도 그런 사례 중 하나다. 유민이의 선행학습 방식은 학습지로 기초 연산 문제들을 풀어나가는 식이었다. 이런 식의 선행학습은 독이 된다. 왜 그렇냐고? 연산 문제는 배점도 낮고 대다수가 맞히기 때문에 백날 풀어봤자 성적 향상에 별 도움이 안 된다. 현행학습을 포기하면

서까지 공부할 가치가 없다. 점수와 석차는 제한된 시간 안에 고난도 문제를 얼마나 풀어낼 수 있는가에 따라 좌우된다. 한술 더 떠 유민이는 채점도 안 하고 문제만 풀어재끼고 있었다.

그나저나 유민이는 선행을 해도 되는 실력일까? 5학년 수학 문제집에 있는 단원평가 문제를 풀게 했다. 25문제 중에서 19문제를 맞혔다. 이제 막 진도를 끝낸 단원에서 76점을 받은 아이가 중1 문제를 풀고 있다니. 정말 어처구니없지만 대다수 아이들이 유민이처럼 현재 배우고 있는 내용도 제대로 소화해내지 못하면서 선행학습에 매달리고 있다. 무조건 독이 되는 선행이다.

유민이는 5학년 수학을 공부하지 않았다. 좀더 정확히 말하면 5학년 수학을 공부할 시간이 없었다. 중1 수학 학습지를 풀어야 했기 때문이다. 유민이의 선행학습에서 독소를 제거하려면 현행학습을 병행해야 한다. 그러기 위해서는 수학 공부시간을 현재보다 배 이상으로 늘려야 한다. 공부시간을 늘릴 수 없다면 선행학습을 중단해야 한다. '그럼 서울대생들은 어떻게 선행학습이 가능했나?' 앞에서 언급했듯이 명문대 합격생들은 1만 시간 이상을 공부하는 러닝머신Learning Machine들이다. 눈떠서 잘 때까지 책만 붙잡고 살았던 서울대생들에게 선행학습과 현행학습을 병행하는 것은 그리 어렵지 않은 일이다.

2년 앞선 내용을 선행하는 유민이처럼 대다수 아이들이 하고 있는 선행학습은 속도전이다. 진도빼기에 급급하다 보니, 단순 계산 문제들을 풀고 넘어가는 수박 겉 핥기 식으로 진행된다. 서울대생들이 이런 식으로 선행학습을 했을 거라고 보는가? 무척 순진한 생각이다.

그렇다면 서울대생들은 선행학습을 어떻게 생각하고 있을까? 학습법 전문가 이병훈은 선행학습에 대한 서울대생들의 의견을 조사하여 여섯 가지로 분류하였다.

① 예습의 의미 이상으로 보기 어렵다.

② 반복 학습의 효과를 위한 것이다.

③ 개념 이해 위주의 선행학습이 효과적이다.

④ 생소한 개념을 일단 한번 본다는 의미에서 '익숙함' 정도로서의 학습이다.

⑤ 학교수업에 흥미를 잃을 수 있다.

⑥ 반대로, 학교수업에 흥미를 유발한다.*

이처럼 서울대생들 사이에서도 선행학습에 대한 의견은 분분했다. 하지만 다음 한 가지 사실만큼은 모든 학생들이 공통된 의견을 피력했다(독자들은 이 공통된 의견을 머릿속에 깊이 각인시켜 두기 바란다).

"선행학습 진도의 속도 경쟁에 목을 매지 말라!"

서울대생들은 선행학습을 했고, 선행학습을 해야 한다고 주장한다. 하지만 그들이 권하는 선행학습은 보통 아이들이 하고 있는 선행학습이 아니다. 선행학습이라는 동일한 단어로 표현되고 있지만, 급이 다르다. 유민이를 비롯한 대다수 아이들은 진도 빼기에 급급한 속진 선행에 열을 올린다. 반면 서울대생들은 주마간산 식의 속진 선행 따위는 하지 않

---

* 이병훈 · 장윤정 외(2012), 「서울대 합격생들의 수학 만점 비법」, 이지북.

는다. 그들은 개념 이해를 목적으로 한 '기반다지기 선행'을 하거나 고난도 문제를 심도 있게 탐구하는 '심화 선행'을 한다. 일례로 2012학년도 수능시험에서 만점을 받고 서울대 경영학과에 입학한 K군은 학창 시절에 항상 6개월에서 1년 정도 선행학습을 했었고, 이 선행학습이 큰 도움이 되었다고 고백한다. 선행학습에 아낌없는 찬사를 보내고 있는 그는 일침을 가한다.

"기초가 없는 상태에서의 선행학습은 독이다. 현재 배우고 있는 내용을 완전히 자기 것으로 만들지 못한 상태에서 무리한 선행을 시도하면, 지금 배우는 것과 선행한 것 모두 소화할 수 없게 될 뿐 아니라, 수능에서 4점짜리 고난도 문제를 만나면 맥없이 무너지고 만다.

올바른 수학 공부를 위해 가장 우선해야 할 것은 현재 배우는 교육과정에 대한 이해다. 현재 배우는 교육과정에 대한 이해도가 상당한 수준일 때에만 다음 단계로 넘어갈 수 있다는 뜻이다. 완벽한 심화학습이 갖춰진 후에야 선행학습은 의미를 가질 수 있다."*

수학 공부를 F1_{Formula One World Championship} 자동차 경주로 착각하고 있는 부모들에게 다시 한 번 이 말을 들려주고 싶다.

"선행학습 진도의 속도 경쟁에 목을 매지 말라!"

---

* 김승덕(2012), 「수능 올킬 비법」, 21세기북스.

   초등 6년이 자녀교육의 전부다

'우리애는 수학 실력이 뛰어난데, 선행학습을 시켜도 괜찮지 않을 까?' 나는 말리고 싶다. 실력이 뛰어나도 섣불리 선행학습을 시켜서는 안 된다. 4학년 지환이는 수학에 두각을 나타내는 학생이었다. 아이는 모든 문제를 빠르고 정확하게 풀어냈고, 고난도 문제에서도 막힘이 없었다. 반면 민정이는 그리 어렵지 않은 '분모가 같은 분수의 덧셈'을 전혀 이 해하지 못했다. 나는 민정이를 붙잡고 분수의 덧셈을 한 시간 동안 설명 했으나, 아이는 끝끝내 이해하지 못했다. 결국 민정이는 일주일 동안 엄 마의 설명을 듣고 난 후에야 분수의 덧셈을 이해할 수 있었다.

2년이 흐른 뒤, 6학년이 된 지환이와 민정이를 다시 만났을 때 나는 놀라지 않을 수 없었다. 모든 상황이 역전되어 있었기 때문이다. 지환이 는 수학을 싫어했고, 틀리는 문제도 많아졌다. 반면 민정이는 지환이보 다 더 빠르고 정확하게 문제를 풀었고, 지환이가 틀리는 문제도 척척 맞 혔다. 도대체 2년 동안 두 아이에게 무슨 일이 있었던 걸까? 지환이에 게 물었다.

"지환아, 4학년 때는 수학을 참 잘했는데, 어쩌다가 이렇게 됐니?"

"이게 다 중학교 수학 때문이에요."

"그게 무슨 말이야? 중학교 수학이 왜?"

"엄마가 중학교 수학을 배워야 한다고 하시면서 저를 선행학원에 보 냈어요. 그러다 보니 6학년 수학을 공부할 시간이 없더라고요. 선행학습 내용이 어려워서 자신감도 사라졌고요. 제 실력이 망가진 건 순전히 중 학교 수학 때문이에요."

지환이는 6학년이 되면서 중1 수학을 배우기 시작했다고 한다. 아이는 6학년 수학을 공부하고 싶다고 애원했지만, 엄마는 선행학습을 강요했다. 결국 아이의 수학 실력과 자신감은 추락하고 말았다. 엄마가 선행학습을 선택하지 않았더라면 어땠을까? 지환이의 현재는 지금과 많이 달랐을 것이다. 울분을 토해내는 지환이를 보면서 부모의 선택에 아이의 인생이 달라진다는 말을 실감할 수 있었다. 민정이의 실력이 일취월장할 수 있었던 비결이 궁금한 독자를 위해서 덧붙이자면, 배우는 것이 더뎠던 민정이는 2년 동안 기초와 기본에 충실한 공부를 묵묵히 해냈고, 어느 순간부터 실력이 눈에 띄게 향상되었다고 한다.

'우리애는 매번 95점, 100점을 받아오는데, 선행학습을 시켜도 되지 않을까?' 부모 입장에서는 선행학습에 미련이 생길 법도 하다. 하지만 높은 점수만 믿고 섣불리 선행학습을 시켜서는 안 된다. '점수가 높다=실력이 뛰어나다=선행학습을 시켜야겠다'는 생각은 오판일 가능성이 높다. 초등교사들은 시험 문제를 출제할 때 고난도 문제는 가급적 배제한다. 어려운 문제로 어린 학생들에게 좌절감을 안기고 기를 꺾을 필요가 없기 때문이다. 또한 시험 문제가 어렵게 출제되면 지금보다 사교육 광풍이 더 심하게 몰아칠 것이다. 이런 이유로 초등학교 시험 문제는 대체로 쉽게 출제되고 있다. 그 결과 1, 2학년은 반 평균이 95점 이상이고, 5, 6학년도 90점을 넘기는 경우가 허다하다. 아이가 매번 95점, 100점을 받아오다 보니, 부모들은 자녀의 수학 실력이 뛰어난 줄로 착각한다.

점수로 자녀의 실력을 판단해선 안 된다. 시험지에 적힌 숫자는 진짜 실력이 아니다. 진짜 실력을 알고 싶다면 고난도 문제가 섞여 있는 문제집의 단원평가 문제를 풀게 해보라. 70~80점을 넘기지 못할 것이다. 더 정확한 실력을 측정하고 싶다면 심화문제집을 풀어보게 하라. 30점을 넘기지 못할 것이다. 이 점수가 자녀의 중·고등학교 수학 점수라고 보면 거의 정확하다(고학년으로 올라갈수록 정확도는 높아진다).

자, 선행학습에 대한 당신의 선택은? '여전히 불안하다. 아무래도 선행학습은 시켜야 할 것 같다.' 나는 선행학습에 미련을 못 버리는 당신이 더 불안하다. 함정이 잔뜩 깔린 살얼음판 위로 자녀를 떠밀 생각인가? 자녀의 인생과 무관한 옆집 엄마, 사교육 종사자, 뜬소문에 흔들리지 마라. 명문대생이 선행학습을 했다고 섣불리 따라 해선 안 된다. 그들의 선행학습은 속도 경쟁이 아니었다. 자녀의 수학 실력을 과신해선 안 된다. 선행학습을 해도 될 만큼 뛰어나지 않다. 설령 실력이 뛰어나다고 해도 섣불리 선행학습을 시켜서는 안 된다. 자녀의 수학 실력은 자유 낙하 속도로 추락할 것이다. 시험 때마다 100점을 받아온다고 속아넘어가면 안 된다. 초등학교 시험 문제는 매우 쉽다.

이제 갑론을박의 종지부를 찍자. 선행학습에 미련이 남는 부모들, 선행학습을 염두에 두고 있는 부모들, 선행학습을 맹신하고 있는 부모들은 선행학습을 선택하기에 앞서 이 질문들을 반드시 점검해보기 바란다.

1단계	교과서와 익힘책을 완벽히 공부한다.
	• 자녀가 교과서에 나오는 수학 개념을 완벽히 설명할 줄 아는가? • 자녀가 교과서와 익힘책의 모든 문제를 완벽히 풀 줄 아는가? • Yes라면 2단계로 넘어가자.

↓ YES

2단계	기본문제집의 모든 문제를 완벽히 푼다.
	• 자녀가 기본문제집의 모든 문제를 완벽히 풀 줄 아는가? • Yes라면 3단계로 넘어가자.

↓ YES

3단계	심화문제집의 모든 문제를 완벽히 푼다.
	• 자녀가 심화문제집의 모든 문제를 완벽히 풀 줄 아는가? • Yes라면 4단계로 넘어가자.

↓ YES

4단계	선행학습을 한다.

선행학습에 대한 논쟁은 이렇게 결론짓기로 하자.

"선행학습은 내 아이가 교과서-기본문제집-심화문제집을 완벽하게 공부했을 때 시킨다."

당신이 무엇을 선택하든, 이제 그 선택은 당신 혼자만의 선택이 아니다. 당신이 무언가를 선택하는 순간, 그 선택은 자녀의 선택이 된다. 잊지 말자. 인생은 BCD다. 선택이 곧 인생이다. 당신의 선택이 자녀의 인생을 만들고 있다.

자, 선행학습에 대한 당신의 선택은?

중고등학교에서도 통하는
수학 만점공부법

수학이라는 가파른 절벽 앞에 섰던 부모들. 그들은 학원, 과외, 학습지, 선행학습 등 갖가지 방책들을 시도했다. 하지만 방책들은 효력을 발휘하지 못했고, 그들은 수포자의 길을 걷는 자녀의 모습을 하릴없이 지켜봐야 했다. 절벽을 목전目前에 두고 있는 초등 학부모들은 선배 부모들의 실패가 주는 교훈을 놓치지 말아야 한다.

"기존 방책을 답습한다면
내 아이도 수포자가 된다."

초등 학부모들에겐 아직 기회가 남아 있다. 그 기회를 잡기 위해서는 기존 방책들이 효과가 없다는 사실을 깨달아야 한다. 맹목적인 사교육과 속도 경쟁에 치우친 선행학습은 실패를 부를 뿐이다.

선배 부모들은 왜 실패할 수밖에 없는 방책을 썼던 것일까? 아는 만큼만 보이고, 보이는 만큼만 선택할 수 있기 때문이다. 그들은 몰랐다. 기존 방책이 실패를 불러온다는 사실을 알지 못했다. 성공을 보장하는 다른 방책을 알지 못했다. 정보의 부재로 인하여 그들은 수포자로 전락하는 자녀의 모습을 손놓고 지켜볼 수밖에 없었다.

절벽 앞에 선 당신은 어떤 방책을 시도할 생각인가? 혹 학원, 과외, 선행학습, 학습지가 방책의 전부인가? 그렇다면 당신 또한 그들과 똑같은 광경을 지켜봐야 할 것이다. 기존 방책은 통하지 않는다. 수포자가 넘쳐나는 현실이 그것을 증명한다. 그들은 몰랐기 때문에 실패했다. 운 좋게도 당신은 몰라서 실패하는 비극은 겪지 않을 것이다. 왜냐하면 기존 방책은 효과가 없다는 사실을 알게 되었고, 이제부터 '8단계 수학 공부법'이라는 필승의 비책을 전수받게 될 것이기 때문이다. 이 비책은 명문대생의 수학 공부 비법, 현직 교사의 지도 경험, 자기주도학습 코칭을 통해 축적한 노하우를 집대성하여 개발했다. 또한 이 비책을 몇몇 학생들에게 전수한 결과, (8단계를 모두 하지 않고 일부만 했음에도 불구하고) 실력과 성적이 급상승하는 효과를 보였다. 광고는 이쯤하기로 하고, 이제 그 비책을 전수하겠다.

STEP 1. 교과서 읽기

가장 먼저 해야 할 공부는 단연 교과서 읽기다. '수학 교과서는 읽을 만한 게 없던데, 도대체 뭘 읽으란 말인가?' 그렇다. 초등학교 수학 교과서는 설명이 간결해서 읽을거리가 별로 없다. 하지만 자녀의 수학 실력을 높이고자 한다면 교과서를 허투루 공부하게 해선 안 된다. 그날 배운 교과서 내용을 한 글자도 빠뜨리지 말고 읽게 해야 한다. 개념은 두말할 것도 없고, 학습활동까지도 꼼꼼히 읽혀야 한다. '굳이 학습활동까지 읽혀야 하나?' 읽혀야 한다. 활동들 속에 개념이 녹아 들어있고, 활동들을 바탕으로 개념을 이끌어내기 때문이다. 이해를 돕기 위해서 3학년 1학

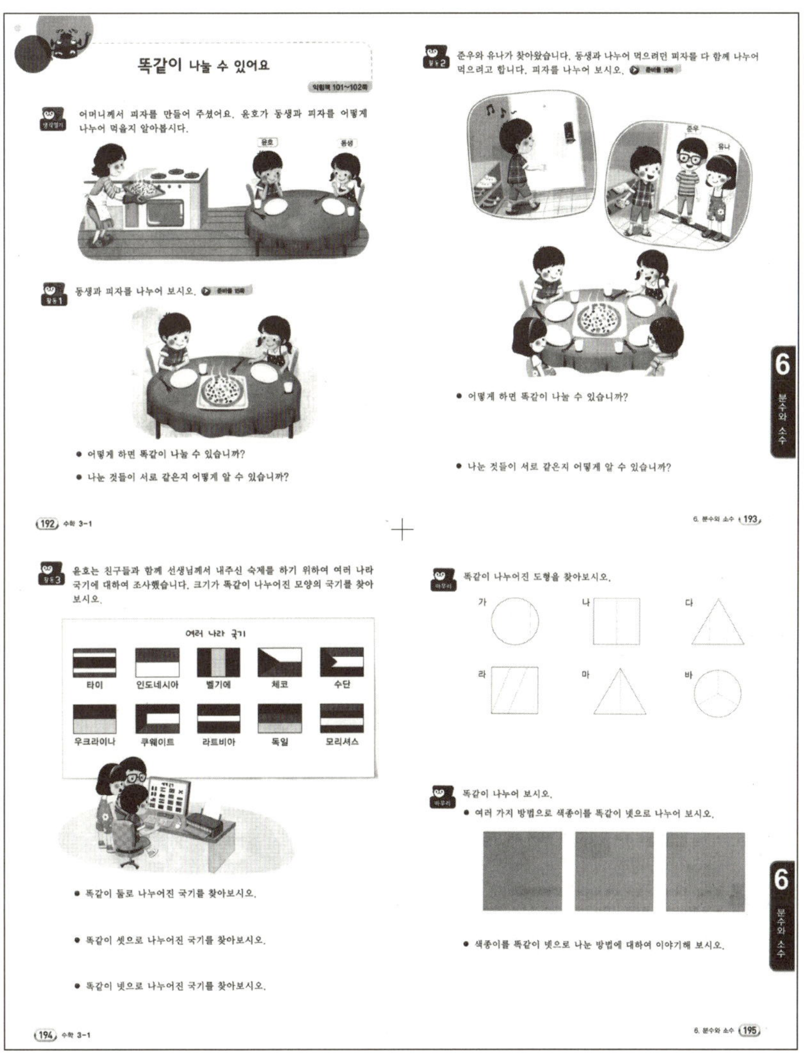

기 「분수와 소수」 단원을 예로 설명하겠다.

분수는 총 7차시에 걸쳐서 배운다. 그림 Ⅲ-1은 1차시에 배우는 교과서의 내용이다. 한번 죽 훑어보자. 보다시피 교과서 어디에도 무언가를 설명하는 글은 없다. 그저 활동을 안내하고 지시하는 글만 가득 적혀 있다. 교과서에는 이런 식으로 활동과 문제만 나오는 차시들이 적지 않다. '교과서에 설명이 없는데, 무엇을 읽힌단 말인가? 활동과 문제를 읽히란 말인가?' 그렇다.

교과서의 활동들을 보면 '나누라'는 말이 반복해서 등장한다. 몇 번이나 나오는지 세어보자. 무려, 열여덟 번이 나온다. 보다시피 활동들이 하나같이 어떤 대상을 똑같이 나눌 것을 요구하고 있다. 다음 시간(2차시)의 학습목표는 '전체와 부분의 크기를 알 수 있어요'이다. 이 차시 역시 설명은 나오지 않는다. 수업시간 내내 전체와 부분의 크기를 비교하는 활동만 한다. 단원명은 '분수'인데, 1, 2차시까지 분수라는 단어는 그림자도 보이지 않는다. 분수는 3차시가 돼서야 비로소 등장한다. 왜 첫 시간부터 분수를 배우지 않고, 두 차시 동안 똑같이 나누는 활동과 전체와 부분의 크기를 비교하는 활동을 시켰던 것일까?

분수 개념(전체를 똑같이 나눈 것 중의 일부)을 이해시키기 위해서다. 두 차시 동안 분수라는 단어는 언급되지 않았지만, 활동들 속에 이미 분수 개념이 녹아들어 있었던 것이다. 이처럼 교과서의 활동들은 개념의 이해를 돕고, 개념을 이끌어내기 위해서 제시된다. 그러므로 교과서를 읽을 때는 무턱대고 읽을 것이 아니라 이런 생각을 하면서 읽어야 한다.

'활동들이 계속 무언가를 똑같이 나누라고 하네. 왜 똑같이 나누는 활

 초등 6년이 자녀교육의 전부다

동들이 계속 나오는 거지? 어? 이번에는 활동들이 전체와 부분의 크기를 비교하라고 하네. 왜 전체와 부분을 비교하는 걸까? 아, 전체를 똑같이 나눈 것 중의 일부를 '분수'라고 하는구나! 그래서 똑같이 나누고, 전체와 부분을 비교하게 했던 거구나!'

이런 식으로 교과서 활동들이 왜 제시되어 있는지, 활동들을 시키는 목적이 무엇인지, 활동들 속에 어떤 개념이 녹아들어 있는지를 음미하면서 읽어야 한다.

아마도 당신 아이는 수학 교과서를 읽지 않을 것이다. 아이한테 뭐라고 할 건 아니다. 당연한 반응이다. 교과서 읽기는 공부 중에서도 가장 따분한 공부다. 아이들이 괜스레 교과서를 멀리하는 게 아니다. 그대로 두면 아이는 일 년에 한 번도 교과서를 펼쳐보지 않는다. 당신의 꼼꼼한 관리가 절실하다. '잘 알겠는데, 관리는 어떻게 하는 것인가?' 간단하다. 그날 배운 교과서를 3번 이상 읽게 하면 된다. 읽을거리가 없는 연산 단원은 계산 방법이 설명된 부분을 베껴 쓰게 하고, 도형 단원은 작도를 하게 하라.

교과서를 읽게 하는 것은 복습의 목적도 있지만, 교과서를 읽는 습관을 길러주기 위한 목적도 있다. 설명이 드문드문 나오는 초등학교 수학 교과서와 달리 중·고등학교 수학 교과서는 설명이 폭포수처럼 쉴 없이 쏟아진다. 초등학교 시절에 교과서를 정독하는 습관을 들이지 않으면 중·고등학교에 가서도 교과서를 읽지 않게 된다. 실제로 수많은 중·고등학생이 수업시간 외에는 교과서를 펼쳐보지 않고 있다. 중·고등학교에 가서 교과서를 멀리한다면 수학을 잘할 수 없다.

교과서 읽기는 그리 오랜 시간이 소요되지 않는다. 다만 무척 지루할 뿐이다. 때문에 자녀가 거부 반응을 보일 수도 있다. 이 초반 위기만 잘 넘겨라. 거부감은 차츰 잦아든다. 아이가 거부한다고 또는 시시해 보인다고 STEP 1을 건너뛰면 안 된다. 초등학생 때 공부습관은 중·고등학교까지 이어진다. 초등학교 시절에 교과서 읽는 습관을 반드시 길러 주어야 한다.

길게 설명했지만, 한 문장으로 요약하면 "교과서를 철저히 읽혀라"다. 이견의 여지가 없는 지당한 말이다. 그런데 한 가지 걸리는 게 있다. 당신 아이가 활동들 속에 숨어있는 개념을 찾아낼 수 있을까? 솔직히 말하면, 두뇌에 천지개벽이 일어나지 않는 한 불가능할 것 같다. '불가능하다면 이런 이야기를 뭣하러 하나?'

당신이 약간(?)의 수고를 들인다면 가능해지기 때문이다. 평범한 자녀에게 비범한 수학적 안목과 사고력을 심어줄 수 있는 비법은, 부모가 비범한 수학적 안목과 지도력을 갖추는 것이다. '말이야 쉽지, 수학과 담쌓고 지낸지가 이십 년이 넘었는데, 그게 가당한 일인가?' 물론 말처럼 쉽진 않다. 그렇다고 전혀 방법이 없는 것도 아니다. 비범한 수학적 안목과 지도력을 갖출 수 있는 비법이 있다. 교사용 지도서를 읽고 연구하면 된다.* '내가 교사도 아닌데, 왜 교사용 지도서를 읽어야 한단 말인가?'

교사용 지도서에는 자녀의 수학지도에 필요한 알찬 정보들이 가득 담겨있다. 지도서에는 차시별 지도방법, 초등수학 교육과정, 수학 지도

---

* 교사용 지도서는 '천재교육 쇼핑몰'에서 구입할 수 있다. 가격은 2,500원에서 6,000원 사이다.

     초등 6년이 자녀교육의 전부다

방법론, 교과서 활용법, 학년별 학습내용의 위계, 수학교육 이론 등이 상세히 설명되어 있다. 이런 고급 정보들은 어떤 자녀교육서에도 나오지 않는다. 오직 교사용 지도서에서만 접할 수 있다. 교사용 지도서만 잘 숙지한다면 자녀의 수학지도에 필요한 안목과 지도력을 갖추는 데 부족함이 없을 것이다.

예컨대 3학년인 당신 아이가 곱셈을 어려워하고, 자꾸만 문제를 틀린다고 하자. 어떻게 할 것인가? 학교 진도는 거침없이 나가고 있고, 아이는 부진의 늪에 빠져들고 있다. 학교, 학원, 과외, 학습지에 의지할 것인가? 이 방책들은 해결책이 될 수 없다. 즉각적이고 근본적인 해결책은 어떤 부분에서 이해가 부족하고 어떤 부분에서 계산 실수가 나는지 찾아내서, 그 오류를 즉시 수정해 주는 것이다. 오늘 안에 이 방책을 쓰지 않는다면, 당신 아이는 다음 수업시간부터 멀뚱멀뚱 앉아 있어야 한다. 단원이 끝날 때까지 방책을 쓰지 않는다면, 당신 아이는 곱셈을 못한다. 이건 책 속의 가상 상황이 아니다. 대한민국의 모든 교실에서 일상적으로 벌어지고 있는 실제 상황이다. 많은 아이들이 오류 수정을 즉시 받지 못해서 부진의 늪에 빠져들고 있다.

자녀의 오류를 즉시 바로잡아 줄 수 있는 사람은 오직 부모밖에 없다.* 그날그날 자녀의 학습 상태를 점검하고, 오류가 발견되는 즉시 아

---

* 교사가 오류 수정을 해줄 수 있다면 오죽 좋겠는가마는, 자녀의 담임이 오류를 수정해주는 일은 현실적으로 불가능하다. 왜냐하면 오류를 수정해주는 일은 상당한 시간과 에너지가 소비되는 작업이기 때문이다. 학생 개개인의 오류를 수정해주는 일은 학생 전체를 대상으로 가르치는 일보다 수십 배의 노고가 든다. 교사 한 사람이 수많은 학생들의 오류를 일일이 수정해주는 일은 불가하다. 자녀의 담임에게 오류 수정을 기대하다가는 낭패를 본다. 학원 강사도 사정은 마찬가지다. 학교와 학원을 믿지 마라. 부모가 나서서 직접 챙기는 것밖에 답이 없다.

이를 옆에 끼고 가르쳐야 한다. 이때 당신에게 필요한 책이 교사용 지도 서다. 지도서를 펼쳐서 '단원 배경지식'을 보라. ① 곱셈 계산 지도 방법 (구성주의적 접근과 행동주의적 접근), ② 가로로 계산하기와 세로로 계 산하기에 관한 설명이 아주 잘 나와 있다. 또한 단원의 각 차시마다 지도 상 유의점과 주안점이 상세히 설명되어 있다. 교사용 지도서를 잘만 활 용한다면 당신은 핵심을 짚어가면서 자녀에게 곱셈을 지도할 수 있다.

사교육을 시키는 부모는 많다. 학습지, 문제집을 풀게 하는 부모도 많 다. 모두가 그렇게 아이를 키운다. 반면 교사용 지도서를 읽어가면서 자 녀에게 수학을 지도하는 부모는 거의 없다. 그렇기에 당신이 교사용 지 도서를 구입하는 순간, 성공 신화는 이미 시작된 것이나 다름없다. 어떤 부모도 하지 않았던 것을 시도하기 때문이다. 수학 교과서 속에 녹아 있 는 개념과 원리를 짚어가면서 공부시킬 수 있는 학원강사나 과외교사는 드물다. 초등수학 교육과정을 꿰뚫고 있고, 차시별 지도 주안점을 속속 들이 알고 있는 이는 더더욱 드물다. 하지만 교사용 지도서를 읽어본 당 신이라면 가능하다. 당신이 교사용 지도서를 읽고 연구한다면 어떤 사람 보다도 자녀의 수학지도에 탁월한 역량을 발휘할 수 있다.

70~80퍼센트의 고등학생이 수포자로 전락하고 있다. 당신의 아이 가 이 확률에 포함되지 않길 바라는가? 다시 말해서 남다른 결과를 원 하고 있는가? 그렇다면 남다른 시도를 해야 한다. 오늘 당장 교사용 지 도서를 구입하라.

   초등 6년이 자녀교육의 전부다

내신이든 수능이든 변별과 선발을 목적으로 하는 시험은 고난도 문제를 출제할 수밖에 없다. 고난도 문제에서 점수가 갈리고, 고난도 문제를 얼마나 맞혔는가에 따라 석차와 등급이 결정되기 때문이다. 결국 공부의 승패는 제한된 시간 안에 고난도 문제들을 얼마나 풀 수 있는가에 달린 것이다. 그렇다면 고난도 문제를 막힘없이 풀어내기 위해서는 어떻게 공부를 해야 할까?

선행학습을 하거나, 문제를 많이 푼다고 해서 고난도 문제를 능숙하게 풀 수 있는 것은 아니다. 고난도 문제를 풀어내기 위해서는 공식을 암기하고, 문제 유형과 풀이 방법을 익혀야 하겠지만, 무엇보다도 개념에 대한 충분한 이해가 뒷받침되어야 한다. 개념만 제대로 알고 있다면 고난도 문제는 의외로 쉽게 풀린다. 실제로 필자가 중학교 1학년 심화문제집에 나오는 '함수' 단원의 고난도 문제들을 분석해본 결과, 놀랍게도 함수 개념 하나로 모든 고난도 문제가 풀렸다.

탄탄한 개념 이해가 고난도 문제를 풀어낼 수 있는 열쇠가 된다는 말은 비단 필자만의 주장이 아니다. 이는 수학전문가들의 공통된 주장이기도 하다. 대한민국에서 최고의 실력을 인정받고 있는 수학 강사들의 말을 들어보자.

"개념을 이해한 학생은 얼마든지 스스로 문제를 풀이할 수 있다. 문제를 읽고 풀지 못하면 다시 문제를 읽어 봐야 한다. 문제에는 풀이를 위한 힌트가 숨어 있다. 어떤 개념을 묻는지를 알고 힌트를 찾아낸다면 풀지 못할 문제는 없다."   / 소순영

"수학 공부의 핵심은 개념이다. 학년에 따라 내용의 심화 정도에 차이가 있을 뿐 개념이 가장 기초적이고 문제를 푸는 결정적인 실마리를 제공하는 것은 동일하다."   / 심주석

"어떻게 해야 수학을 잘할 수 있을까? 사고력 배양이 우선이다. 수학적 사고력을 배양하기 위해선 가장 먼저 개념을 정확하게 이해해야 한다."

/ 남언우

"심화문제에 익숙해지기 위해서 학생들은 한 줄짜리 공식을 보고도 왜 이 개념이 추출되었는지 추론할 수 있어야 하며, 그 개념이 실생활에서 현실적으로 어떻게 이용되었는지 알아야 한다. 또한 틀린 개념에 대해 그것이 왜 틀렸는지 증명할 수 있는 수준이 되어야 한다. 이 정도 수준이 된다면 심화문제도 별 어려움 없이 풀 수 있는 실력을 갖춘 것이다."

/ 한석원

이들 외에도 개념을 강조하는 전문가들은 수를 헤아릴 수 없을 정도로 많다. 수학에서 개념이 중요하다는 사실은 재삼 언급할 필요가 없는 진리로 받아들이기로 하자.

모든 전문가들이 개념의 중요성을 역설하고 있지만, 안타깝게도 당신 아이를 포함한 절대다수의 학생들은 이 진리를 전혀 따르지 않고 있다. 초등수학은 개념을 몰라도 문제를 풀고 맞히는 데 아무런 지장이 없다. 설상가상으로 교과서의 설명도 부실하다. 그 결과 아이들은 초등 6년 동안 개념을 철저히 외면한 채 선행학습과 문제풀이에 치중한다. 개

넘에 대한 무관심은 중·고등학교까지 이어진다. 하지만 초등학생 때처럼 개념을 등한시했다가는 고등학교에 가서 처절하고 철저하게 깨진다. 고교수학은 개념들이 소낙비 내리듯 쏟아지기 때문이다. 개념을 몰라도 풀 수 있는 문제는 쉽고 단순한 문제들뿐이다. 쉬운 문제들만 맞힌다면 30~40점을 넘길 수 없다. 수포자로 전락하는 것이다. 자녀가 수포자의 대열에 합류하는 불상사를 막고 싶다면 초등학교 시절부터 개념을 철저히 공부시켜야 한다. '철저히라 함은 어느 정도를 말하는 것인가?'

개념을 보는 즉시 술술 말할 수 있는 수준이다. 예컨대, '각角'을 보자마자 '한 점에서 그은 두 반직선으로 이루어진 도형'이라는 말이 자동으로 튀어나와야 한다. 이 정도 경지에 도달하면 수학의 신세계가 펼쳐진다. 하지만 현실은? 개념을 보는 즉시 그 뜻을 읊는 학생을 나는 지금까지 본 적이 없다.

아이들은 왜 개념에 무지無知한 것일까? 두 가지 원인이 있다. 첫 번째는, 교과서의 설명이 부실하기 때문이다. 예컨대 초등학교 6학년 때 처음으로 등장하는 '비比'는 중·고등학교 수학에서도 중요하게 다뤄지는 개념이다. 비의 개념이 등장하는 교과서 본문은 그림 Ⅲ-2와 같다.

나는 이런 의문이 든다. 이 수업이 끝난 후에 비가 무엇인지 말할 수 있는 아이가 과연 몇이나 될까? 내 생각에는 한 명도 없을 것 같다. 대개 개념을 설명하는 문장은 "무엇이란 무엇이다"의 형식을 취하기 마련이다. 비 개념을 설명하고 있는 교과서 문장을 보자.

"7:1은 7이 1을 기준으로 몇 배인지를 나타내는 비입니다."

단언컨대, 이 해괴한 문장에서 비의 개념을 뽑아낼 수 있는 아이는 없

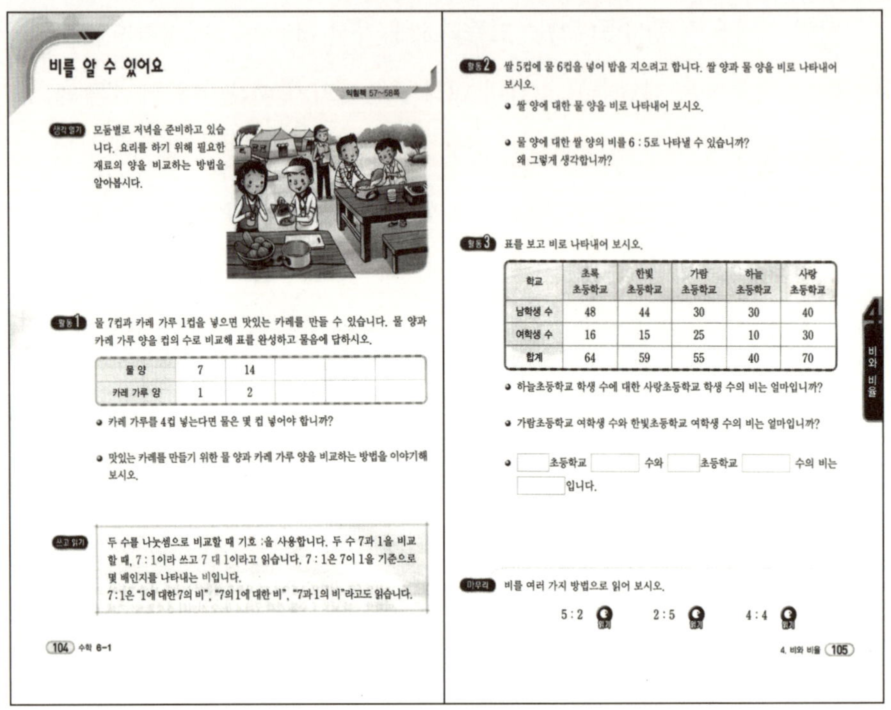

다. 비만 그런 게 아니다. 교과서에 나오는 개념들 중 상당수가 설명이 애매하다. 예컨대 3학년 때 배우는 직각은 교과서에 이렇게 설명되어 있다.

"종이를 반듯하게 두 번 접었다 펼쳤을 때 생기는 각."

엄밀히 따지면 이것은 개념이 아니다. 직각의 수학적 정의는 '두 직선이 만나서 이루는 90°의 각'이다. 그렇다면 교과서에는 왜 직각이 괴상하게 설명되어 있을까? 이유는 직각 개념 속에 들어 있는 90°(각도) 때문이다. 직각은 3학년 때 배우지만, 각도는 4학년 때 배운다. 이 때문에 3학년 아이들은 90°가 삭제된 해괴한 설명으로 직각 개념을 배운다. 문

232

제는, 직각 개념이 3학년 이후로 두 번 다시 나오지 않는다는 것이다. 결국 아이들은 직각의 정확한 뜻을 배우지 못한 채 초등학교를 졸업한다.

지금 당장 교과서의 부실함을 해결할 수 있는 방법은 없다. 임시방편으로 부실함을 보완해줄 부교재를 활용해야 한다.[*] 가장 훌륭한 부교재는 교사용 지도서이다. 예컨대 지도서의 '단원 배경 지식'에는 비의 개념이 시중에 나와 있는 어떤 책보다도 상세히 설명되어 있다. 지도서에 나와 있는 비 개념을 몇 가지 소개하면 다음과 같다.

① 두 수를 비교할 때 사용하는 개념이다.

② a, b를 두 개의 수 또는 같은 종류의 양이라 할 때, a가 b의 몇 배인가라는 것을 a와 b의 비라고 하며, a:b로 나타낸다.

③ 어떤 두 개의 수 또는 양을 서로 비교하여 몇 배인가를 나타내는 관계. a:b의 형태로 표시한다.

아이들 수준에 맞는 부교재(수학 관련 도서)에서는 비를 다음과 같이 설명하고 있다.

"두 양 중에서 기준을 정하여 상대적인 크기를 비교하는 것."

"둘 이상의 수나 양을 비교하는 것."

"두 수의 양을 기호 : 을 사용하여 나타내는 것."

---

[*] 여기서 부교재라 함은 수학 관련 도서를 말한다. 가장 훌륭한 부교재는 단연 교사용 지도서다. 당신이 지도서를 연구하여 부족한 개념을 보충 설명해준다면 더할 나위 없이 좋다. 자녀에게 읽힐 만한 부교재로는 「수학자가 들려주는 수학 이야기」라는 책을 추천한다. 총 88권이라서 가격이 좀 비싸다. 하지만 초등수학뿐만 아니라 고등수학까지 나오기 때문에 한번 구입해두면 고등학교 때까지 활용할 수 있다. 단, 고등학교 수학까지 다루다보니 초등학생 수준에서 이해하기 어려운 내용도 적잖게 나온다.

국어사전도 찾아보자. 다음사전에는 비를 이렇게 설명하고 있다.

"어떤 두 개의 수 또는 양을 서로 비교하여 하나가 다른 하나의 몇 배인가를 보이는 관계."

한자 뜻은 견줄 '비比'다.

혹시 눈치 챘는가? 비를 설명하는 문장들 속에 어김없이 '비교'라는 단어가 등장한다는 사실 말이다. 그렇다면 비를 한 마디로 정의하면 뭐라고 말할 수 있을까? 그렇다. 비는 '비교하기'다.* 이 간단하면서도 쉬운 개념을 어떤 아이도 제대로 설명하지 못한다. 3차시에 걸쳐서 비를 배웠는데도 말이다.** 수많은 아이들이 비가 '비교하기'라는 사실을 모른 채 중학생이 된다. 교과서의 부실함과 개념학습의 부재가 맞물려 빚어낸 비극이다.

개념을 확실히 알고 난 후에 교과서를 보면 이전에는 보이지 않았던 것들이 보이기 시작한다. 모든(2~4) 차시의 활동들이 두 수를 '비교'할 것을 요구하고 있다는 사실이 보이기 시작하는 것이다. 2차시는 야영에 참가한 여학생 수와 남학생 수를 비교하고, 준이와 동생의 나이를 비교하는 활동이 제시되어 있다. 3차시는 모둠 수에 따른 남학생 수와 여학생 수를 비교하고, 학생 수와 손전등 수를 비교하는 활동이 제시되어 있다. 4차시는 물 양과 카레 가루 양을 컵의 수로 비교하는 활동이 제시되어 있다. 익힘

---

* 교과서의 설명에도 '비교'라는 단어는 수시로 나온다. 하지만 '비교'라는 단어에 방점을 찍을 수 있는 아이는 없다.

** 아이들은 비의 개념이 등장하는 수업(4차시)을 배우기 전에 "두 수를 비교할 수 있어요"라는 학습목표로 두 시간(2, 3차시)에 걸쳐서 비를 배운다.

책에 나오는 문제들 또한 하나같이 두 수를 비교하라고 요구하고 있다.

비 개념을 제대로 공부해두면 6학년 때 배우는 비례식, 연비, 원주율, 확률을 보다 쉽고 깊이 있게 이해할 수 있다. 또한 비 개념은 중·고등학교 때 배우는 비례식, 확률, 도형의 닮음, 함수의 기울기^{변화율}, 삼각비, 등비수열, 무한등비급수를 이해하는 기초가 된다. 이렇듯 중·고등학교 수학은 초등학교 수학에 그 뿌리를 두고 있다. 중·고등학교에 가서 수학을 잘하기 위해서는 초등학교 때 배우는 수학 개념을 충실히 이해하고 암기해야 한다.

책과 사전은 지식의 금광이다. 이 금광을 잘 활용한다면 교과서의 부실함은 충분히 극복할 수 있다. 하지만 나는 이런 걱정이 앞선다. 교과서도 읽지 않는 당신 아이가 과연 책과 사전을 들춰볼까? 금을 캐내지 않으면 금광은 한낱 산에 불과하다. 금광은 금을 캐낼 때 비로소 가치를 갖는다. 지식의 금광 또한 들춰보고 연구할 때만 가치를 갖는다. 자녀가 개념을 궁금해하지 않고, 개념을 알아내기 위한 노력을 하지 않는다면 부교재와 사전은 무용지물이다. '우리애가 부교재과 사전을 지식의 금광으로 활용하게 만드는 방법이 없을까?' 어렵게 생각할 것 없다. 지식의 금광을 활용할 기회를 만들어 주면 된다. '어떻게?' 개념 정리를 과제로 내주고, 개념의 뜻을 수시로 물어보면 된다.

아이들이 개념에 무지^{無知}한 또 다른 원인은, 복습과 암기를 전혀 하지 않기 때문이다. 나는 수학시간마다 학생들에게 개념의 뜻을 묻고 또

묻는다. 또한 개념을 수차례 읽게 하고, 쓰게 하고, 짝에게 설명하게 하고, 암송시킨다. 이런 노력에도 불구하고 단원 마지막 시간에 개념을 물으면 제대로 답하는 아이가 거의 없다. 참으로 허망한 일이다. 나와 아이들은 2주 동안 도대체 뭘 했던 걸까? 아이들의 머릿속에서 개념이 증발해버린 이유가 뭘까?

원인은 복습의 부재에 있다. 수업시간에 개념을 배우는 시간은 고작 몇 분에 불과하다. 게다가 개념을 설명하는 글은 일상 언어와 사뭇 다르다. 아이들은 '한 점에서 그은 두 반직선으로 이루어진 도형'과 같은 딱딱하고 추상적인 문장을 일상생활에서 사용하지 않는다. 더욱이 이 생소한 문장은 머릿속에 찰싹 달라붙지 않는다. 엎친 데 덮친 격으로 머릿속에 담긴 지식은 휘발성이 강해서 시간이 조금만 지나도 다 증발해버린다. 오죽했으면 아이큐 200이 넘는 천재도 기억력의 한계를 자책하며 복습에 매달렸겠는가. 수없이 반복하고 또 반복하는 것 말고는 방법이 없다.

'딱딱하고 생소하고 추상적인 수학 개념을 어떻게 암기시켜야 하나?' 고민에 빠진 부모들을 위해서 효과적인 암기법 두 가지를 소개한다. 첫 번째는, 카드에 적어서 암기하는 방법이다(모든 과목에 활용 가능하다). 카드를 만드는 방법은 간단하다. 먼저, 두꺼운 종이를 직사각형으로 자른다. 크기는 자녀가 손에 쥘 수 있는 정도면 적당하다. 다음으로 암기할 개념을 카드에 적는다. 표 Ⅲ-5와 같이 카드의 앞면에는 단어를 적고, 뒷면에는 뜻을 적는다. 이제 이 카드를 휴대하고 다니면서 시시때때로 읽고 암기한다.

<table>
<tr><td>각</td><td>뿔 각(角)

한 점에서 그은 두 반직선으로
이루어진 도형</td></tr>
<tr><td>| 앞면 |</td><td>| 뒷면 |</td></tr>
</table>

'방법은 좋은 듯한데, 우리애는 카드를 들고 다니면서 암기를 할 애가 아니다.' 당신 아이만 그런 게 아니다. 아이들은 부모가 시키지 않으면 공부를 하지 않는다. 월급을 받고도 시키지 않으면 일하지 않는 어른들이 태반이다. 당신 아이는 월급도 받지 않고 무보수로 공부한다. 게다가 초등학교에 다니는 어린 아이다. 당신 아이가 알아서 스스로 공부할 거라는 기대는 버려라. 그런 기대는 화분의 꽃이 자생自生하길 바라는 망상과 같다. 꽃을 피우려면 물을 주어야 하듯이, 지식의 꽃을 피우려면 자녀에게 과제를 제시해야 한다. 카드 암기를 그날 과제로 주고, 저녁이 되면 검사하라. 검사 방법은 화분에 물을 주는 것만큼이나 간단하다. 당신이 카드 앞면을 보여주면 자녀가 뒷면에 적힌 뜻을 말하면 된다.

두 번째는, 개념을 한 단어로 정의한 후에 살을 붙여가면서 암기하는 방법이다. 그러니까 '각=도형', '방정식=등식'처럼 개념을 하나의 핵심 단어로 정의한 후에 추가 설명을 붙여가면서 암기하는 것이다. 이를테면 '각'은 이런 식으로 암기한다.

1) 각이란… 도형, 2) 어떤 도형… 두 반직선으로 이루어진, 3) 어떤

두 반직선… 한 점에서 그은.

방정식*으로 다시 한 번 연습해보자.

1) 방정식이란… 등식, 2) 어떤 등식… 참이 되기도 하고 거짓이 되기도 하는, 3) 참·거짓은 어떻게 구분하나… x값에 따라.

함수로 한번 더 복습해보자. 중1 수학 교과서에는 함수가 이렇게 설명되어 있다.

"두 변수 x, y에 대하여 x의 값이 하나 정해지면 그에 따라 y의 값이 오직 하나씩 대응하는 관계가 있을 때, y는 x의 함수라고 한다."

지금 읽어봐도 여전히 복잡하고 난해하다. 두 변수 x, y에 대하여 x값이 하나 정해지면…… 이 정도쯤 읽으면, 아이들은 정신이 혼미해진다. 그리고는 '에라, 모르겠다'를 외치며 그냥 넘어간다. 아이들은 불과 몇 달 전까지만 해도 단순 명료한 초등학교 교과서로 공부를 했었다. 초등학교를 갓 졸업한 아이들에게 중학교 교과서는 상당히 난해하다. 하지만 핵심 단어에다 설명을 붙여나가면 그리 어렵지 않다. 이렇게 말이다.

"함수란?… 대응 관계."

"어떤 대응 관계?… 오직 하나씩 (대응하는 관계)."

"어떻게 대응하는데?… x값이 하나 정해지면 그에 따라 y값이 (오직 하나씩 대응하는 관계)."

"그럼 x, y는 뭔데?… 변수."

다시 한 번 함수 개념을 읽어보자.

---

* x값에 따라 참이 되기도 하고 거짓이 되기도 하는 등식

"두 변수 x, y에 대하여 x의 값이 하나 정해지면 그에 따라 y의 값이 오직 하나씩 대응하는 관계가 있을 때, y는 x의 함수라고 한다."

어떤가, 개념이 좀더 쉽게 다가오지 않는가? 나는 학생들에게 이런 식으로 개념을 암기시키곤 하는데, 무작정 외우게 했을 때보다 아이들은 개념을 더 쉽게 외웠고, 더 오래 기억해냈다. 수학뿐만 아니라 국어, 사회, 과학에서도 동일한 효과를 봤다. 당신도 한번 시도해보기 바란다. 효과를 볼 수 있을 것이다.

수학은 개념에서 시작해서 개념으로 끝나는 학문이다. 모든 수학 문제는 개념을 바탕으로 출제된다. 공부의 승패를 판가름 짓는 고난도 문제 또한 개념을 바탕으로 만들어진다. 그러므로 자녀의 수학 실력을 키우고 고난도 문제를 풀어내기 위해서는 교과서에 나오는 개념들을 애국가 1절 부르듯 완벽히 암기시켜야 한다. 애매한 개념들도 교사용 지도서, 부교재, 사전 등을 참고해서 한 문장으로 정리한 후에 완벽히 암기시켜야 한다. 교과서에 나오는 모든 개념을 거침없이 말할 수 있는 상태로 초등학교를 졸업시켜야 한다.

'교과서에 나오는 모든 개념을 한 문장으로 정리하는 게 가능한가?' 물론, 가능하다. 나도 정리해서 암기하고 있다. 당신 아이도 충분히 할 수 있고, 그렇게 해야 한다. 덧붙이자면 자녀의 현재 학년에 나오는 개념들뿐만 아니라 이전 학년에 배웠던 개념들까지도 소급해서 암기시켜야 한다. 예컨대 자녀가 5학년이라면 1~4학년 때 배웠던 개념들도 암기시켜야 한다. 다행히 초등학교 수학 교과서에 나오는 개념은 생각보다 많지 않다.

학창 시절에 나는 미적분 문제를 수도 없이 풀어댔지만 미적분이 무엇인지 몰랐다. 당신 또한 미적분을 알지 못했을 것이다. 세월이 지나서 잊어버린 거라고 변명하지는 말자. 우리는 고교시절에 미적분이 무엇인지 고민하지 않았고, 그것을 설명하지도 못했다.* 그저 미친듯이 문제만 풀어댔다. 이것이 우리가 형편없는 수학 점수를 받아야 했던 이유다. 그런 치명적인 실수는 우리 세대에서 끝내도록 하자. 뼈아픈 과오를 대물림하지 말자.

STEP 3. 교과서, 익힘책 풀기

개념은 수학의 근간이지만 개념 자체가 문제로 나오지는 않는다. 따라서 개념을 충실히 다져나가는 동시에 문제 풀기도 병행해 나가야 한다. 가장 먼저 정복해야 할 문제는 교과서와 익힘책에 나오는 문제들이다. 초등학교 수학 시험은 교과서와 익힘책 문제만 풀 줄 알면 백점을 맞는다. 바꿔 말하면 당신 아이가 백점을 맞지 못했다면 교과서와 익힘책을 완벽히 풀지 못한다는 뜻이다. 자녀의 수학 점수가 낮게 나왔다면 교과서와 익힘책 문제를 풀 줄 아는지 점검해봐야 한다.

---

* 늦었지만 지금이라도 미적분의 정체를 알고 넘어가자. 미분(微分)의 한자 뜻은 작을 미, 나눌 분이다. 즉, 미분은 미세하게 분할한다는 뜻이다. 적분(積分)의 한자 뜻은 쌓을 적, 나눌 분이다. 즉, 적분은 나눈 부분을 모은다는 뜻이다. 그런데 무엇을 미세하게 나누고 무엇을 모은단 말인가? 삼각형도 아니고 사각형도 아닌, 울퉁불퉁하게 생긴 도형이 있다고 하자. 이 도형의 넓이를 어떻게 구할 수 있을까? 수학자들은 이 울퉁불퉁한 도형을 무한대로 미세하게 잘라서(미분) 모으면(적분) 넓이를 구할 수 있다는 사실을 발견해냈다. 이것이 미적분의 정체다. 즉, 미적분은 도형의 넓이와 부피를 구하는 방법이었다. 리미트(limit)와 무한대(∞)를 기억하는가? 도형을 무한대로 미세하게 자르기 위해서 필요한 개념이었다. 도형의 둘레는 함수로 표현한다. 초·중·고 수학은 함수로 귀결되고, 함수는 미적분의 핵심 요소이다. 결국 초·중·고 수학의 종착역은 함수와 미적분인 셈이다.

교과서와 익힘책 문제를 제대로 풀지 못하는 아이들이 의외로 많다. 특히 단원 마지막 차시에 나오는 '문제해결'은 우등생 아이들도 단번에 풀지 못한다. 물론 저학년 수학은 쉽기 때문에 대부분 아이들이 교과서와 익힘책을 곧잘 푼다. 하지만 학년이 올라가면서 교과서와 익힘책 문제를 풀지 못하는 아이들이 생겨나기 시작한다. 만일 자녀가 교과서와 익힘책 문제를 틀린다면 기초가 부족한 것이다. STEP 1, 2로 돌아가서 기본을 쌓고, 쉬운 문제를 반복해서 풀게 해야 한다. 쉬운 문제도 틀린다면 이전 학년에서 막힌 부분이 있다는 신호다. 이전 학년부터 다시 공부해야 한다.

문제집에서 틀리는 문제가 많다고 아이에게 면박을 줄 일이 아니다. 무작정 문제집부터 풀게 해서 그런 것이다. 문제집은 교과서와 익힘책보다 더 어렵다. 교과서와 익힘책도 풀지 못하는 아이에게 문제집은 아직 무리다. 문제집을 풀기 전에 자녀가 교과서와 익힘책 문제를 완벽히 풀 줄 아는지 반드시 점검해야 한다.

STEP 4. 문제집 풀기

부모 세대가 풀었던 이달학습이나 완전학습과 달리 요즘 문제집들은 수준별로 나온다. 수학 문제집은 고난도 문제의 비율에 따라 크게 기초, 기본, 심화로 구분된다.

단계		수준	용도
기초문제집		·	선행학습 개념학습
기본문제집	A 단계	하위권	현행학습 교과서 복습 자기주도학습
	B 단계	중위권	
	C 단계	상위권	
심화문제집		최상위권	심화학습 응용력 · 문제해결력 강화

　기초문제집은 대개 선행학습이나 개념학습을 목적으로 푼다. 난이도는 교과서와 익힘책 수준이다. 아이들이 일반적으로 푸는 문제집은 기본문제집이다. 기본문제집은 난이도에 따라 A, B, C의 3단계로 구성되어 있다. A단계는 교과서 수준의 문제가 나오고, B단계는 익힘책보다 약간 더 어렵다. C단계는 교과서와 익힘책에서 볼 수 없는 고난도 문제가 주를 이룬다. A, B, C의 수준은 이렇게 판단하면 무리가 없다.

A단계를 완벽히 풀면 하위권 수준이다.

B단계를 완벽히 풀면 중위권 수준이다.

C단계를 완벽히 풀면 상위권 수준이다.

　A단계를 완벽히 풀지 못했다면 B단계는 아직 무리고, B단계를 완벽히 풀지 못했다면 C단계는 아직 무리다. 현 단계 문제를 완벽히 풀 수 있을 때까지 다음 단계로 넘어가면 안 된다. 다음 단계는 더 어려운 문제들이 나오기 때문에 풀어봤자 틀리는 문제가 더 많다.

　수학 한 단원은 보통 8~14차시로 구성되며, 진도를 마치는 데는 대

　　　　　　　　　　　초등 6년이 자녀교육의 전부다

략 2~3주 정도가 걸린다. 반면 문제집을 하루도 거르지 않고 풀면 한 단원을 푸는데 일주일이 채 걸리지 않는다. 한 단원을 배우는 속도와 문제집을 푸는 속도 사이에 1~2주 정도의 격차가 벌어지는 것이다. 때문에 STEP 1~3을 건너뛰고 문제만 풀어댔다가는 문제집을 한두 권 더 풀어야 하는 상황이 발생한다. 하지만 새로운 문제집을 풀어봤자 비슷한 문제들이 반복되고, 틀렸던 문제는 또 틀리기 십상이다. 여러 권을 푸는 것보다 한 권을 완벽하게 푸는 것이 시간도 절약하고 실력도 향상시킬 수 있는 효율적인 공부다. 내 연구와 경험에 비춰봤을 때, 난이도별 문제집의 효력은 이렇게 판단하면 크게 어긋나지 않는다.

기초문제집을 완벽히 풀면 초등학교 시험에서 백점을 맞을 수 있다.

기본문제집을 완벽히 풀면 중학교 시험에서 백점을 맞을 수 있다.

심화문제집을 완벽히 풀면 고등학교 시험에서 백점을 맞을 수 있다.

자녀가 초등학생이고, 백점이 목표라면 기본문제집을 풀 필요도 없다. 기초문제집만 풀어도 충분히 백점을 맞고도 남는다. 하지만 앞날을 생각한다면 기본문제집을 넘어서 심화문제집까지 영역을 확장해야 한다. 인터넷 서점에 가서 '초등 수학 심화'로 검색을 하면 심화문제집들이 뜬다. 거기에 달린 서평들을 읽어보라. 정신이 번쩍 들 것이다. 발빠른 부모들은 1학년 때부터 이미 시작했다. 합류 시기가 늦어지면 늦어질수록 진입 장벽은 높아진다. 1학년 심화문제를 바탕으로 2학년 심화문제가 만들어지고, 2학년 심화문제를 바탕으로 3학년 심화문제가 만들어지기 때문이다. 시작이 빠를수록 진입 장벽은 낮아지고, 최상위권에 연착륙할 가능성은 높아진다.

수학은 학생들 간 실력 편차가 큰 과목이다. 기초문제집을 버거워하는 아이가 있는가 하면, 심화문제집도 거뜬히 풀어내는 아이가 있다. 그러므로 무리하게 심화문제집을 풀게 할 필요는 없다. 심화문제집은 어디까지나 아이의 실력이 받쳐줬을 때 가능한 이야기다. 만일 자녀가 기본문제집도 버거워한다면 (언젠가 문리가 트일 날이 올 테니 조바심 내지 말고) 교과서와 익힘책이라도 완벽히 풀 수 있도록 지도하고 관리해야 한다. 만일 자녀가 기본문제집을 무난히 풀어낸다면 선행학습을 시킬 것이 아니라 심화문제집을 풀게 하는 것이 좋다. 설령 심화문제집까지도 거뜬히 풀어 낼만큼 특출날지라도 선행학습에는 신중을 기해야 한다. 선행학습을 시키기 보다는 영재교육원 대비용 문제집이 학년별로 나와 있으니, 그것을 공부시키도록 하자.*

STEP 5. 틀린 문제 다시 풀기

많은 아이들이 문제만 풀고 공부를 끝낸다. 8단계로 따지면 오직 STEP 4만 하는 것이다. 문제를 푸는 것은 공부가 아니다. 공부는 틀린 문제를 다시 풀 때 비로소 시작된다. STEP 1~4는 STEP 5~8을 위한 준비 과정이다. 실력과 성적 향상에 도움이 되는 실전 공부는 STEP 5부터 시작된다.

많은 아이들이 "어렵다", "모르겠다"를 연발하며 틀린 문제 풀기를

---

* 영재교육원 대비 교재를 초등학교 1학년 때부터 공부하면 교육청 부설 영재교육원 선발 시험을 체계적으로 준비할 수 있다. 영재교육원 지원 자격은 초등학교 5학년부터 주어진다.

회피한다. 부모들은 자녀의 볼멘소리를 들을 때마다 심란해진다. '학원을 보내야 하나, 과외를 시켜야 하나.' 하지만 사교육을 시켜도 문제를 틀리기는 매한가지다. 아이들이 틀린 문제로부터 도망치려는 이유는 능력 부족이나 사교육 부재 때문이 아니다. 인간은 부정적인 감정을 불러일으키는 존재로부터 도망치고 싶어 하는 본능이 있다. 아이들은 문제를 틀리면 무능감과 열등감에 사로잡힌다. 틀린 문제는 아이들에게 짜증을 유발한다. 아이들은 무능, 열등, 짜증을 불러일으키는 틀린 문제가 밉고 싫다.

불쾌한 감정을 유발한다고 언제까지 도망칠 수는 없는 노릇이다. 다시 풀어 보지 않는다면 틀린 문제는 영영 불쾌한 존재로 각인된다. 반면 다시 풀어서 맞히게 되면 틀린 문제는 희열감을 주는 유쾌한 존재로 탈바꿈한다. 틀린 문제에 어떻게 대처했는가에 따라 틀린 문제에 대한 이미지가 만들어진다. 틀린 문제는 도전하면 도전할수록 유쾌한 존재로 인식되고, 회피하면 회피할수록 불쾌한 존재로 인식된다. 이러한 경험들이 축적되면서 틀린 문제를 대하는 태도가 형성되고, 이 태도가 점수와 성적을 결정짓는다.

당신 아이 또한 매일매일 도전과 회피의 갈림길에 선다. 이 갈림길에서 도전의 길을 걷느냐, 회피의 길을 걷느냐에 따라 자녀의 성적이 결정된다. 도전의 길을 걷게 하려면 틀린 문제를 다시 풀게 해야 한다. 아이는 "어렵다", "모르겠다"를 연발하며 궁시렁댈 수도 있다. 안쓰럽고 답답하고 피곤하다고 눈감아 주면 안 된다. 단호하게 "다시 풀어봐"라고 말해야 한다. 몸을 비틀고 얼굴을 찌푸리고 칭얼대도 약해지면 안 된다.

"넌 충분히 이 문제를 풀 수 있어. 다시 풀어보자"라고 말해야 한다. 우등생으로 키우고 싶다면 자녀가 틀린 문제에 끝까지 도전할 수 있도록 관리해주고 격려해주야 한다.

틀린 문제와 마주쳤을 때, 도전하는 아이는 결국 문제를 풀어내고 실력자의 길로 들어선다. 반면 회피하는 아이는 틀린 문제를 영영 풀지 못한 채 수포자의 길로 들어선다. STEP 5가 우등생과 열등생이 선별되는 분기점인 셈이다.

STEP 6. 풀리지 않는 문제 연구하기

STEP 5는 우등으로 가는 관문일 뿐 개선문은 아니다. 틀린 문제에 도전해도 또 틀리는 문제가 나오기 마련이다. 세 번을 풀었는데도 또 틀리면 그 다음은? 이 지점에서 많은 부모들이 고정관념에 사로잡힌다. '틀린 문제는 혼자 힘으로 풀어낼 수 없다', '틀린 문제를 풀기 위해서는 누군가의 도움이 반드시 필요하다'고 생각하는 것이다. 이 고정관념에 사로잡힌 나머지 많은 부모들이 사교육에 자녀를 맡긴다. 고정관념이 불러온 오판이다.

'틀린 문제는 혼자 힘으로 풀어낼 수 없다'는 고정관념을 깨는 순간, 문제는 손쉽게 해결된다. 풀리지 않는 문제들은 수학 천재*가 풀이를 적어 놓은 책자를 보면서 풀면 된다. '문제집에 그런 것도 있었나?' 있다. 해답지다. 자녀에게 해답지를 못 보게 하는 부모들이 간혹 있는데, 해답

---

* 문제를 출제한 저자를 두고 하는 말이다. 출제자는 적어도 문제집 안에서 전지전능한 존재이기 때문에 천재라는 단어를 사용했다.

 초등 6년이 자녀교육의 전부나

지를 엄금嚴禁하는 것은 과잉 방위다. 자녀에게 해답지를 못 보게 하는 각자의 사정이 있을 테지만, 혹시라도 "해답지를 보지 않고 문제를 풀었던 것이 수학실력을 높이는 데 큰 도움이 되었다"는 우등생들의 말을 곧이곧대로 따른 것이라면 생각을 바꿔보라고 권유하고 싶다. 냉정하게 말하면 그들과 당신 아이는 사뭇 다르다. 그들은 수학의 신으로 불릴 만큼, 수능과 내신 시험에서 만점을 받을 만큼 실력이 출중한 학생들이다. 수신數神의 경지에 오른 그들의 말을 맹목적으로 좇아 자녀에게 해답지 열람을 금하는 우를 범해서는 안 된다.

해답지 도움 없이 문제를 능숙하게 풀어내기 위해서는 문제를 해석하는 법, 문제 속에 숨어있는 조건들을 찾아내고 식을 세우는 법, 개념과 공식을 문제풀이에 적용하는 법, 다양한 문제 유형을 숙지하고 문제에 활용하는 법 등 상당한 노하우와 배경지식이 축적되어야 한다. 노하우와 배경지식이 부족한 아이에게 해답지 없이 문제를 풀라고 요구하는 것은, 단어와 문법을 모르는 아이에게 해설지 없이 영어 지문을 해석하라고 요구하는 것과 같다. 명문대생들이 추천하는, 해답지를 보지 않고 문제를 푸는 공부는 상당한 수준의 실력이 갖춰지고 난 다음에 가능하다. 초등학생 중에서 답지를 보지 않고 문제집의 모든 문제를 풀어낼 수 있는 아이는 그리 많지 않다.

당신 아이가 답지 없이 혼자 힘으로 문제를 풀어낼 수준에 도달하려면 경험과 실력을 지금보다 더 많이 쌓아야 한다. 문제풀이에 대한 배경지식을 충분한 쌓은 후라야 혼자 힘으로 문제를 풀어낼 실력을 갖출 수 있고, 문제해결력과 응용력도 발휘할 수 있다. 해답지 보는 것을 무작정 막을 일이 아닌 것이다. 물론 답지를 펼쳐놓고 공부하라는 말은 아니다. 수차례 도전했지만 도무지 풀리지 않는 문제에 한해서 답지를 보면서 풀이 방법을 궁리하라는 말이다.

자기주도학습을 완성하기 위해서는 해답지를 든든한 우군으로 활용할 줄 알아야 한다. 모르는 문제를 풀지 못한 채 다음 단원으로 넘어가는 것보다는, 해답지를 보면서 풀이 방법을 익히는 것이 실력을 키우는 데 훨씬 더 유익하다. 앞으로는 자녀가 도저히 못 풀겠다고 하는 문제가 있거든 해답지를 보면서 풀이 방법을 연구하게 하라.

'과연, 아이 혼자서 문제집을 풀어낼 수 있을까? 해답지를 봐도 모른다고 하는 문제가 있으면 어쩌지?' 내 경험상 그건 기우인 듯싶다. 나는 아이들에게 틀린 문제를 세 번, 네 번 풀게 시킨다. 그래도 못 풀면 해답지를 보면서 연구해보라고 권유한다. 해답지를 보고도 문제를 풀지 못하는 아이는 거의 없었다. 오히려 여러 번 고민해봤기 때문에 해답지를 보자마자 '아하'하고 실마리를 잡는 경우가 대부분이었다. 고정관념을 버리자. 혼자 힘으로 문제집 한 권을 풀어낼 수 있다. 다만, 풀이가 잘 나와 있는 문제집을 구입해야 한다.

해답지를 봐도 못 풀겠다고 말하는 아이들이 더러 있다. 두 가지 중 하나일 가능성이 크다. 첫 번째는 학습부진인 경우다. 분수의 덧셈, 뺄셈을 부실하게 익힌 상태로 5학년이 된 아이가 해답지를 본다 한들 약분, 통분 문제를 풀 수 있겠는가. 해답지를 봐도 모르겠다는 말에 좌절할 것이 아니라, 4학년 교과서로 돌아가서 분수의 덧셈, 뺄셈부터 다시 공부시켜야 한다. 두 번째는 자신의 실력에 비해 어려운 문제집을 풀고 있는 경우다. 한 단계 낮은 문제집을 풀게 하면 된다.

실력이 뛰어난 아이인데 해답지를 봐도 모르겠다고 하는 경우도 간혹 있다. 그럴 때는 선생님이나 수학을 잘하는 친구에게 도움을 받아서 해결하면 된다. 하지만 이때에도, '모르는 문제를 반드시 풀어야 한다'는 고정관념에 사로잡히면 안 된다. 설령 문제를 풀어내지 못한다 하더라도, 고민하고 연구하는 것 자체만으로도 충분히 훌륭한 공부를 하고 있는 것이다. 고민에 고민을 거듭하다가 문제를 풀어냈을 때 아이는 큰 희열감을 맛보게 된다. 그런 쾌감들이 쌓이면 아이는 수학의 매력에 푹 빠져들게 된다.

풀리지 않는 문제를 붙잡고 고민하는 자녀를 보면서 사교육을 시켜야 하는 건 아닌지 심란해하지 말기 바란다. 또한 틀린 문제를 붙잡고 씨름하는 자녀를 보고 답답한 마음에 직접 가르치는 실수를 범하지 말기 바란다. 사교육을 받든 부모가 가르치든 누군가의 도움을 받아가면서 공부를 하다 보면 스스로 사고하고 스스로 해결하는 능력을 기를 수 없다. 수학적 사고력과 문제해결력은 스스로 고민하고 궁리하는 과정에서 길러진다.

문제를 붙잡고 씨름할 수 있는 기회는 오직 STEP 6에서만 얻을 수 있다. 자녀를 수학 실력자로 키워내고 싶다면 STEP 6에 집중해야 한다.

STEP 7. 부족한 부분 보완하기

'STEP 1부터 6까지 읽다보니 해야 할 것들이 너무 많아서 머리가 복잡하다.' 이해한다. 그런데, 미안하다. 아직 할 게 더 남아 있다. '이렇게

까지 공부시켜야 하나? 우리애는 문제만 풀게 해도 점수가 잘 나오던데.'
점수는 함정이다. 점수가 잘 나온다고 해서 실력이 쌓이는 공부를 하고
있는 것은 아니다. 거저 얻을 수 있는 건 없다. 남다르게 키워야 남다른
결과를 얻을 수 있다.

STEP 7에서는 STEP 4~6을 거치면서 드러난 지식과 사고의 오류를
수정·보완하는 작업을 한다. 이 단계에서는 문제를 틀린 원인을 분석
하고 미흡한 부분을 보충한다. 오답 원인에 따른 수정·보완 방법은 표
Ⅲ-6를 참고하라.

| 표 Ⅲ-6 | 오답 원인과 수정·보완 방법

오답 원인	수정·보완 방법	교재
계산 방법을 모름	– 이전 단계 연산부터 다시 공부한다. – 교과서에 나와 있는 계산 방법을 다시 익힌다.	교과서 익힘책
계산 실수	– 어느 단계에서 계산 실수를 하는지 찾아내서 연산 오류를 수정한다. – 연산 문제를 풀면서 계산 연습을 한다.	연산력 강화 학습지
풀이 방법이 떠오르지 않음	– 문제 유형과 그에 따른 풀이 방법을 익힌다. – 문제를 보고 유형을 분석하는 법을 연습한다.	문제집 해답지
문제를 이해하지 못함	– 이해되지 않는 부분을 파악한다. – 개념을 충분히 이해한 후에 완벽히 암기한다. – 문제 속에 개념이 어떻게 녹아 들어 있는지 분석한다. – 문제의 문장에 숨어있는 개념을 찾아내는 연습을 한다.	교과서 부교재 문제집 해답지

STEP 8. 틀린 문제 복습하기

혹시 집에 스캐너가 있는가? 없다면 이번 기회에 한 대 장만하는 게 어떻겠는가? 비싼 제품을 살 필요는 없다. 가격 비교 사이트를 검색해보니 가장 저렴한 제품이 8만 원대 초반이다. 나도 8만 원짜리 스캐너를 사용하고 있는데, 아무 문제없이 잘 사용하고 있다. '수학 이야기를 하다가 갑자기 웬 스캐너 타령인가?' 8단계를 완수하기 위해서는 스캐너가 필요하기 때문이다. '스캐너가 수학 공부랑 무슨 상관이 있다고?' 진정하시라. 스캐너를 어떻게 활용하는지 그 노하우를 공개하겠다.

우선은 자녀의 수준에 맞는 문제집을 한 권 구입하자. 구입한 문제집의 앞표지를 뜯어낸 다음, 첫 장부터 낱장씩 뜯어내라. 새책을 찢어발기는 것이 좀 걸리지만 제대로 공부시키기 위해선 어쩔 수 없다. 낱장으로 분리한 문제집을 단원별로 PDF형식으로 스캔한다.* '어느 세월에 문제집 한 권을 다 스캔하나?' 너무 겁먹지 마시라. 생각보다 시간이 많이 걸리지 않는다. 넉넉잡아 두 시간 정도면 문제집 한 권을 스캔할 수 있다.

스캔을 마친 문제집은 한 단원씩 잘 묶어서 자녀에게 풀게 하고, 채점을 해주자. 채점을 마치면 당연히 틀린 문제를 다시 풀게 해야 한다. 그런데 문제집이 잔뜩 더러워진(?) 상태라서 난감하다. 하지만 당신은 난감이 아닌 보람을 느낄 수 있다. 새 문제집을 스캔해뒀기 때문이다. 스캔한 파일을 열어보자. 아이와 전쟁을 치르는 동안 지저분해진 문제집과 달리 새 문제집이 산뜻한 상태로 잘 보존되어 있다. 이제 PDF파일을 열

---

* 한 쪽을 스캔하고 바로 저장(save)을 누르면 너무 많은 파일들이 생성된다. 스캔을 마친 후에 추가(add)를 누르면 앞에 스캔한 것에 이어서 스캔할 수 있다. 이렇게 하면 한 단원을 파일 한 개로 저장할 수 있다.

어서 틀린 문제들을 오려내라.* 다음으로 '한글'이나 'MS워드'를 실행해서 오려낸 문제를 '붙여넣기'하라. 참고로, 붙여넣기한 문제 위에는 문제집의 쪽수를 적어놓아야 한다. 그래야 채점을 할 때 정답을 빨리 찾을 수 있다. 틀린 문제를 다 정리했으면 프린터로 출력해서 다시 풀게 한다.**

틀린 문제를 모아둔 파일은 파일명에 문제에 관한 정보를 담아서 저장한다. 이를테면 파일명을 과목-문제집 이름-단원-푼 날짜(수학-셀파-1단원-2015.9.1)로 저장하는 것이다. 이렇게 저장해 놓으면 언제 풀었는지 확인할 수 있기 때문에 다시 풀기를 시킬 때 유용하다. 다시 풀기 횟수가 추가될 때마다 푼 날짜를 갱신해서 파일명을 바꾼다. 예를 들어 '수학-셀파-1단원-2015.9.1'이라고 저장한 파일을 5일 뒤에 다시 풀게 했다면 '수학-셀파-1단원-2015.9.1_2015.9.6'으로 바꾸는 것이다. 이렇게 날짜를 기록해두면 복습 시기와 다시 푸는 횟수를 관리하고 조절하기가 수월해진다.

틀렸던 문제를 한두 번만 풀고 말면 다시 틀릴 확률이 높다. 3번 이상 다시 풀어야 비슷한 문제가 나왔을 때 맞힐 수 있다. 필자는 5회 풀기를 권한다. 다시 푸는 시기는 당일(1회), 주말(2회), 한 달 후(3회), 시험기간(4회), 방학 중(5회)이다.

'뜯어내서 스캔하고, 오려내서 붙이고, 파일로 저장하고, 출력하고…. 복잡하고 귀찮은데, 그냥 문제집을 한 권 더 사서 풀게 하면 안 되나?' 귀

---

* 오려내라는 말을 듣고 가위를 찾는 독자가 없을 것이라고 믿고 싶다. 오려내라는 말은 PDF 파일의 일부(자녀가 틀린 문제)를 복사하라는 뜻이다. 복사는 Adobe Reader의 '스냅숏 찍기' 기능을 활용하면 된다.

** 그러고 보니 프린터도 필요하다. 없다면 이번 기회에 프린터도 한 대 장만하자.

 초등 6년이 자녀교육의 전부다

찮은 건 사실이다. 하지만 문제집을 스캔해두면 수학 지도가 훨씬 수월해진다. 틀린 문제만 집중적으로 풀 수 있어서 공부의 효율도 높아진다. 틀린 문제를 여러 번 반복해서 풀면 실력도 쌓이고 시험도 잘 볼 수 있다. 방학 때 파일에 담긴 문제들을 풀게 하면 한 학기 복습이 저절로 된다. 문제집을 새로 사지 않아도 되니 돈도 절약되고, 틀린 문제만 풀면 되니까 시간도 절약된다. 그야말로 공부의 제1법칙을 제대로 실천할 수 있는 환상적인 공부법이다.

8단계 수학지도법에 대한 설명은 여기까지다. 필승의 비책이라고 떠들어댔으니 이 정도 분량은 뽑아줘야 한다고 생각하는데, 혹여 지루했던 것은 아닌지 살짝 걱정이 된다. '이런 말조차도 분량을 잡아먹는 것이다.' 알겠다. 엄살은 그만 떨기로 하고, 비책을 다 읽고 난 소감이 궁금하다.

'대략 난감하다. 그저 학원 보내고 학습지 시키면 끝날 줄 알았는데, 해야 할 일들이 이렇게나 많다니. 지긋지긋한 수학과 영영 이별한 줄 알았는데, 또 다시 수학의 굴레 안에서 살아가야 한단 말인가?'

안타깝다. 하지만 어찌하랴! 세상만사 만만한 일이 어디 하나라도 있다던가! 자녀교육은 당신 인생의 미션Misson 중 특급 미션이다. 특급 임무를 성공적으로 완수하기 위해서는 수학이라는 절벽을 넘어야 한다.

굳이 8단계로 공부를 안 시켜도 초등학생 때는 90점, 100점을 맞는다. 이렇게 공부시키나 저렇게 공부시키나 차이가 없어 보인다. 과연, 정말 그럴까? 겉보기에만 차이가 없는 듯 보이지, 실상은 하루가 다르게 격차가 벌어지고 있다. 설렁설렁 공부한 아이들은 고등학교에 가서 좌절한다. 이 아이들에게 수학은, 가고 싶은 대학을 포기하게 만드는 원수가 된다. 반면 8단계 공부로 내공을 쌓은 아이들은 고등학교에 가서 승승장구한다. 이 아이들에게 수학은, 가고 싶은 대학으로 인도해주는 은인이 된다. 너무 많은 분량을 잡아먹었다. 서둘러서 여정을 마쳐야겠다. 대장정의 끝을 한 남자의 일화로 갈무리한다.

한 남자가 1톤 트럭을 몰고 인파가 북적이는 시내 한복판에 나타났다. 트럭 짐칸에는 벽돌처럼 생긴, 무게가 1kg이 나가는, 정체를 알 수 없는 돌덩이 천 개가 실려 있었다. 남자는 이 돌덩이들을 길 한복판에 깔기 시작했다. 1톤이 나가는 천 개의 돌덩이를 옮기는 일은 두 시간이 소요되는 극한의 작업이었다. 온몸을 타고 흘러내린 땀이 바닥을 흥건히 적셨다. 돌덩이를 다 깔고 허리를 펴자 팔다리가 후들거렸다. 휘청대는 몸을 트럭 문에 기댄 채, 남자는 외치기 시작했다.

"여러분, 이제부터 이것들을 무료로 나눠 드리겠습니다. 단, 한 사람에 한 개씩만 가져가세요."

길거리를 오가던 사람들은 남자를 보면서 혀를 찼다.

"저 사람 또 나타났네. 갈 길도 바쁜데, 무겁고 쓸모없는 돌덩이를 왜 자꾸 가져가라고 저 난리람!"

그를 외면하는 사람들을 외면하며, 남자는 외치고 또 외쳤다.

"여러분, 이것들을 무료로 나눠 드립니다. 단, 한 사람에 한 개씩만 가져가세요."

시종일관 외쳐대는 사내의 고함 소리에 해는 서산 밑으로 숨어버렸다. 해가 사라진 거리에는 어둠의 향기가 짙게 내려앉았고, 향기에 취한 거리의 불빛들은 하나둘 쓰러지기 시작했다. 맹렬했던 인파^{人波}는 고요함을 되찾았고, 빛을 비춰 줄 나그네를 찾지 못한 달은 수줍게 떠있었다. 하루 종일 고함을 질러댔지만, 돌덩이를 주워 간 사람은 열 명이 채 되지 않았다. 달빛을 독차지한 남자는 널부러져 있는 돌덩이들을 트럭으로 옮기며 중얼거렸다.

'아, 오늘도 가져간 사람이 얼마 없군…'

돌덩이는 단지 무거운 짐짝에 불과했던 것일까? 돌덩이를 외면했던 사람들은 현명한 선택을 한 것일까? 남자의 자선은 정녕 무의미한 행위였을까?

거리를 오갔던 사람들은 무소유를 수행하는 불자^{佛子}들이었나 보다. 황금 보기를 돌같이 했기 때문이다. 벽돌처럼 생긴 돌덩이의 정체는 바로, 금덩이였다.

금덩이도 가치를 알아보지 못하는 사람들에겐 한낱 돌덩이에 지나지 않는다. 8단계 수학지도법 또한 그 가치를 알아보지 못하는 독자들에겐 한낱 종이 쪼가리에 지나지 않는다. 나는 금덩이 같은 비책을 전수했다. 그것을 취하느냐, 버리느냐는 당신의 안목에 달렸다.

제4부

스스로 공부하게 만드는 비법

스스로
공부하게
만드는
비법

초등 6년이
자녀교육의 전부다

풍작豊作을 염원하는 한 농부가 있었다. 농부는 새벽부터 황혼까지 밭에 매달려 일했다. 아직 이른 봄이라서 싹을 틔운 작물은 없었다. 하지만 부지런한 농부는 미처 떠나지 못한 겨울 한기에 아랑곳하지 않았다. 온종일 밭을 갈고, 거름을 주고, 물을 주었다. 밤이면 풍작을 기원하는 기도를 올렸다. 농부에겐 남다른 부지런함과 끈기가 있었다. 비록 어제와 별반 다를 게 없는 황량한 밭이었지만, 농부는 농사철 동안 장인이 걸작품을 빚어내듯 혼을 담아 밭을 일궈나갔다. 추수가 시작될 때쯤이면 밭에는 싱그러운 작물들이 주렁주렁 열려 있을 것이고, 꿈은 현실이 될 것이다.

한여름을 불태웠던 태양도 세월을 거스를 순 없었다. 기세가 한풀 꺾인, 그러나 아직까지 정열을 잃지 않은 원숙미 넘치는 태양 아래서 농부들은 가을걷이로 분주한 나날을 보냈다. 마을 어귀부터 지평선 끝까지 펼쳐진 드넓은 황금빛 대지大地에 바람이 불어칠 때면 대양大洋의 거친 파도가 대륙을 삼키는 듯한 장관이 펼쳐졌고, 산과 들을 수놓은 오곡백과는 가을이 풍요의 계절임을 알리고 있었다.

가을의 향연으로 넘실대는 축제의 날들 사이로 겸연쩍고 기이한 사연 하나가 날아들었다. 농부의 밭이 사막처럼 황량하다는 소식이었다. 메마른 밭에는 기진맥진한 호미와 풀죽은 괭이만이 덩그러니 자리를 지키고 서 있었다. 농부는 결국 단 하나의 작물도 수확하지 못했고, 비통과 절망의 심연에 빠져들었다. 슬픔에 잠긴 그는 사람들을 만날 때마다, 풍작을 위해서 밭에 얼마나 많은 노력을 기울였는지 읍소했다. 왜 농작물이 하나도 자라지 않았는지 도무지 알 수 없는 일이라고 통곡했다. 농사가 잘되게 해달라고 밤마다 간절히 빌었는데, 하늘도 무심하다고 원망했다. 누구보다도 근면 성실히 일했던 농부, 그는 왜 농사를 망친 것일까?

나는 지난 몇 년 동안 학생들에게 자기주도학습을 지도했다. 하지만 십중팔구는 자기주도학습에 실패하고 말았다. 나이가 어렸기 때문에 실패한 것은 아니었다. 아이들은 초등학생부터 중·고등학생에 이르기까지 다양했다. 기간도 문제가 아니었다. 짧게는 한 달, 길게는 일 년이 넘는 기간 동안 자기주도학습을 지도했다. 자기주도학습을 충분히 소화할 수 있는 나이였고, 장기간 동안 지도했음에도 불구하고, 대다수 아이들은 자기주도학습의 첫걸음도 떼지 못한 채 포기를 선언했다. 심지어 일부 아이들은 자기주도학습을 시작하려는 시도조차 하지 않았다. 몇 발짝 내딛던 아이들도 간혹 있었지만, 이내 뒷걸음질 치고 말았다. 아이들은 왜 자기주도학습을 포기했던 것일까?

다시 농부 이야기다. 농부에겐 간절한 꿈이 있었고, 지칠 줄 모르는

   초등 6년이 자녀교육의 전부다

열정이 있었다. 그는 누구보다 성실했고, 누구보다 부지런했다. 그런 그가 왜 농사를 망쳤는지 도무지 납득이 되지 않는다. 안되겠다. 농부의 밭으로 가서 눈으로 직접 확인해봐야겠다.

아니, 이럴 수가! 밭에 씨.가.없.다. 씨를 뿌리지도 않고 풍작을 바라다니. 농부 그 사람, 참말로 어처구니없다. 진실을 알게 된 이상 그를 찾아가서 이 말은 꼭 해야겠다.

"이보게, 백날 하늘에 빌어대고, 단내 나도록 밭에서 일한들 그게 다 무슨 소용이란 말인가! 씨를 뿌려야 작물이 수확될 게 아닌가! 자네는, 농부라는 사람이 콩 심은 데 콩 나고, 팥 심은 데 팥 난다는 사실도 모르는가!"

아이들은 왜 자기주도학습을 해내지 못했던 것일까? 자기주도학습을 배운 적도 없었고, 해볼 기회도 없었기 때문이다. 그동안 아이들은 학원에 내몰리고 숙제에 치여 살았다. 사교육에 의존해야 했고, 남이 시키는 공부를 해야만 했다. 그 결과, 아이들은 스스로 공부하는 습관을 기르지 못했고, 스스로 공부할 의욕을 상실했으며, 스스로 공부할 수 있는 능력을 말살당하고 말았다. 스스로, 혼자 힘으로 공부를 해본 적 없었던 아이들에게 자기주도학습은 애당초 불가능한 것이었다.

부모들은 자녀교육의 성공을 기원하며 자녀에게 사교육을 시키고, 잔소리를 한다. 풍작을 기원하며 밭에 거름을 주고, 물을 주었던 농부처럼. 부모들은 자식 뒷바라지에 열성을 다한다. 아침부터 저녁까지 밭에 매달려 일했던 농부처럼. 부모들은 자식이 잘 되기를 간절히 기도한다. 농사가 잘 되기를 간절히 기도했던 농부처럼. 하지만 결과는 어떠한 가? 과외를 시키고 학원을 보내고 잔소리를 해대지만, 부모들은 결국 자식 농사를 망치고 만다. 땅을 갈고 거름을 주고 물을 주었지만, 농사를 망친 농부처럼.

자식을 키우는 일이 어렵다는 사실을 잘 안다. 그렇기에 이런 말을 한다는 것이 무척 조심스럽다. 하지만 얽힌 실타래를 풀기 위해서는 불편을 감수하고서라도 이 말을 꼭 해야겠다. 아이들이 자기주도학습을 포기했던 이유는, 혼자 힘으로 공부를 할 수 없게 된 이유는, 학교와 학원에 자녀를 맡긴 채 교육에서 관심을 놓아버린 부모들, 자녀가 공부를 하든 말든 무관심한 부모들의 책임이 크다. 부모들에게는 미안한 말이지만, 사실이 그러하다.

부모들이 자식을 위해서 얼마나 헌신적인 삶을 사는지 잘 안다. 하지만 농부의 일화를 통해서 교훈을 배웠지 않은가. 열성을 다 바쳐 일한다고 해서 성공이 보장되는 것은 아니다. 반드시 해야 할 일을 하지 않는다면 뼈 빠지게 일해도 성공할 수 없다. 밤 12시까지 공부시키고 매일 잔소리를 해대도, 반드시 해야 할 일을 하지 않는다면 자녀교육에 성공할 수 없다.

'반드시 해야 할 일이란 게 대체 뭔가?'

자식농사에 풍작을 거두고 싶다면
'공부습관'과 '자기주도학습능력'이라는
씨앗을 뿌려야 한다.

 초등 6년이 자녀교육의 전부다

‘왜 초등 6년에 한정하는가? 중학교 때부터는 왜 안 되는가?’

자녀가 중학생이 될 때쯤이면 당신이 고등학교를 졸업한 지 이십 년 이상 지났을 것이다. 중학교 교과서를 펼쳐보라. 어렵다. 어렵기도 하거니와 골치 아파서 단 한 줄도 읽기 싫을 것이다. 공부가 드라마처럼 흥미진진한 것이 아니지 않은가. 혹, 당신이 공부를 봐줄 여유와 능력이 된다 하더라도 사춘기에 접어든 자녀가 당신의 개입을 거부할 것이다. 중학생 자녀를 초등학생 때처럼 키웠다가는 거센 저항에 직면하게 된다. 아이는 당신의 관리와 관심을 간섭과 강요라고 생각한다. 당신이 공부에 관여하는 것을 꺼리고, 공부하라는 당신의 말에 민감하게 반응한다. 결론적으로 자녀가 중학생이 되면 당신이 공부에 관여하는 일은 불가능해진다.

초등 6년은 공부습관을 잡아줄 수 있는 결정적 시기이자, 자기주도 학습능력을 키워줄 수 있는 절대적 시기이다. 이는 필자의 주관적 호소가 아니다. 많은 사례와 연구를 통해서 밝혀진 객관적 사실이다. 일례로 150여 명의 서울대생을 대상으로 1년 동안 연구를 진행한 교원교육연구소는 서울대생의 우등 비결을 다음과 같이 분석했다.

“지난 1년간 130여 명의 서울대생을 대상으로 한 설문조사와 20여 명의 서울대생과 함께한 집중 인터뷰를 통해, 우리는 그들이 공부를 잘 할 수 있었던 공통된 이유를 알 수 있었다. 그것은 이들이 모두 비교적

입시에 직접적인 영향을 받지 않은 초등학생 때부터 올바른 공부습관을 형성했다는 것이다. 그리고 그 공부습관을 만드는 데 가장 중요한 역할을 한 사람은 바로 그들의 부모였다(2011, 교원교육연구소)."

우리 아이들은 올바른 공부습관을 갖고 있을까? 안타깝게도 내가 가르쳤던 학생들 중에서 올바른 공부습관을 갖고 있는 아이는 20퍼센트가 채 되지 않았다. 80퍼센트 이상의 아이들은 제대로 된 공부습관을 갖추지 못한 채 초등학교를 졸업했다. 무엇이 20과 80을 가른 것일까?

나는 교사 생활을 하면서 공부습관이 잘 잡힌 아이들을 해마다 한두 명 씩은 만났다. 그들은 어린 나이임에도 불구하고 진지한 태도로 수업에 임했고, 그날그날 주어진 공부를 우직하게 해냈다. 나는 이런 아이들을 일 년 동안 유심히 관찰하고 때때로 인터뷰하는 버릇이 있다. 우등생 연구가 나의 주된 관심사이기도 하거니와 언젠가 나도 부모가 될 것이기에 아이를 훌륭하게 키워낼 수 있는 방법을 탐구하는 것이다. 아들딸 삼고 싶을 만큼 성실히 공부하던 아이들을 장기간에 걸쳐서 탐구한 결과, 그들에게서 한 가지 공통점을 발견할 수 있었다. 그들 뒤에는 공부습관을 잡아주기 위해서 쉼 없이 노력했던, 남다른 열정으로 자녀교육에 헌신했던 부모들이 있었다는 점이다. 우리는 이 시점에서 교원교육연구소의 마지막 문장에 다시 한 번 주목해볼 필요가 있다.

"공부습관을 만드는 데 가장 중요한 역할을 한 사람은
바로 그들의 부모였다."

초등 6년이 자녀교육의 전부다

자녀교육에 성공한 부모들은 초등 6년이 자녀교육의 결정적 시기라는 사실을 잘 알고 있었다. 그들은 공부습관을 잡아주고 자기주도학습능력을 길러주기 위해서 초등 6년 동안 자녀에게 판에 박힌 일상을 무한 반복시켰다. 학교에서 돌아오면 곧바로 숙제를 하게 했고, 학습지를 풀게 했으며, 공부계획을 세워서 그것을 실천하게 했다. 자녀가 공부할 때 곁에서 함께 공부했고, 때때로 자녀를 직접 가르치기도 했다. 자녀의 성적이 떨어지거나 제자리걸음을 할 때도 있었지만 좌절하거나 포기하지 않고 묵묵히 역할을 수행했다. 그러한 노력 덕분에 자녀들은 공부습관과 자기주도학습능력이라는 씨앗을 심을 수 있었고, 부모들은 자식농사에 풍작을 거둘 수 있었다.

나도 잘 안다. 자녀의 공부를 봐주는 것이 말처럼 쉽지 않다는 사실을, 자녀를 직접 가르칠만한 여유와 능력이 되지 않는다는 사실을, 자녀가 고집이 세고 의지가 약해서 마음처럼 잘 따라주지 않는다는 사실을. 물론 당신이 처한 상황은 그들과 다르다. 그들처럼 아이를 키워야 한다고 압박을 하는 것이 아니다. 나는 지금, 초등 6년이 자녀교육에 있어서 무척 중요한 시기라는 사실을 말하는 것이다. 자녀가 초등학생이라면 당신이 처한 상황에서 할 수 있는 최선의 노력을 다해야 한다고 말하는 것이다.

어렵다, 없다, 못한다고 생각하면 아무 것도 해낼 수 없다. 쉽다, 있다, 한다고 생각하면 그 어떤 것도 못해낼 이유가 없다. 성공한 부모들도 모든 여건이 충족되어서 해냈던 것이 아니다. 힘들고 어렵다는 것은 나도 잘 안다. 하지만 당신에게 의지와 열정만 있다면 고난과 난관은 더 이상 문제가 되지 않는다. 절벽에도 꽃은 핀다. 한겨울에도 싹은 튼다. 고군분투하다 보면 언젠가 당신에게도 쨍하고 해뜰날이 찾아온다.

우리나라 부모들의 교육열이 전 세계에서 가장 높다고 한다. 초등교사로 십년 동안 그 열을 곁에서 쬐어본 바로는, 뜨겁다는 말은 과대포장이라는 생각이 든다. 오히려 미지근하거나 차갑다는 표현이 맞지 않을까 싶다. 자녀교육에 무관심한 부모들이 너무도 많기 때문이다. 일 년 내내 준비물을 챙겨오지 않는 아이들이 적지 않다. 심지어 연필조차 없는 아이들도 있다. 숙제를 해오는 아이들보다 해오지 않는 아이들이 훨씬 더 많다. 가슴에 손을 얹고 생각해보자. 자녀의 알림장을 얼마나 자주 확인하는가? 자녀의 필통을 열어본 적이 언제였는가? 준비물은 잘 챙겨주는가? 숙제가 무엇인지 확인하는가? 자녀의 교과서를 일 년에 몇 번이나 펼쳐보는가? 5분도 걸리지 않는 문제집 채점을 한 달에 몇 번이나 해주는가?

씨를 뿌리지 않았던 농부처럼 자식농사를 짓는 부모들이 적지 않다. 씨를 뿌릴 수 있는 결정적 시기이자 마지막 시기인 초등 6년 동안 자녀를 학원으로 돌리거나, 때가 되면 알아서 하겠거니 생각하며 방치하는 것이다. 그 결과, 아이들은 시키지 않으면 공부를 하지 않게 되었고, 혼자서는 공부할 줄 모르는 상태가 되어버렸다.

당신은 씨앗을 심고 있는가? 지금처럼 키운다면 당신 아이가 공부습관을 갖출 수 있을까? 자기주도학습을 해낼 수 있을까? 공부습관은 우등생들만 누릴 수 있는 특권이 아니다. 자기주도학습은 실천 불가능한

4차원 학습법이 아니다. 명문대생들은 초등학생 때부터 올바른 공부습관을 갖추었고, 자기주도학습을 성공적으로 해냈다. 그들은 했는데, 당신 아이는 왜 못하고 있는가? 그들이 했다면, 당신 아이도 할 수 있다.

초등 6년, 이 절체절명의 시간이 지나고 나면 당신에게 씨를 심을 수 있는 기회는 영영 사라지고 만다. 당신에게는 씨를 심을 수 있는 시간이 얼마나 남았는가? 부디, 당신에게 주어진 6년의 시간을 허무하게 흘려보내지 않기 바란다. 초등 6년이 자녀교육의 전부다.

시작은 빠를수록 좋다

6학년 진수는 모범생 스타일이 아니었다. 공부에 흥미와 재능을 보이지 않았고, 수업태도가 좋은 편도 아니었다. 아이는 또래 남자아이들이 대개 그러하듯, 공부보다는 놀고 게임하는 것을 훨씬 더 좋아했다. 학원에 다니고 있었지만 공부에는 그닥 도움이 되지 않았다. 진수의 1학기 중간, 기말 성적은 평균 89.6점, 93.2점으로 중상위권을 유지하고 있었다.

놀기 좋아하는 진수 곁에는 자녀교육에 열성적인 엄마가 있었다. 물론 학원 뺑뺑이와 잔소리 융단 폭격으로 아이를 잡는 뒤틀린 열성은 아니었다. 엄마의 교육열은 자식에 대한 지고지순한 사랑의 다른 표현이었다. 철부지 아들 또한 이 사실을 잘 알고 있었기에 엄마의 뜻을 거스르지 않으려고 노력했다.

지순한 사랑의 발로든 강요에 의한 것이든, 진수는 엄마와 학원에 이끌려서 공부를 했다. 강요에 못 이겨 공부하는 아이가 우등생이 될 수 있을까? 엄마와 아들은 바늘구멍을 통과하려는 낙타처럼 보였다. 나는 그런 모자母子가 측은했다. 그들의 열정과 노력이 헛수고로 끝날 거라는 사실을 직감했기 때문이다. 이러한 측은지심은 내가 진수를 돕기로 결심하는 계기가 되었다.

나는 어머니와 상담을 하면서 진수에게 자기주도학습을 지도해보겠다는 제안을 했고, 어머니는 흔쾌히 받아들였다. 9월 초에 시작된 자기주도학습 코칭은 2학기 중간고사를 치를 때까지 매주 1회씩 진행되었다. 나는 자기주도학습 코치로 진수를 처음 만난 자리에서 반드시 지켜야 할 사항들을 일러주었다.

① 하루에 3시간씩 자습을 할 것
② 하루에 1시간 30분씩 수학 공부를 할 것
③ 복습할 것
④ 학교수업에 충실할 것
⑤ 학원을 그만 둘 것(이 외의 세세한 방법들은 지면관계상 생략)

월요일 오후가 되면 우리는 책상을 사이에 두고 얼굴을 마주했다. 한 주 동안 공부한 것들을 점검하고, 한 주 동안 공부할 계획을 짰다. 진수는 중1 수학을 선행하는 학원에 다니고 있었다. 독이 되는 선행이었다. 아이는 얼마 전에 진도를 마친 단원평가 시험에서 80점도 넘기지 못했다. 학원을 그만둘 것을 권유했고, 3주 뒤에 아이는 학원을 끊었다.

솔직히 말하면 성공에 대한 확신은 없었다. 진수는 공부를 싫어했고, 공부습관도 잡혀 있지 않았으며, 지금껏 사교육 중심으로 공부를 해왔기 때문이다. 자기주도학습에 실패한다 해도 전혀 이상하지 않았다.

다행히 우려는 기우였다. 진수는 첫날부터 자기주도학습을 성공적으로 해냈다. 분명 공부를 싫어하고 사교육에 길들여진 아이였다. 무엇이 진수를 자기주도학습자로 거듭나게 한 것일까? 비결은 열성적인 엄마였다. 엄마는 아들을 철저히 관리했다. 아들이 공부하는 3시간 내내 곁을 떠나지 않았다. 또한 공부에 방해가 되는 요소를 차단시키라는 내 권고에 따라 아들의 스마트폰을 압수했고, 가족 모두가 TV 시청과 컴퓨터 사용을 자제했다.

자기주도학습을 시작한 지 7주가 지났고, 2학기 중간고사를 치렀다. 모자가 워낙 잘 해줘서 내심 기대했지만, 살짝 불안한 마음도 들었다. 학원키드 진수에게 자기주도학습은 생소한 공부였다. 7주 전까지만 하더라도 아이는 학원을 중심으로 공부했고, 성적도 중상위권을 유지하고 있었다. 겉보기에 아들의 공부는 순항 중이었고, 엄마는 현 상황에 나름 만족했다. 나는 이 평안한 모자를 부추겨서 모험(자기주도학습)을 시도했던 것이다.

낙관적인 결과를 점쳤지만, 만의 하나라도 성적이 떨어진다면 겸연쩍은 상황이 연출될 판이었다. 괜히 나선 것일까? 이따금씩 불안과 후회가 밀려왔다. 어쨌든 나도, 진수도, 엄마도 할 만큼은 했다. 우리는 기대와 불안, 낙관과 비관이 교차하는 복잡다단한 심정을 억누르며 조용히 결과를 기다렸다. 과연, 어떤 결과가 나올까?

나는 가슴을 쓸어내렸다. 진수는 학급평균보다 11점 가량 높은 평균 98.4점을 받았다. 반에서 가장 높은 점수였다. 자기주도학습은 성공적이

  초등 6년이 자녀교육의 전부다

었고, 진수 또한 자신의 공적을 높이 치하하는 눈치였다. 나는 진수에게 "지금처럼만 해준다면 앞으로도 좋은 결과를 얻을 것이다"는 덕담을 건네며 코칭을 마무리했다.

가을은 얼굴만 잠깐 내비치고 도망치듯 사라졌다. 겨울은, 낙엽만 수북이 쌓아놓고 떠나버린 가을의 빈자리를 한동안 채워주었다. 겨울도 싫증이 났는지 세상을 하얗게 얼려 놓고 홀연히 떠났다. 앙칼스런 여름에 밀려 종적을 감췄던 봄이 다시 모습을 드러냈다. 겨우내 앙상했던 나뭇가지에 새순이 송골송골 얼굴을 내밀었다. 봄바람에 마음이 들뜬 꽃들은 잎을 하늘거렸다. 어느덧 진수가 중학교에 입학한 지도 두 달이 지났다. 녀석, 공부는 잘하고 있으려나? 아이에게 일간日間 한번 찾아오라는 연락을 넣었다.

며칠 뒤, 짧은 머리에 교복을 입은 중학생 진수가 찾아왔다. 근황과 안부를 주고받은 뒤, 아이가 공부하는 책들을 살펴봤다. 먼저 수학 교과서를 펼쳤다. 새책인 줄 알았다. 공부한 흔적이 전혀 없었다. 도대체 수업시간에 뭘 하는 걸까? 아, 진수는 초등학생 때도 수업태도가 별로 좋지 않았지. 중학교에 갔다고 갑자기 수업태도가 좋아질 리 없겠지. 한 주 동안의 생활패턴을 적어보게 했다. 한숨이 절로 나왔다. 아이는 다시 학원키드로 살고 있었다. 학교를 마치면 학원숙제를 하다가, 학원에 가서 밤 10시까지 수업을 듣고, 집에 와서 학원숙제를 하다가 잠들었다. 자기주도학습의 흔적은 어디에도 없었다. 쌓는 건 더뎠지만, 무너지는 건 한순간이었다.

진수는 6학년 겨울방학 때부터 다시 학원을 다니기 시작했다고 한다. 공부를 봐주는 것이 힘에 부쳤던 엄마가 아들을 다시 학원에 보낸 것이다. 그나저나 공부는 잘하고 있을까? 중간고사 예상 문제(수학)를 풀어보게 했다. 문제가 실제 학교시험보다 쉬웠음에도 불구하고 64점이 나왔다. 초등학교 때보다 30점 이상이 하락한 점수였다.* 결국, 진수는 중학교 첫 시험에서 저조한 성적을 거두고 말았다.

안타까운 마음에 진수를 불러서 자기주도학습을 시도해보려 했으나, 역부족이었다. 학원이라는 사슬에 묶여있는 아이를 자유롭게 해줄 시간과 여력이 내게는 없었다. 우리에게 자기주도학습은 향수를 자아내는 빛바랜 단어일 뿐이었다. 진수가 초등학교 시절에 2~3년 정도 꾸준히 자기주도학습을 했더라면 어땠을까? 만시지탄晚時之歎이라는 글자가 한동안 머릿속을 맴돌았다.

때를 놓친 후회와 한탄은 부질없는 짓이다. 우리는 진수의 사례가 주는 네 가지 교훈을 타산지석으로 삼아야 한다.

첫째, 초등학교 시절에 자기주도학습능력을 갖춰야 한다.

초등 6년은 초·중·고 12년의 절반을 차지한다. 축구경기에 비유하자면 초등 6년이 전반전이고, 중고등 6년이 후반전인 셈이다. 전후반 중에서 부모가 함께 뛸 수 있는 시간은 전반전뿐이다. 후반전이 되면 아이 혼자서 경기를 뛰어야 한다. 부모는 벤치에 앉아서 자녀의 경기 모습을 지켜볼 뿐이다. 전반전을 어떻게 보냈는가에 따라 후반전이 결정된다.

---

* 6학년 때 진수의 1·2학기 중간·기말 수학 평균 점수는 97.5점이었다.

    초등 6년이 자녀교육의 전부다

초등 6년 동안 자기주도학습으로 공부한 아이는 중고등 6년도 자기주도
학습으로 공부한다. 초등 6년 동안 사교육에 의존해서 공부한 아이는 중
고등 6년도 사교육에 의존해서 공부한다. 만시지탄하고 싶지 않다면 초
등학교 시절에 자기주도학습능력을 길러주어야 한다.

　일부 전문가들은 자기주도학습의 최적기를 10~16세라고 주장한다.
하지만 내 생각엔 14세(중1) 이후에 시작하는 건 늦다. 13세(초6)도 약간 늦
은 감이 있다. 내 지도 경험, 명문대생들의 사례, 성공한 부모들의 증언
을 종합해볼 때 아이 스스로 자기주도학습을 해내기까지는 걸리는 시간
은 초등학교 저학년은 3~5년, 고학년은 2~4년, 중학생은 1~3년이다. 학
년이 올라갈수록 걸리는 시간은 짧아지지만, 자녀를 지도하고 통제하기
는 더 어려워진다. 그러므로 자녀가 한 살이라도 어릴 때 자기주도학습
을 시작하는 것이 좋다. 선행학습은 빠를수록 부작용이 크지만, 자기주
도학습은 빠를수록 부작용이 작다.

　"자기주도학습이란 아이가 알아서 스스로 공부하는 것이다." 실패를
부르는 치명적 오해다. 조력자가 없는 자기주도학습은 한쪽 날개를 잃
은 비행기와 같다. 자기주도학습자로 비상(飛上)하기 위해서는 유능하고 성
실한 조력자가 반드시 필요하다. 진수에게 강력한 조력자가 있었을 때와
조력자를 잃었을 때의 차이를 생각해보라. 날개를 잃은 비행기가 날 수

없듯이, 조력자가 없는 아이에게 자기주도학습은 불가하다.

조력자로 가장 적합한 사람이 누굴까? 최고의 조력자는 당신 아이를 가장 잘 알고, 초등 6년 동안 꾸준히 관리해줄 수 있는 사람이다. '그런 사람이 과연 있을까?' 적임자가 딱 한 사람 있다. 바로, 당신이다. 당신이 아이의 날개가 되어 줄 수 있는 유일한 사람이다. 부모만이 자녀를 자기주도학습자로 키워낼 수 있다.

넷째, 초등학생 때부터 심화 공부를 해야 한다.

초등학교 시절에 진수는 대부분 시험에서 평균 90점 이상을 받았다. 6학년 2학기 중간고사에서는 98.4점으로 수석을 차지하기도 했다. 하지만 성적은 중학교 첫 시험부터 속절없이 무너지고 말았다. 왜 그랬을까?

초등학교 시험은 학생 개개인의 학업 성취도를 평가하기 위한 목적으로 치러지고, 성적은 성취도에 관한 정보를 제공하는 역할만 한다. 반면 중·고등학교 성적은 고입 전형과 대입 전형에 반영된다. 그에 따라 시험에 선발의 기능이 추가되고, 학생들을 변별하기 위한 고난도 문제가 출제된다. 초등학교를 갓 졸업한 아이들은 지금껏 고난도 문제를 풀어본 적이 없다. 난생 처음 보는 고난도 문제 앞에서 신입생들은 맥을 못 추고, 점수는 추풍낙엽처럼 떨어진다. 그 결과 90점을 넘나들었던 평균 점수는 중학교에 가서 60~70점대로 주저앉고, 고등학교에 가면 40~50 점대로 추락한다. 평화의 시대는 전반전까지다. 후반전부터는 고전苦戰이 펼쳐진다. 격변의 후반전을 대비하기 위해서는 초등학교 때부터 심화 공부를 시켜야 한다.

 초등 6년이 자녀교육의 전부다

사교육은 지독한 늪이다. 한 번 발을 들이면 빠져나오기 힘들다. 자기주도학습에 도전했던 진수도 석 달 만에 학원으로 되돌아갔다. 나는 당신 아이가 진수와 같은 전철前轍을 밟지 않기 바란다. 그러기 위해서는 자기주도학습을 하루속히 시작해야 한다. 자기주도학습을 시키고 싶지만, 어떻게 시작해야 할지 모르겠다고? 걱정 마시라. 이제부터 당신에게 자기주도학습 실전 지도 비법을 전수하겠다.

소비시간을 분석하라

5학년 정우는 1학기 내내 하위권을 맴돌았다. 중간고사는 평균 63.6점으로 꼴등이나 다름없었고(꼴등은 62점이었다), 기말고사는 평균 73.2점으로 최하위권에 머물렀다. 아이의 최근 2년간(3, 4학년) 성적을 조회해보니, 4학년 1학기 기말고사(75점)를 제외하고, 평균이 80점 밑으로 내려간 적은 없었다. 평균이 60점대로 주저앉은 것은 5학년 때가 처음이었다. 왜 성적이 갈수록 떨어지는 것일까? 무슨 문제가 있는 걸까? 분명한 사실은, 현재의 공부 방식이 효율적이지 않다는 것과 특단의 조치가 필요하다는 것이다.

추락하는 성적을 하릴없이 지켜볼 수는 없었다. 학부모 상담을 요청했고, 며칠 뒤에 어머니가 교실을 방문했다. 허심탄회하게 말머리를 꺼냈다.

"어머님, 단도직입적으로 말씀드리겠습니다. 현재 정우의 성적은 꼴찌에 가깝습니다."

일순간 어머니의 얼굴이 굳어졌다. 하지만 이내 냉정을 되찾고 말을 받았다.

"아… 그 정도로 좋지 않나요?"

"예, 솔직히 심각한 상황입니다. 정우는 방과 후에 어떻게 공부를 하고 있나요?"

"월요일부터 금요일까지 영어학원에 다니고 있고요, 집에서는 국어, 수학, 한자 학습지를 하고 있어요."

"학습지는 혼자서 하나요?"

"아니요. 일주일에 한 번씩 선생님이 방문해서 30분 정도 수업을 해주세요."

"말씀을 들어보니 정우가 공부를 안 하는 건 아니네요. 하지만 점수가 낮게 나온다는 것은 무슨 문제가 있다는 신호입니다. 현재로선 문제가 무엇인지 파악되지 않지만, 지금 같은 추세라면 성적은 앞으로 더 떨어질 것입니다."

"아… 그럼, 어떻게 하는 게 좋을까요?"

"제가 정우의 일과를 잘 모르기 때문에 어떻게 하시라 말씀드리기가 곤란하네요. 이 종이에다 정우가 한 주 동안 뭘 했는지 꼼꼼히 기록해주세요. 어떤 조치를 취해야 할지는 그걸 보면서 이야기하는 게 좋겠네요. 그리고 정확한 기록을 위해서 일과를 기록하고 있다는 사실을 정우가 모르게 해주시고요."

"예, 알겠습니다. 그럼, 조만간 다시 찾아뵙겠습니다."

일주일 뒤, 어머니는 아들의 일과를 꼼꼼히 기록한 종이(표 IV-1)를 들고 교실을 재차 방문했다. 일과표는 학교수업이 끝나는 오후 2시 이후의 기록만 실었다. 요일은 맨 왼쪽부터 월화수목금토일 순이다. 월요일 오후 5시 이후가 빈칸인 이유는, 어머니가 기록하는 것을 깜박 잊었기 때문이다.

| 표 IV-1 | 정우의 주간 일과 기록표

	시간	월	화	수	목	금	토	일
	2:00~	2:50 하교	생활	오케스트라 2:50 오케 끝 (추석)	2:50 하교	2:50 하교	가	ㄱ.ㅍ
	3:00~	오케스트라	3:30 영어책원 듣고, 쓰고 따라하기	3:30 영어책원 (듣고, 쓰고, 읽기)	3:20 영어책원 듣고 따라 읽기	오케스트라	T	·파랑파랑
	4:00~	영어책원			문제 풀기 (듣고)	4:20 영어책원 듣고 따라하기 (테스트)	V 시청	싱탑
	5:00~		5:20 영어독책 추석	5:10 영어독책 5:30 까지 책읽기 (만화책) 6:30 보충	6:05 영어독책 추석	5:10 독책 TV 시청 (만나)		·동생과
저녁	6:00~		6:45 축습지 (추석) (선생님과 함께)	6:30 영어밤 TV 시청	책원 숙제 (영어 문장 쓰기)	바둑하기 끝 게임	(명랑정 고반, 드라이용	놀기
	7:00~		7:10 축습지 (끝) 7:20 저녁식사	(만화) 7:50 축습지 (혼자)	저녁식사	저녁식사	증구 7:30 저녁식사	
	8:00~		8:20 축습지 (거) (선생님과 함께) 8:20 저녁식사	(선생님과 함께) 축습지 풀기 (수학·국어·편지) 노트 세차리 (+, -)	TV 보기 혼자 놀기 (녹화)	놀		저녁식사
밤	9:00~		듣바믈 구입하기 외책 촌밤대 와 홍플러스 갔다옴	9:10 축습지 (혼자·쿠에 풀기) 9:00 책읽	8:45 샤외 9:08 책읽 (코포책)	9:08 수학 축습 풀기 장반하미	기	TV (드라마
	10:00~			9:30 불록마블 게임 10:40 취침	9:63 게임	10:20 송거하기 동생과 장반	10:30 수학 축습서 하기	10:30 취침
	11:00~		취침	휴대폰게임 10:30 마치	취침	취침		

자, 정우의 일과표를 찬찬히 살펴보자. 무슨 문제가 보이는가? 대강 보면 잘 보이지 않을 수도 있다. 일과를 좀더 세밀하게 분석해보면 성적이 추락한 원인을 찾아낼 수 있을 것이다. 우선 정우가 시간을 어디에 어떻게 소비하고 있는지를 분석해보자. 표 IV-2는 정우가 일주일 동안 학습에 소비한 시간을 정리한 것이다.

	월	화	수	목	금	토	일	합계
학원수업	기록없음	110분	90분	105분	50분	0분	0분	355분
학원숙제		0분	0분	60분	0분	0분	0분	60분
학습지수업		65분	30분	0분	0분	0분	0분	95분
학습지숙제		0분	20분	45분	75분	30분	0분	170분
자습		0분	0분	0분	0분	0분	0분	0분
독서		0분	0분	0분	0분	0분	0분	0분
합계	?	175분	140분	210분	125분	30분	0분	680분

소비시간 분석을 통해서 정우의 학습시간이 적지 않다는 사실이 확인되었다. 정우는 화~금 동안 총 10시간 50분, 하루 평균 2시간 42분을 학습에 소비했다. 이는 필자가 제안한 하루 권장 자습시간(2시간 30분)을 12분이나 초과하는 것이며, 최상위권 학생들의 학습량에 버금가는 수준이다.* 학습량이 상당함에도 불구하고 성적이 바닥인 걸 보면 정우의 공부 방식에 문제가 있는 것이 확실하다. 대체 무엇이 문제일까? 그 실체는 소비시간을 분석하는 과정에서 드러났다. 문제는 이것이었다.

1) 사교육이 공부의 전부다.

정우의 공부는 오직 사교육으로 채워졌다. 공부시간의 66퍼센트는 사교육 수업이 차지했고, 34퍼센트는 사교육 숙제에 소비했다.

---

* 필자가 예전에 가르쳤던 한 제자(6학년)는 하루 2시간 자습만으로(사교육은 일절 받지 않았다) 전교생 360명 중 수석을 했다. 최하위권 정우는 전교 1등보다 더 많은 시간을 공부하고 있는 것이다.

2) 자습시간이 제로다.

정우는 일주일 내내 자습을 일절 하지 않았다.

3) 일체의 복습이 없다.

정우는 학교수업이든 학원수업이든 배운 내용에 대한 복습을 전혀 하지 않았다. 정우의 공부는 습(習)이 빠진 반쪽짜리 학습이었다.

4) 생활이 불규칙적이다.

요일별 동시간대에 정우가 한 일들을 비교해보라. 놀랍게도 똑같은 일과가 반복되었던 날이 하루도 없다. 정우의 일상은 변화무쌍 그 자체였다.

5) 주말 학습량이 적다.

정우는 주중에 812분을 공부했지만[*], 주말에는 고작 30분을 공부했다. 주말 학습의 비중은 전체 학습시간의 3.5퍼센트에 불과했다.

6) 채점을 하지 않는다.

정우는 학습지를 풀기만 하고 채점을 하지 않았다. 왜 문제인지는 더 이상 말할 필요가 없을 듯하다.

---

[*] 월요일 공부시간(162분으로 추산)과 화~금 공부시간(650분)을 합산한 시간이다.

초등 6년이 자녀교육의 전부다

7) 독서시간이 제로다.

정우는 독서를 전혀 하지 않았다. 물론 만화책과 공포괴담에 관한 책을 읽었지만(64분), 나는 이것을 독서로 간주하지 않았다. 학습에 전혀 도움이 되지 않는다고 판단했기 때문이다.

8) TV 시청시간이 많다.

정우는 주중(화–금)에 5시간 11분, 주말에 15시간 30분을 TV 시청에 소비했다. 평일은 평이한 수준이나, 주말은 중독에 가까운 심각한 수준이다.

여기까지가 소비시간 분석을 통해서 밝혀진 정우의 문제점이다. 그런데, 문득 이런 의문이 들지 않는가? '저자는 왜 정우라는 아이의 이야기를 이토록 상세히 소개하는 것일까?'

만일 정우의 사례가 이례적인 것이었다면 언급할 필요조차 없었을 것이다. 필자가 지난 수년 동안 수백 명의 초등학생을 대상으로 조사한 바에 따르면, 사교육을 받았던 아이들은 예외 없이 정우와 비슷한 문제들을 갖고 있었다. 만일 당신 아이가 사교육을 받고 있다면 역시나 비슷한 문제들을 갖고 있을 가능성이 상당히 높다. 고로 정우의 이야기는, 당신 아이의 이야기이기도 하다.

정우의 학습과 자기주도학습은 '학습'이라는 동어^{同語}로 표현되지만, 그 차이는 침팬지와 인간만큼이나 컸다. 정우는 왜 자기주도학습을 못하고 있을까? 여덟 가지 문제가 자기주도학습을 원천 봉쇄하고 있기 때문이다. 재차 말하지만 정우의 이야기는 바로, 당신 아이의 이야기다. 그런즉 지금까지 나는 당신 아이를 자기주도학습자로 키우는데 방해가 되는 문제들을 제기한 것이고, 당신이 취해야 할 첫 번째 조치(소비시간 분석)를 안내한 것이다.

그렇다면 당신 아이의 자기주도학습을 방해하는 난제難題를 어떻게 해결할 수 있을까? 사실, 답은 이미 나와 있다. 문제 속에 답이 있기 때문이다. 답은 이것이다.

1) 사교육에 소비되는 시간을 최소화한다.

만일 당신 아이가 사교육을 받고 있다면 무엇이 아이의 사생활을 지배하고 있는지 곰곰이 따져보라. 아마도 자녀의 일상은 온통 학원수업과 학원숙제로 도배되어 있을 것이다. 사교육이 일과의 대부분을 잠식하고 있는 한 자기주도학습은 불가능하다. 자기주도학습을 하기 위해서는 사교육에 소비되는 시간을 최소화해야 한다.

나는 사교육 자체를 부정否定하지 않는다. 사교육은 때때로 약이 되기도 하고, 공교육의 부족한 부분을 채워주기도 한다. 많은 우등생들 또한 "사교육이 공부에 큰 도움이 되었다"고 증언하고 있다. 아이들이 사교육을 약으로 이용했다거나 시간이 무한정했다면 사교육에 반대하지 않았을 것이다. 오히려 찬성하고 권장했을 것이다. 하지만 절대다수 아이들은 독이 되는 방식으로 사교육을 이용했고, 인생의 모든 시간을 사교육에 허비했다. 나는 그런 아이들을 십년 동안 수도 없이 목격했다. 이것이 내가 사교육에 부정적일 수밖에 없는 이유다.

2) 자습시간을 확보한다. 3) 그날 배운 내용을 복습한다.

필자가 수백 명의 학생을 대상으로 수년간 조사한 바에 따르면, 자습을 하는 학생은 백에 하나 있을까 말까했다.* 모든(에 가까운) 아이들은 학교가 끝나면 학원으로 향했고, 집에 돌아와서는 밤늦게까지 학원숙제에 매달렸다.

'수백 명에 달하는 아이들이 자습을 전혀 하지 않았다는 말은 도무지 믿기지 않는다.' 이해한다. 나도 처음에는 내 눈을 의심했다. 헌데 자습을 안 하기는 당신 아이도 마찬가지 아닌가? 자녀가 오늘 몇 분이나 자습을 했는지 따져보라. 아직도 내말에 과장이 섞여 있다고 생각하는가? 누군가 내게 "자기주도학습이 뭔지 쉽게 설명해달라"고 요청한다면, 나는 서슴없이 말할 것이다.

"자기주도학습이란 자습시간을 확보해서 복습을 하는 것이다."

4) 정해진 시간에 규칙적으로 공부한다.

두 자녀를 명문대에 보낸 어느 엄마의 이야기다.

"우리 아이들은 마치 시계처럼 컸다. 매일 같은 시간에 일어나서 학교에 가고, 같은 시간에 집으로 돌아오고, 하루 세 끼도 늘 같은 시간에 먹었다. 숙제를 하는 시간도 늘 똑같았다. 공부가 끝나면 반드시 책가방을 싸야 했다. (……) 초등학교 입학 이후로, 우리 아이들은 이와 같은 일과를 하루도 거른 적이 없었다. 방학 때에도 방학만의 하루 스케줄을 만

---

* 여기서 말하는 자습은 누군가의 지시를 따라 하는 공부(숙제)가 아닌, 본인의 필요에 의해서 하는 복습 및 보충·심화 학습을 뜻한다.

들어 그대로 생활했다. (……) 우리 아이들은 이러한 규칙적인 공부습관을 초등학교 생활 6년 내내 변함없이 유지했다."

이 엄마의 철두철미함에 혀를 내두르는 독자들이 있을 것으로 판단된다. 하지만 이 엄마는 유별난 사람이 아니다. 적어도 성공한 부모들 사이에서는 말이다. 성공한 부모들은 자녀의 일상을 철저히 루틴^{routine, 틀에 박히고 규칙적인 생활}으로 만들었다. 루틴 안에서 생활했던 자녀들은 공부를 밥 먹는 것처럼 자연스럽고 당연한 일로 받아들였다.

이제 당신 아이를 떠올려보자. 당신 아이는 오후 5시에 무엇을 하는가? 저녁 8시, 9시에는 무엇을 하는가? 딱히 떠오르지 않는다면 루틴 없는 불규칙한 생활을 하고 있는 것이다. 당신 아이는 왜 루틴을 만들지 못할까?

들쑥날쑥한 학원스케줄과 시시때때로 주어지는 학원숙제 때문이다. 일상의 안정을 파괴하는 사교육이 생활의 중심에 자리잡고 있는 한, 루틴은 불가능하다. 루틴이 없으면 자기주도학습도 없다. 자기주도학습을 시작하기 위해서는 루틴을 만들어야 하고, 이를 위해서는 일상을 혼돈과 무질서로 빠뜨리는 사교육을 제거해야 한다.

5) 주말에도 공부한다.

저학년 때는 주말을 어떻게 보내든 차이가 없다. 하지만 학년이 올라갈수록 학습량이 늘어나면서 주말은 성적을 결정짓는 변수로 작용한다. 특히 중학교 학습량은 주중 공부만으로는 감당이 안 된다. 고등학교에 가면 주말과 방학에도 평일처럼 공부해야 한다. 습관은 하루아침에 만

들어지지 않는다. 그리고 한번 만들어진 습관은 하루아침에 바뀌지 않는다. 세 살 버릇이 여든 간다는 말처럼, 초등학교 공부습관은 중·고등학교 때까지 이어진다. 초등학생 때부터 주말에 공부하는 습관을 길러야 한다.

물론 주말 내내 빡세게 공부시킬 필요는 없다. 주말 공부는 토요일 오전 중에 권장 자습시간 정도 시키면 충분하다. 이를 위해서는 평일과 주말에 대한 개념을 재정립할 필요가 있다. 토요일 오전까지가 평일이고, 토요일 오후부터 주말이 시작된다고 패러다임을 전환하자. 참고로 토요일 오전은 한 주 동안 배운 내용을 복습하고, 틀린 문제를 다시 풀어보는 시간으로 활용하는 것이 좋다.

6) 문제를 풀고 곧바로 채점한다.

문제를 풀 때는 '풀기-채점-오류수정-다시풀기'의 4단계 과정을 거쳐야 한다. 문제 풀기는 앞에서 자세히 설명했다.

7) 독서를 한다.

독서는 모든 공부의 바탕이 된다. 자기주도학습능력 또한 독서능력이 뒷받침되었을 때 완성할 수 있다.

8) TV 시청을 줄인다.

시간을 잡아먹는 잡기는 공부에 백해무익하다. 특히 TV 시청에 너무 많은 시간을 허비하지 않도록 관리해야 한다. 더불어 부모가 TV 시청을 자제하는 솔선수범을 보이도록 하자. 최선의 방법은 TV를 퇴출시키는 것이다. 속는 셈치고 일주일만이라도 TV없이 생활해보라. 놀라운 변화를 경험하게 될 것이다.

나는 학부모 상담을 할 때면 자녀의 방과 후 스케줄을 묻곤 하는데, 내 질문에 답을 못하는 부모는 한 명도 없었다. 모든 부모들이 자녀의 일거수일투족을 속속들이 파악하고 있었다. 하지만 부모들이 읊어대던 스케줄에는 정우와 똑같은 문제들이 발견되었다. 부모들은 자녀의 공부 방식에 문제가 있다는 사실을 인식하지 못했던 것이다. 문득, 당신에게도 묻고 싶다.

"자녀의 방과 후 스케줄이 어떻게 됩니까?"

혹, 정우와 비슷한 스케줄을 읊고 있진 않는가? 그렇다면 당신 아이도 똑같은 문제들을 갖고 있는 것이다. 그 문제들이 해결되지 않는 한 당신과 자녀의 앞날은 안개 속에 빠져들고 만다. 다행히 당신은 문제와 답을 모두 알게 되었다. 우선은 자녀의 하루 일과를 면밀히 기록하고, 소비 시간을 분석해보라. 이 과정을 거치면서 당신은 깨닫게 될 것이다. 내 아이의 문제를 해결할 수 있는 유일한 해법이 자기주도학습이라는 사실을.

자습시간을 확보하라

다음은 4학년 진희가 쓴 일기를 원문 그대로를 옮긴 것이다.

"오늘은 저녁에 수학 학원숙제를 하였다.

수학숙제는 무지 많다.

종이 2장에 문제지 7장이다.

지금 막 수학숙제를 끝냈다.

빨리 영어숙제도 해야 하는데…

그나마 학교숙제라도 적어서 다행이다.

하루 종일 공부에만 매달려야 한다.

그런데 초5 · 6, 중1 · 2 · 3, 고1 · 2 · 3, 대학생까지 되면 얼마나 힘들까?

곧 10시 30분이 된다.

이제 영어숙제를 하고 그만 자야겠다."

열한 살 진희는 사교육을 받는 아이들이 대개 그러하듯, 학원숙제에 얽매여 힘겹게 살아가고 있다. 밤늦게까지 수학숙제에 매달렸지만, 아직 책을 덮을 수 없다. 영어숙제가 남아 있기 때문이다. "하루 종일 공부에만 매달려야 한다"는 푸념은 엄살이 아니었다. 이날 진희는 자정 무렵까지 책상을 떠나지 못했다. 이 일기는 3월에 쓴 것이다. 그러니까 진희는 석 달 전까지만 해도 열 살이었다. 아이는 앞으로 펼쳐질 날들이 두렵기만 하다.

"초5·6, 중1·2·3, 고1·2·3, 대학생까지 되면 얼마나 힘들까?"

학습 중노동에 시달리는 열한 살 진희가 남은 9년을 버텨낼 수 있을까? 아이의 앞날이 심히 걱정스럽다.

진희에게는 과도한 학습 노동 외에도 심각한 문제가 하나 더 있었다. 모든 공부가 학원숙제만으로 채워져 있었다는 점이다. '그게 왜 문제란 말인가?' 숙제는 효율성이 상당히 떨어지는 공부이기 때문이다. 이는 많은 연구 결과로 증명된 사실이며, 당신의 학창 시절 경험을 통해서도 확인되는 진실이다. 숙제는 가짜 공부다. 학교와 학원이 요구하는 잡무일 뿐, 자신에게 필요한 공부가 아니기 때문이다. 실력이 쌓이는 진짜 공부는 부족한 부분을 보충하고, 중요한 부분에 집중하고, 어려운 부분을 탐구하는 보충·심화 중심의 복습이다. 지금처럼 살아간다면 진희는 영영 자기주도학습을 할 수 없다. 평생 사교육에 의지한 채, 사교육에 인생을 빼앗긴 채 살아가야 한다. 혹시 당신 아이도 진희처럼 살아가고 있는 것은 아닌가?

　호박씨를 심어놓고 수박이 열릴 거라고 철석같이 믿고 있는 농부가 있었다. 주변 사람들은 농부에게 말했다.

“이보게, 호박씨를 심으면 호박이 열린다네.”

“그럴 리가! 나는 수박이 열릴 거라고 믿네.”

“정, 수박을 수확하고 싶다면 수박씨로 바꿔 심게나.”

“무슨 소린가. 반드시 수박이 열린다니까! 두고 보면 알 것일세.”

“자네, 정말 무슨 뚱딴지같은 소리를 지껄이는 겐가!”

“헛소리를 지껄이는 건 내가 아니라 바로 자넬세. 아무 것도 모르면 가만히 좀 있게나! 나는 확신하네! 두고 보게! 이 밭에서는 꼭 수박이 열릴 테니!”

　그릇된 신념은 오판을 낳고, 오판은 낭떠러지를 향해 전속력으로 질주하는 자멸을 초래한다. 호박씨를 심으면 호박이 열리고, 수박씨를 심으면 수박이 열린다. 이것은 삼척동자도 다 아는 자연의 섭리다. 자식농사 또한 ‘콩 심은 데 콩 나고, 팥 심은 데 팥 난다’는 자연의 원리와 법칙을 거스르지 않는다. 자녀를 사교육의 쳇바퀴 속으로 밀어넣고 우등생, 명문대, 자녀교육의 성공을 바라는 것은, 호박씨를 심어놓고 수박이 열리기 바라는 농부의 망상과 다르지 않다.

　당신은 자녀교육에 대해 어떤 기대와 믿음은 갖고 있는가? 혹, 그 기대와 믿음이 파국적 결말을 초래하는 맹신은 아닐까? 냉정히 검열해볼 일이다.

　수박씨를 심느냐, 호박씨를 심느냐에 따라서 수확물이 결정되는 것처럼, 선택이 결과를 낳는다. 평범한 선택은 평범한 결과를 낳는다. 비범한 결과를 원한다면 비범한 선택을 해야 한다. 자녀가 다른 아이들과 다른 성적표를 들고 오길 바란다면, 당신이 먼저 다른 부모들과 다른 방식으로 아이를 키워야 한다. 사교육의 쳇바퀴를 깨부수고, 그 속에 갇혀 있는 자녀를 구출해야 한다. 그럴 생각이 아니라면 앞으로 전개될 이야기는 당신에게 무의미하다. 사교육을 접겠다는 결심이 섰을 때, 다음 문장을 읽기 바란다. 결심이 서지 않는다면 이쯤해서 이 책을 덮는 것이 현명한 판단일 듯싶다. 당신의 귀중한 시간을 허비하게 만들고 싶지 않기 때문이다.

이제 당신 아이에게는 자기주도학습을 시작할 수 있는 자습시간이 확보되었다. 이는 전적으로 당신의 남다른 선택과 용기 있는 결단 덕분이다. 이제, 이 귀중한 시간을 무엇으로 채워나가야 할지 이야기해보자. 필자는 앞에서 학년별 권장 자습시간을 제안한 바 있다. 이 자습시간을 바탕으로 학년별, 과목별 권장 자습시간을 표 IV-3과 같이 제안한다.

설명에 앞서 한 가지 주지周知하고 싶은 사실이 있다. 표 IV-3에 제시한 권장 자습시간은 '정답이 아니다'는 것이다. 솔직히 말하면 표를 제안하는 문제를 놓고 많이 고민했다. 한정된 자습시간에서 학년별, 과목별로 시간을 배분하다보니 다소 작위적이란 느낌이 들었기 때문이다. 더군다나 부모들의 여건이나 상황은 각양각색이고, 아이들의 성향이나 실력 또한 천차만별이다. 저마다 형편이 다르기 때문에 자습시간에 모범답안이란 존재할 수 없다.

     초등 6년이 자녀교육의 전부다

| 표 IV-3 | 학년별 · 과목별 권장 자습시간* |

	초1	초2	초3	초4	초5	초6	중1	중2	중3
① 수학	15	30	45	60	75	90	105	120	135
② 영어	15	30	30	45	60	75	75	90	105
③ 국어	.	.	.	.	.	.	30	30	30
④ 사회 · 과학	.		15	15	15	15	.	.	.
계	30	60	90	120	150	180	210	240	270

이런 고민과 주저 끝에 조심스레 공개한다. 그러니 저자가 책에 써놨다고 무겁게 받아들이지 않았으면 좋겠다. 가이드라인 정도로 생각하면 될 듯싶다. 과목별 자습시간은 당신의 상황과 아이의 상태를 봐가면서 조율해나가는 것이 정답이다. 자녀에게 최적화된 자습시간은 자기주도학습을 실천해나가는 과정에서 찾아나가길 바란다.

① 수학

수학은 초 · 중 · 고를 막론하고 학생들이 가장 어려워하는 과목이고, 가장 많은 시간을 공부하는 과목이다. 이 난공불락의 요새를 함락시키기 위해서 얼마나 많은 시간을 쏟아부어야 할까? 입시전문가들과 명문대생들의 주장을 종합해본 결과, 최상위권 진입하기 위해서는 권장 자습시간의 50퍼센트 이상을 수학에 할애해야 한다는 계산이 나왔다. 정말일까? 자기주도학습 코칭을 하면서 학생들을 대상으로 검증해보았

---

* 학기중 평일 자습시간이다. 주말과 방학 중 권장 자습시간은 표 III-3을 참고하여 표 IV-3에 제시한 자습시간의 두 배 정도를 배정하면 된다.

다. 그 결과, 대다수 아이들의 수학 실력이 최상위권 수준에 근접하는 것을 확인할 수 있었다.

② 영어

영어는 초등학교 3학년 때부터 배운다. 하지만 1학년에도 영어 자습시간을 배정했다. '당신은 선행학습에 맹렬히 반대하는 사람이 아니던가?' 나는 선행학습에 무조건 반기를 드는 사람이 아니다. 영어는 학문이기 이전에 언어이다. 영어교육을 정규 교육과정이 시작될 때까지 지연시킬 필요는 없다고 본다. 영유아기 때부터 자녀에게 영어를 가르친 부모들은 오히려 제시한 자습시간이 부족하다고 느낄 듯하다. 이 부분에 대해서는 부모들이 자녀의 성향과 실력을 고려하여 융통성을 발휘해주면 좋겠다. 덧붙여 영어를 자습시간 내에서 공부시킨다는 고정관념에서 벗어날 필요가 있다. 영어교육은 모국어를 배우듯 생활 속에서 자연스럽게 접하게 해주는 것이 바람직하다.

③ 국어

국어는 자습시간을 아예 배정하지 않았다. 초등국어는 딱히 해야 할 공부가 없기 때문이다. 시험기간에도 문제집을 풀 필요가 없다. 국어는 시험 문제가 매우 쉽게 출제된다. 굳이 문제집을 풀지 않더라도 백점을 맞을 수 있다. 시험공부는 평소에 수업을 잘 듣고, 시험기간에 핵심 내용을 몇 번 읽어보는 것으로 충분하다. 국어 공부는 지엽적이고 단편적인 오지선다 문제를 기계적으로 풀어대는 것보다는, 폭넓은 독서를 통

초등 6년이 자녀교육의 전부다

해서 독해력을 키우는 것이 장기적으로 봤을 때 훨씬 더 바람직하다. 독서를 즐기는 아이라면 따로 시험공부를 하지 않더라도 백점은 식은 죽 먹기다.

다만 한 가지 걸리는 것은 어휘를 정리할 시간이 없다는 점이다. 대안을 제안하자면, ① 영어, 수학 자습시간을 줄여서 국어 자습시간을 확보하거나, ② 특정 요일에 국어 자습시간을 배정하거나, ③ 독서시간이나 주말시간을 활용하는 방법을 생각해볼 수 있겠다.

중학교 때부터는 국어 자습에 30분을 배정했다. 30분으로 부족하다면 독서시간을 국어 공부시간으로 끌어와야 한다.

④ 사회, 과학

사회, 과학 자습시간은 15분으로 짧게 잡았다. 너무 짧은 것 아니냐고? 수업을 잘 들었다면 교과서와 공책을 읽고 문제집(전과)의 핵심 정리를 훑어보는데, 15분이면 충분하다. 문제집은 풀 필요 없다(풀 시간도 없을 것이다). 중학교 때부터는 이 15분마저도 배정하지 않았다. '그럼 사회, 과학은 언제 공부를 하나?' 학교수업이 사회, 과학을 공부하는 시간이다. 수업을 최대한 집중해서 듣고, 선생님이 강조한 것들을 표시를 해두고, 판서 내용을 공책에 정리하고, 유인물을 잘 모아둔다. 시험기간이 되면 교과서, 공책, 유인물을 중심으로 복습을 하고 문제집을 푼다. 틀린 문제를 다시 풀어 보고, 교과서와 노트, 유인물로 부족한 부분을 보충한다. 사회, 과학은 학교수업을 잘 듣고, 시험기간에 집중적으로 공부하면 충분히 우수한 성적을 거둘 수 있다.

당신 아이가 중학교 2학년이 되어서 저녁 7시부터 밤 11시까지 하루 4시간을 자습한다면 수학 2시간, 영어 1시간 30분, 국어 30분을 공부할 수 있다. 쉬지 않고 4시간을 공부해도 생각보다 자습시간이 많지 않은 것이다. 이처럼 평소에는 국영수 공부만으로도 시간이 빠듯하다. 사회, 과학까지 챙길 시간이 없다. 물론 영어, 수학 공부시간을 줄이거나 자습시간을 늘린다면 사회, 과학을 공부할 수는 있다. 하지만 중학교 때까지는 국영수에 집중하는 것이 현명한 선택이다. 국영수 자습시간을 줄여서 사회, 과학을 공부하면 고등학교에 가서 어려움을 겪게 된다. 실제로 고등학생이 된 필자의 제자들은 "중학교 때 국영수에 집중하지 않은 것이 후회된다"고 한탄을 늘어놓곤 했다.

사회, 과학의 중요성은 오히려 고등학교에서 높아진다. 고교 내신 성적이 대학입시에 반영되고, 수능시험에서 사회탐구(인문계)와 과학탐구(자연계)에 각각 100점씩 배점되기 때문이다. 하지만 초등학교와 중학교 때까지는 사회, 과학에 너무 많은 시간을 소비하지 않는 것이 좋다. 단, 독서를 통해서 사회, 과학에 대한 기본 지식과 소양은 쌓아 둘 필요가 있다.

시간은 한정되어 있고, 해야 할 공부는 많다. 시기별, 과목별 우선순위를 정해서 자습시간을 배정하는 전략적 접근이 필요하다.

자기주도학습과 사교육은 낮과 밤이다. 공존할 수 없기 때문이다. 자기주도학습을 하기 위해서는 자습시간을 확보해야 하고, 자습시간을 확보하기 위해서는 사교육을 하지 말아야 한다. 반대로 사교육을 하면 자습시간을 확보할 수 없고, 자습시간을 확보할 수 없으면 자기주도학습을 할 수 없다. 고로, 자녀를 자기주도학습자로 키우고 싶다면 사교육을 끊어야 한다.

나도 잘 안다. 사교육 없이 아이를 키운다는 게 말처럼 쉽지 않다는 사실을. 직장에 다니는 당신은 자녀의 공부를 봐줄 시간도 없고, 여력도 없다. 시간과 여력이 있다 하더라도 자녀의 공부를 봐주는 건 투잡을 하는 것만큼이나 힘에 부치는 일이다. 주변 엄마들의 압박과 뜬소문에 흔들리지 않을 강한 믿음도 있어야 한다. 옆집 아이가 학원에서 밤늦게 돌아오는 모습을 보면서 불안해하지 않을 굳은 신념도 있어야 한다. 다른 부모들이 가지 않는 길을 꿋꿋이 걸을 수 있는 확고한 철학도 있어야 한다. 시간, 여력, 믿음, 신념, 철학이 있다 하더라도 이따금씩 의구심이 밀려들고 불안감이 급습할 것이다. 그럴 때면 성공자들이 노래처럼 불렀던 이 말을 떠올려보기 바란다.

"남다른 결과를 얻고 싶다면 남다른 선택을 하라."

사교육을 시켜놓고 자녀교육의 성공을 기대하는 것은 호박씨를 심고 수박이 열리기 바라는 것과 같다. 수박을 수확하고 싶다면 수박씨를 심어야 한다. 자식농사에서 성공을 수확하고 싶다면 자기주도학습이라는 씨앗을 심어야 한다. 그러기 위해서는 씨앗을 심을 자습시간부터 확보해야 한다.

공부계획을 수립하라

소비시간 분석과 자습시간 확보가 자기주도학습의 준비 단계였다면 이제부터는 실전 단계로 돌입한다. 실전 첫 단계는 계획 수립이다. "계획을 세우지 않는 것은 실패를 계획하는 것이나 다름없다"는 격언처럼, 계획을 세우지 않고서는 자기주도학습의 성공을 논할 수 없다.

먼저, 앞으로 자기주도학습의 동반자로 오랫동안 함께 할 계획표(표 IV-4)를 만나보자. 계획표는 요일(가로축)과 시간(세로축)의 조합이 만들어내는 직사각형의 작은 칸들로 구성되며, 한 칸은 30분을 의미한다. 따라서 요일별로 생성되는 칸수에 30분을 곱하면 그날 사용할 수 있는 시간이 산출된다. 예컨대 아침 7시에 일어나서 밤 10시에 잠든다면 하루에 30칸(15시간)을 사용할 수 있다. 초등학교 4학년의 경우, 오후 2시까지는 학교생활에 소비한다(a:1~14칸). 이후의 스케줄은 아이들마다 각양각색일 테지만, 평범한 일상을 보내는 아이를 기준으로 했을 때, 대개 오후 5시까지는 사교육이나 방과후학교 프로그램에 시간을 소

　초등 6년이 자녀교육의 전부다

비할 것이다(b:15~20칸). 집에 돌아오면 휴식을 취하다가(c:21~23칸), 저녁 식사를 하고(d:24~25칸), 이후의 시간은 TV 시청, 컴퓨터, 운동, 독서 등의 여가 활동으로 보낼 것이다(e:26~30칸).

| 표 IV-4 | 주간 학습계획표

시각	요일	월	화	수	목	금
아침	07:00~	1	학교 생활 (a)			
		2				
	08:00~	3				
		4				
	09:00~	5				
		6				
	10:00~	7				
		8				
	11:00~	9				
		10				
오후	12:00~	11				
		12				
	1:00~	13				
		14				
	2:00~	15	사교육 또는 방과후 프로그램 (b)			
		16				
	3:00~	17				
		18				
	4:00~	19				
		20				
	5:00~	21	귀가 및 휴식 (c)			
		22				
저녁	6:00~	23				
		24	저녁 식사 (d)			
	7:00~	25				
		26	여가활동 (e)			
	8:00~	27				
		28				
밤	9:00~	29				
		30				

일반적으로 아이들의 귀가 후 스케줄은 휴식(c), 식사(d), 여가(e)로 채워진다. 하지만 이러한 스케줄은 바람직하지 않다. 복습과 자습이 빠져 있기 때문이다. 물론 귀가 후에 공부를 한다는 것이 쉽지는 않다. 아이들은 학교와 학원을 순회하면서 이미 많은 에너지를 소모했다. 게다가 취미활동, 숙제, 컴퓨터, TV 시청 등 잡일들이 정신없이 밀려든다. 이런 잡일(하고 싶은 일, 긴급한 일)들에 휘둘리다 보면 어느새 잠자리에 들 시간이 되고 만다.

자녀가 귀가 후 시간(c~e)을 잡일에 탕진하도록 방치해선 안 된다. 이 시간을 어떻게 보냈는가에 따라 인생의 그림이 달라지기 때문이다. 자녀의 인생이 명화名畵로 그려지길 원한다면, 귀가 후 시간을 철저히 관리해야 한다. 부모가 관리해주지 않으면 이 시간은 손 안의 모래가 빠져나가듯 야금야금 새나가고 만다.

귀중한 시간이 잡일에 소진되는 것을 막기 위해서는 공부 계획을 수립해야 한다. 물론 당신 아이는 계획을 세워본 적이 없을 것이다. 경험 없는 아이에게 한마디 조언 없이 빈칸 가득한 종이만 던져주면 엉터리 계획을 세우기 십상이다. 초반에는 부모가 계획에 대한 밑그림을 그려주고 색칠도 해주어야 한다. 그렇다면 계획은 어떻게 세워야 할까?

우선, 계획표가 필요하다. 표 IV-4를 참고하여 한글이나 MS워드로 계획표를 작성해서 A4 용지에 출력한다. 다음으로 이 계획표에 학교수업, 방과후학교 프로그램, 사교육, 운동, 식사 등 예정된 스케줄을 기입한다. 이제 남은 칸을 세어보자. 남은 칸수에 30분을 곱하면 하루 또는 한 주 동안 자녀가 자유롭게 사용할 수 있는 가용 시간이 산출된다. 이 가용 시간 내에서 공부할 시간과 과목을 배정하되, 다음 3가지 원칙을 준수한다.

원칙 1. 집중력이 높은 시간대에 공부시간을 배치한다.

계획을 세울 때에도 공부의 제1원칙은 가장 우선적으로 고려되어야 한다. 즉, 효율성을 높이기 위해서는 집중력이 높은 시간대에 공부를 시켜야 한다는 말이다. 그렇다면 집중력이 가장 높은 시간은 언제일까? 수면의학과 뇌과학 분야의 최신 연구들은 이 질문의 답을 찾는데 도움을 주는 두 가지 사실을 밝혀냈다.

"첫째, 뇌는 각성 상태일 때 주의력과 집중력이 높아진다. 뇌의 각성도가 가장 높은 시간대는 오전 8~9시와 밤 8~9시다."

"둘째, 뇌의 해마는 잠들기 전 2시간 동안 공부한 내용을 수면 중에 장기기억으로 저장한다."

최신 연구 결과를 통해서 우리는, 공부의 효율이 가장 높은 시간대가 잠들기 2시간 전인 밤 8~9시라는 사실을 알아냈다. 이는 잠들기 전에는 휴식을 취하는 것이 좋다는 기존 상식을 뒤집는 이야기다. 물론 직장인들이야 각성도가 높든 낮든 중요치 않다. 그저 잠들기 전까지 휴식을 취하면 장땡이다. 하지만 학생들은 뇌의 각성 상태가 최고조에 달하는 밤 8~10시를 흥청망청 보내서는 안 된다. 실제로 수면전문가들은 "잠들기 전에 가장 어렵고, 집중력을 요구하고, 중요한 공부를 하라"고 조언한다. 수면전문의 신홍범 박사의 말을 들어보자.

"많은 사람들이 잠들기 전에 휴식을 취한다. 친구와 전화 통화를 하거나 웹서핑을 하거나 가벼운 독서를 하기도 한다. 그러나 이 시간은 두

뇌가 최적으로 움직일 수 있는 숨겨진 시간이다. 또 이 시간에 공부한 내용은 바로 다음에 이어지는 수면에서 단기기억에서 장기기억으로 바로 옮겨질 수 있다. 그러니 학습 효율도 매우 높다. 이 시간에 간식을 먹으면서 친구와 잡담을 하며 보내는 것은 실크 손수건으로 흙바닥을 닦는 것이나 마찬가지다."

원칙 2. 공부시간을 가능한 긴 단위로 통합한다.

경영학의 대가 피터 드러커는 시간을 효율적으로 관리하기 위해서는 자유재량시간*을 연속적으로 묶어야 한다고 주장했다. 드러커의 조언은 공부계획을 세울 때에도 유효하다. 즉, 공부의 효율을 높이기 위해서는 자습시간을 가능한 길게 묶는 것이 좋다는 말이다. 특히 저녁 식사 이후의 시간은 주의력과 집중력이 높게 유지되는 황금시간이자, 부모가 자녀의 공부를 봐줄 수 있는 최적의 시간이다. 효율적이고 효과적인 공부를 위해서는 저녁 식사 이후의 프라임 타임을 자습시간으로 활용해야 한다.

원칙 3. 매일 같은 시간에 같은 과목을 공부한다.

주부들이 저녁 밥상에 올릴 반찬을 고민하는 것처럼 아이들도 오늘 저녁에 무슨 공부를 해야 할지가 고민이다. 식단이 정해져 있으면 메뉴를 고민할 필요가 없듯이, 매일 같은 시간에 같은 과목을 공부하도록 계획을 세운다면 아이들의 고민도 말끔히 해결된다. 이러한 시간 배치는

---

* Discretionary Time: 정상적으로 사용할 수 있고, 자신의 통제 아래에 있는 시간으로, 계획표 상에서 c~e 에 해당하는 시간이다.

초등 6년이 자녀교육의 전부다

루틴을 형성하기 위해서도 꼭 필요한 조치다. 단, 학년이 올라가면 학습량이 많아지기 때문에 매일 같은 시간에 같은 과목을 공부하는 것이 어려울 수도 있다. 이 경우에는 요일별로 과목이나 교재를 바꿔가며 공부하도록 한다.

초·중·고 12년은 인생의 밑그림을 그리는 중요한 시기이다. 이 시기를 가치 있게 보내기 위해서는 귀가 후 시간을 값지게 보내야 하고, 그러기 위해서는 계획을 세워야 한다. 어린 자녀가 스스로 계획을 세우는 것은 아직 무리다. 당신의 도움이 절대적으로 필요하다. 일요일 저녁이 되면 자녀와 함께 다음 한 주 동안의 공부 계획을 세우도록 하자. 어느 정도 시간이 흐르면 아이 스스로 계획을 세울 수 있게 된다. 하지만 이때에도 자녀에게 전적으로 맡기는 것보다는 부모가 곁에서 챙겨주는 것이 바람직하다. 자녀와 함께 지난 한 주를 반성해보고, 다음 한 주를 계획한다면 값지고 의미 있는 하루하루를 보낼 수 있을 것이다.

공부계획을 실천하라

이제 계획 수립의 3원칙을 반영해서 계획표를 작성할 차례다. 계획을 어떻게 세워야 할지 감이 잡히지 않는 부모들을 위해서 초등 4학년의 주간 학습계획표(표 IV-5)를 예시로 제시한다. 자습시간은 총 120분이며, 과목별 권장 자습시간에 근거하여 사회 · 과학 15분, 영어 45분, 수학 60분을 배정했다.

　설명에 앞서 한 가지 당부하고 싶은 말이 있다. 제시한 계획표는 모범도 아니고, 정답도 아니다. 이런 식으로 작성한다는 참고 수준에서 읽어주기 바란다. 특히 과목별 공부 시간대는 당신의 상황에 맞춰서 재조정할 것을 주문하고 싶다. 실제 계획표는 자녀의 학년과 능력, 가정의 환경과 여건 등 당신이 처한 현실을 고려하여 작성하기 바란다. 이제, 계획표에 배정된 시간에 무엇을 해야 할지 하나씩 살펴보기로 하자.

시각 \ 요일		월	화	수	목	금	토
A	14:00~16:30	자유시간 또는 사교육, 방과후학교 프로그램					오전 중에 120분 동안 자습을 한다
A	16:30~17:00	자유시간 또는 귀가					
B	17:00~17:15	사회, 과학(15분)					
C	17:15~18:00	영어(45분)					
D	18:00~18:30	숙제하기, 책가방 · 준비물 챙기기					
E	18:30~19:00	저녁 식사					일
E	19:00~19:30						
E	19:30~20:00	세면 및 자유시간					저녁이 되면 다음 한주의 계획을 수립 한다.
F	20:00~20:30	수학(60분)					
F	20:30~21:00						
G	21:00~21:15	총복습 · 점검(15분)					
H	21:15~22:15	독서(60분)					
I	22:15~22:30	취침					

A(~17:00) 귀가

대부분 아이들은 학교가 끝나도 곧장 집으로 가지 않는다. 대개 방과후학교 프로그램에 참여하거나 학원에 갔다가 늦은 오후에 귀가한다. 일부 아이들은 부모가 늦게 퇴근한다는 이유로 저녁 6, 7시가 넘도록 집에 들어가지 못한다. 맞벌이 때문에 자녀를 돌봐줄 수 없다 해도 (자녀가 혼자서 있을 수 있는 나이가 되면) 오후 5시 전후에는 귀가를 해서 저녁 식사 전에 1시간 정도 자습을 하는 것이 좋다.

B(17:00~17:15) 사회, 과학 복습

사회, 과학은 많은 아이들이 어려워하는 과목이고, 시험 점수가 낮게 나오는 과목이다. 아이들이 사회, 과학에서 고전을 면치 못하는 까닭은 암기해야 할 것들은 많은데, 수업이 끝나는 순간부터 망각이 일어나기 때문이다. 망각을 극복할 수 있는 방법은 복습뿐이다. 집에 돌아오자마자 사회, 과학부터 복습하도록 계획을 세운 것은 이러한 이유에서다.

사회, 과학은 초등학교 3학년 때부터 배우기 시작하고, 평균 주 2회 수업을 듣는다. 따라서 B에 소비되는 시간은 자녀의 수업 시간표에 맞춰서 조정할 필요가 있다. 예컨대 사회, 과학 수업이 없는 날은 계획표에서 B를 제외하고, 두 과목 수업이 모두 들은 날은 B에 30분을 배정한다.

오후 5시부터 공부를 시작하도록 계획을 세운 이유가 한 가지 더 있다. 중학교 생활에 대비하기 위해서다. 중학생이 되면 보통 오후 4시에서 5시 사이에 하교를 한다. 초등학생 때부터 오후 5시 전후로 공부하는 습관을 들이면 중학생이 되어서 하교 후에 곧바로 복습을 시작할 수 있다.

C(17:15~18:00) 영어

사회, 과학 복습이 끝나면 45분 동안 영어를 공부한다. 우선 교과서 복습부터 한다. 영어 교과서는 대한민국 최고의 전문가 집단이 머리를 맞대고 만든 최고의 교재로서, 초·중·고를 아우르는 체계성을 갖추고 있으며, 엄선된 어휘와 표현들이 담겨 있다. 또한 교과서는 수업의 핵심 교재이자, 시험 문제가 출제되는 원천 자료이다. 이토록 중요한 교과서를 일 년에 한 번도 펼쳐보지 않고 학원교재, 학습지, 문제집만 시키는 부모들이 많다. 하지만 그것들은 교과서를 완벽히 공부하고 난 다음에 해도 늦지 않다. 3·4학년은 주 2회, 5·6학년은 주 3회 영어수업을 받는다. 때문에 수업이 없는 날도 있다. 하지만 완벽한 숙달을 위해서 수업

초등 6년이 자녀교육의 전부다

이 없는 날에도 교과서를 복습하도록 한다. 매일 교과서를 복습하는 습관을 들인다면 초등학교는 물론이고, 중·고등학교 내신에서도 우수한 성적을 거둘 수 있다.

초등학교 영어 수업은 듣기와 말하기 중심으로 진행되기 때문에 종이 교과서로 복습을 하기에는 한계가 있다. 효과적인 복습을 위해서 e교과서 활용을 추천한다. e교과서를 내려 받는 방법은 다음과 같다.

① 포털사이트 검색창에 'e교과서'를 입력하고, 엔터를 친다.
② 'e교과서' 사이트에 접속한다.
③ 우측하단에 '교과서 바로가기'를 클릭한다.
④ 학교별 인증번호를 입력하고(학교 홈페이지의 게시판을 검색하거나 담임에게 문의하라), '조회'를 클릭한다.
⑤ 내려받을 교과서를 체크하고, 'e-교과서 내려받기'를 클릭한다.

출판사마다 약간씩 차이가 있지만, 영어를 처음 배우는 3학년은 인사나누기(Hi, I'm O O) 단원을 시작으로 한 동안 기초적인 내용을 배운다. 이것만 보고 '교과서는 너무 쉽다'고 섣불리 결론짓는 부모들이 간혹 있는데, 낭패를 볼 수도 있다. 뒤로 가면서 내용이 점점 어려워지기 때문이다. 예컨대 3학년 후반으로 가면 하나 둘씩 어려운 표현(How's the weather)이 나오기 시작하고, 4학년 후반으로 가면 과거시제가 포함된 표현들(How was~/It was~, What did you do~/I went to~)이 등장한다. 현재 3학년이 배우는 내용들은 7차 교육과정까지만 해도 5, 6학년 교과서에 나오는 것들이었다. 3, 4학년 아이들은 예전보다 2~3년 앞선 내용을 배우고 있는 것이다. 따라서 자녀가 영어에 소질이 없거나 3학년 때 영어를 처음 접하는 것이라면 교과서를 소화해내기도 벅찰 것이다. 또는 잘 따라가다가 어느 시점부터 교과서를 어렵게 느낄 수도 있다. 그러므로 교과서를 팽개쳐놓고 무턱대고 사교육을 시키거나 학습지를 풀게 해서는 안 된다. 사교육, 학습지보다 중요하고 시급한 일은 교과서를 완벽히 소화하는 것이다. 자녀가 영어를 잘하든 못하든 우선은 교과서를 '완벽하게'* 공부하는 것을 최우선 목표로 삼아야 한다.

매일 꾸준히 복습을 시키다보면 교과서를 완벽히 소화하고도 시간이 남을 수 있다. 그럴 경우에는 별도의 교재를 하나 정해서 공부를 시키도록 하자. 이때에도 교재에 나오는 단어와 문장을 수차례 반복해서 듣고 말하고 읽고 써서 교재의 내용을 완벽히 소화하도록 한다. 물론 이런 식으로 공부를 하면 진도는 지지부진해질 수밖에 없다. 하지만 언어 학습은 많은 양을 공부하는 것보다 하나를 배우더라도 숙달될 때까지 반복하는 것이 실력을 향상시키는 지름길이라는 사실을 기억하자.

초등영어가 듣기 · 말하기 중심이긴 하지만, 읽기 · 쓰기도 배운다. 때문에 이에 대한 학습도 이뤄져야 한다. 우선 교과서에 나오는 읽기read와 쓰기write를 숙달될 때까지 반복해서 읽고 쓰게 한다. 더불어 단어도 암기시킨다. 초등학교 영어 교과서에 등장하는 단어는 약 800개 내외이다. 교육과정에 800개의 단어를 명시했다는 것은 초등학교를 졸업할 때

---

* '완벽하게'라 함은 교과서에 나오는 내용을 능숙하게 듣고, 말하고, 읽고, 쓸 줄 아는 수준을 말한다.

    초등 6년이 자녀교육의 전부다

이 단어만큼은 완벽히 읽고 쓸 줄 알아야 한다는 뜻이다. 4년 동안 800개를 배우니까 연평균 200개를 암기해야 하고, 이를 위해서는 이틀에 한 단어, 일주일에 네 단어를 암기시켜야 한다는 계산이 나온다. 단어는 교과서의 읽기·쓰기에 나오는 단어와 시중에 판매되는 '학년별 필수 영단어 교재'를 병행해서 암기시키면 좋다.

영어는 언어이기 때문에 (수학과 달리) 선행학습을 한다고 해서 크게 문제될 일이 없다. 자녀가 영어에 흥미와 재능을 보인다면 초등 수준을 넘어서는 공부를 시키는 것도 괜찮다고 본다. 특히 1, 2학년 때는 비교적 시간이 많고 공부할 과목이 적기 때문에 모국어를 배우듯 자연스럽게 영어를 공부시키는 것도 괜찮은 전략이다.

사실 초·중학교 시기에 고교 수준까지 선행학습을 해두면 고등학교에 가서 다른 과목을 공부할 수 있는 시간을 벌 수 있다. 물론 이건 어디까지나 이론적인 이야기다. 이론을 무리하게 현실에 적용했다가는 자충수가 될 수도 있다. 선행학습의 부작용을 최소화하기 위해서는 자녀가 선행학습에 거부감을 갖지 않아야 하고, 학년을 뛰어넘는 내용에 어려움을 느끼지 않아야 하며, 영어 공부에 너무 많은 시간을 소비하지 않아야 한다. 이것을 무시한 채 선행학습에 열을 올리다가 망가지는 아이들을 숱하게 목격했다.

중·고등학교에 가서 대학 영어를 공부시킬 생각이 아니라면 적기에 영어를 배우는 것에 대해서 너무 불안해하지 말기 바란다. 내신과 수능에서 높은 점수를 받는 것이 목표라면 목숨걸고 선행학습에 매달릴 필요가 없다. 내신·수능 1등급*은 학교수업과 자습만으로도 충분하다. 대학입시는 영어만 잘한다고 해서 해결되는 문제가 아니다. 영어 말고도 해야 할 공부는 많다. 문제는 언제나 시간이다. 영어 공부를 시키는 일차 목적이 대학입시를 위한 것이라면 영어에만 치중할 것이 아니라 국어와 수학에 시간을 분산 투자해야 한다.

많은 학원들이 초등학생에게 단어를 달달 외우게 하고, 독해와 문법을 가르친다. 이런 학원에 자녀를 보내는 것을 보면, 부모들은 이런 식의 공부에 문제가 있다는 사실을 모르는 것 같다. 당신도 학창시절에 공부를 해봐서 알 것이다. 문법은 결코 쉽지 않다. 부정사, 분사, 관계사, 수동태 등 용어부터가 상당히 난해다. 과연 초등학생이 중·고등학생들도 어려워하는 문법을 제대로 이해할 수 있을까?

나는 문법 공부에 열을 올리고 있는 제자들을 볼 때면 그 뜻이 무엇인지 아느냐고 물어보곤 한다. 아이들은 하나같이 고개를 가로젓는다. 학원은 뜻도 모르는 초등학생에게 문법을 강제로 주입시켰고, 아이들은 뜻도 모르면서 무작정 문제만 풀어 댔다. 아이들이야 부모와 학원이 시키니까 어쩔 수 없이 한다 치고, 자녀가 뜻도 모른 채 문제만 풀어대고 있다는 사실에 무관심한 부모들은 도무지 이해가 안 된다.

사교육, 아주 좋은 것이다. 선행학습, 아주 좋은 것이다. 약이 될 수만 있다면. 하지만 당신 아이에게 사교육은 독이 될 가능성이 훨씬 더 높다. 그것이 약인지 독인지, 자녀의 수준과 상태를 봐가면서 시키자. 제발!

---

* 교육부는 '2018학년도부터 수능 영어 영역에 절대평가를 도입하겠다'고 발표했다(2014.12.26). 입시 정책이 워낙 자주 바뀌기 때문에 장담할 수는 없지만, 현재와 같은 정책 기조가 유지된다면 영어의 비중은 현재보다 축소될 것으로 예상된다. 그에 따라 수학으로 사교육 수요가 쏠릴 것이라는 예측이 주류를 이루고 있다.

 초등 6년이 자녀교육의 전부다

물론 당신 아이가 흥미와 재능을 보인다면 고교 영문법을 배우든, 토플에 도전하든 문제 삼을 이유는 전혀 없다. 하지만 그것이 암기주입식이라면 당장 중지하는 것이 현명한 처사일 것이다. 암기주입식 영어는 어린 자녀에게 극심한 고통을 주고, 영어에 대한 흥미와 자신감을 떨어뜨린다. 초등학교 시절에 고통스럽게 영어를 접한 아이에게 영어는 고통, 분노, 좌절, 공포, 시련을 뜻하는 단어로 기억된다. 영어를 혐오하는 아이가 과연 중·고등학교에 가서 하루에 몇 시간씩 영어 공부를 해낼 수 있을까? 수준에 맞지 않는 무리한 공부는 아이에게 고통을 주고, 영어를 싫어하게 만들며, 자신감에 상처를 입힐 뿐이다. 어차피 중·고등학교에 가면 배우게 될 것을 미리 배우면서 정신적 고통에 시달리고, 시간과 에너지를 낭비할 필요가 전혀 없다.

영어 공부는 기본적으로 자녀의 수준에 맞아야 하고, 무엇보다도 재미가 있어야 한다. 시중에는 영어를 재미있고 즐겁게 배울 수 있는 교재들이 넘쳐난다. 예컨대 자녀가 애니메이션 겨울왕국을 좋아한다면 영화를 리스닝 교재로, 영화 대본이 나와 있는 책을 스피킹·라이팅 교재로, 영문판 소설책을 리딩 교재로 삼아서 공부하는 것이다. 수준이 좀더 높은 아이라면 해리포터도 좋은 교재가 될 것이다. 영화, 드라마, 소설, 팝송, 보드게임 등 영어를 놀이처럼 배울 수 있는 교재는 약간의 수고만 들이면 손쉽게 찾을 수 있다.

초등학교 시절에는 영어에 흥미와 자신감을 갖는 일이 무엇보다도 중요하다. 자녀가 초등학교를 졸업할 때 '나는 영어가 재미있다', '나는 영어를 잘한다'는 생각을 하게 만들어주는 것만으로도 대성공이다.

숙제를 하고 책가방을 챙기는 시간이다. 아이의 알림장을 살펴보고 오늘 숙제와 내일 준비물이 무엇인지 살펴보자. 숙제가 있다면 그것부터 하도록 하고, 숙제를 다 마치고 나면 다음날 수업에 필요한 것들(교과서, 공책, 숙제, 필기구, 준비물 등)을 책가방에 정리하게 한다. 만일 숙제가 많아서 D만으로 부족하다면 해당 과목의 공부시간에 나머지 숙제를 하도록 한다. 물론 집에 돌아오자마자 숙제부터 끝내도록 계획을 세우는 것도 괜찮다. 다만, 저녁 식사 이후는 자습의 황금시간대이기 때문에 가급적 그전에 숙제를 마치도록 하자.

저녁 식사를 하고, 휴식을 취하는 시간이다. 숙면을 위해서는 저녁 식사는 가급적 취침 4시간 이전에 마치고, 그 이후에는 음식을 일절 섭취하지 않는 것이 좋다. 휴식시간에 컴퓨터를 하거나 TV 시청을 하는 것은 다음 활동(F~H)에 지장을 주기 때문에 바람직하지 않다. 자극적인 매체는 가급적 삼가고, 건전한 여가활동을 할 수 있도록 관리해주자.

단, 이 시간대에 운동은 자제하는 것이 좋다. 운동 중에 분비되는 엔도르핀과 같은 각성 물질이 숙면을 방해하기 때문이다. 또한 저녁 운동은 체력을 고갈시키기 때문에 이후의 학습에 지장을 초래한다. 운동은 오후에 하는 것이 가장 좋고, 늦어도 잠자리에 들기 3시간 전에는 끝내도록 한다.

F(20:00~21:00) 수학

휴식 후에는 60분 동안 수학을 공부한다. 늦은 시간에 수학을 배치한 이유는 이때가 주의력과 집중력이 가장 높은 시간대이고, 부모가 자녀의 공부를 봐줄 수 있는 자기주도학습의 프라임 타임이기 때문이다. 수학은 교과서를 읽고, 개념을 정리하고, 문제집을 풀고, 채점을 하고, 오류를 수정하고, 틀린 문제를 다시 푸는 식으로 공부한다. 자세한 방법은 이미 앞에서 설명했다.

G(21:00~21:15) 총복습(점검)

망각은 책을 덮자마자 진행된다. 오늘 공부한 것들을 더 많이, 더 오래 기억하기 위해서는 잠들기 전에 다시 한 번 복습을 해주는 것이 좋다. 수학 공부를 마치면 잠시 쉬었다가 오늘 공부한 내용을 총복습하는 시간을 갖는다.

총복습은 오늘 공부한 것들을 부모에게 점검 받는 시간이기도 하다. 따라서 총복습은 부모의 주도하에 진행한다. 참고로 내 계획에는 총복습 시간을 자습시간에 포함시키지 않았다. 상황과 여건에 따라 자습시간에 포함시켜도 무방하다.

H(21:15~22:15) 독서

독서의 최적기는 초등학교 시절이다. 중·고등학교에 가면 수업 시수와 학습량이 증가하기 때문에 책 읽을 시간이 부족해진다.* 만일 자녀가 4학년이라면 하루 2시간을 자습하고도 4시간 이상 독서할 수 있는 여가가 생긴다. 물론 이 시간을 모두 독서로 채우기는 어렵겠지만, 적어도 1~2시간 정도는 책을 읽을 수 있도록 관리해주는 것이 좋다. 전문가들은 가장 집중력이 높은 시간대에 독서를 해야 한다고 주장한다. 필자도 각성도가 가장 높은 밤 9시 이후에 독서를 배치했다.

전략적이고 계획적인 독서를 위해서 학년별, 학기별, 월별, 주별로 읽어야 할 책을 정해주는 것이 좋다. 하지만 양적 독서에 치중하다보면 목표치를 채우기 위해서 책을 건성으로 읽을 수도 있다. 그러므로 책을 읽으면서 중요한 내용에 밑줄을 긋고, 모르는 낱말을 찾아서 정리하고(다음사전으로 검색해서 내 단어장에 추가하면 몇 초 걸리지 않는다), 책을 다 읽고 난 후에는 독후 활동을 해보는 것이 바람직하다.

학습만화나 문학(동화, 소설)에 편중된 독서를 하는 아이들이 많다. 하지만 학습만화는 투자한 시간 대비 건질 수 있는 것이 별로 없다. 또한 만화 형식의 책에 길들여지면 줄글로 된 책을 꺼리는 부작용이 생기기도 한다. 문학책은 여가나 정서 순화를 위해서는 유익하지만, 독해력과 배경지식을 쌓는 데는 그닥 도움이 되지 않는다. 학습에 도움이 되는 독서를 하기 위해서는 문학과 비문학(인문 · 역사 · 사회 · 과학)의 비중을 50대 50으로 맞추는 것이 좋다.

많은 부모들이 자녀에게 권장 도서나 학교 도서관에 있는 책을 주로 읽힌다. 물론 이것도 괜찮은 방법이다. 하지만 필자는 '일거양득 독서'를 시켜보라고 권하고 싶다. 일거양득 독서란 이번 학기의 국어 · 수학 · 사

---

* 학생들의 평일 독서시간을 조사한 결과, 초등학생 55분, 중학생 43분, 고등학생 35분으로 학년이 올라갈수록 줄어드는 것으로 나타났다(문화체육관광부, 2013).

회·과학 교과서에 나오는 내용과 관련된 책을 읽는 것을 말한다. 예컨대 이번 학기 과학 교과서에 '식물의 생김새와 사는 곳', '물의 상태 변화', '빛과 거울', '지구와 달'에 대해서 배운다면, 이 주제들과 관련된 책들을 읽는 것이다. 일거양득 독서는 교과 공부에 도움이 되는 것은 물론, 수업시간에 배울 수 없었던 내용을 접함으로써 이해의 폭을 넓힐 수 있고, 중·고등학교 공부에 도움이 될 만한 배경지식도 쌓을 수 있다.

독서는 학교 현장에서도 중점을 두는 교육 활동 중 하나다. 많은 학교들이 저마다 다양한 독서 프로그램을 운영하고 있으며, 학교 도서관을 활성화시키기 위해서 매년 많은 예산을 투입하고 있다. 학교에서 진행하는 독서 프로그램과 학교 도서관을 잘 활용한다면 자녀의 독서지도에 큰 도움을 받을 수 있을 것이다. 독서지도에 관한 책들이 시중에 많이 출간되어 있다. 보다 자세한 정보는 그 책들을 통해서 얻기 바란다.

I(22:15~) 취침

학력고사 시절, 사람들은 '4당 5락'을 진리로 떠받들며 잠을 공부의 적으로 폄하했다. 하지만 이는 명백한 오판이었다. 현대 과학은 4당 5락이 미신에 불과하다는 사실과 훼방꾼으로 폄하되었던 잠이 공부의 조력자라는 사실을 밝혀냈다.

잠을 자는 동안, 뇌의 해마hippocampus는 낮에 공부한 내용을 복습하고, 새로운 지식을 저장할 수 있도록 뇌를 비우는 작업을 한다. 따라서 오늘 공부한 내용을 장기기억으로 저장하고, 다음날 맑은 정신으로 공부를 하기 위해서는 충분한 수면을 취해야 한다. 수면의학자들은 6~12

세 아동은 10~11시간, 사춘기 청소년은 8~9시간을 자야 한다고 주장한다. 하지만 안타깝게도 우리 아이들은 만성 수면 부족에 시달리고 있다.*

수면부족은 기억력, 주의력, 집중력, 판단력, 통찰력, 창의력 등 고차원적인 두뇌 기능을 현저히 저하시키기 때문에 공부의 효율을 떨어뜨린다. 다음날 생활과 학습에 지장을 받지 않으려면 초등 저학년이라면 하루 10~11시간, 고학년이라면 9~10시간 정도 잠을 자야 한다.

많은 아이들이 그날그날 기분에 따라 즉흥적으로 공부를 하고 있다. 아마 당신 아이도 계획을 세우지 않을 것이다. 무계획적으로 생활하는 자녀를 방치할 셈인가? 계획을 세워보라고 한두 번 이야기하고 말 것인가? 자녀에게 맡겨두고 부모가 뒤로 빠지면 계획은 흐지부지되고 만다. 계획은 공부의 설계도와 같다. 설계도가 없으면 집을 지을 수 없듯이, 계획이 없으면 자기주도학습을 완성할 수 없다. 자녀가 계획적인 생활을 하기 위해서는 당신의 협조와 관리가 절대적으로 필요하다.

---

* 우리나라 학생들의 평균 수면시간은 초등학생이 8시간 19분, 중학생이 7시간 12분, 고등학생이 5시간 27분에 불과하다(한국청소년정책연구원, 2014).

성공적인 자기주도학습을
위한 부모의 역할

부모들은 자녀교육 문제로 노심초사한다. 특히 아이가 공부를 거부하거나, 성적이 떨어질 때면 부모들의 가슴은 바짝 타들어간다. 아이들은 왜 공부를 싫어할까? 왜 우등생이 되지 못할까? '공교육이 부실해서', '사교육을 더 시키지 않아서', '공부에 소질이 없어서' 문제의 원인을 다른 곳에서 찾고 있는 부모들은 중대한 진실을 놓치고 있다.

"부모의 역할이 공교육과 사교육은 말할 것도 없고,
자녀의 능력과 노력에 버금갈 만큼 막중하다."

답을 멀리서 찾지 말라. 파랑새는 부모 당신이다. 당신은 그 어떤 요인보다도 자녀의 학습능력과 학업성취에 막대한 영향을 미친다.

'이런 말, 정말 지긋지긋하다. 도대체 부모의 영향이 어느 정도이기에

막대하다는 표현을 쓰는가? 증거는 있는 말인가?'

충분히 공감한다. 듣기 좋은 꽃노래도 한두 번이지, 수없이 들어온 말에 히스테리를 일으킬 만도 하다. 나는 경험하지 않았거나 근거가 빈약한 말은 가급적 하지 않는 편이다. 부모가 자녀의 학업성취에 미치는 영향이 어느 정도인지 증거를 제시하겠다.

조석희와 제임스 캠벨은 5개국(중국·독일·핀란드·미국·한국), 10,000명의 국제올림피아드 입상자들과 그 부모들을 20여 년에 걸쳐서 연구했다. 그리고 연구 결과를 바탕으로 자녀의 학습능력과 부모의 유형이 조합돼서 만들어내는 학업성취를 표 IV-6와 같이 제시하였다.

| 표 IV-6 | 부모가 자녀의 성적에 미치는 영향*

자녀의 능력	지혜로운 부모의 영향		일반적인 부모의 영향		부정적인 부모의 영향	
출발점 능력 우수	국어	A	국어	A	국어	B
	영어	A	영어	A-	영어	C
	수학	A	수학	B+	수학	C+
출발점 능력 중간	국어	B	국어	C	국어	D
	영어	B+	영어	C	영어	C-
	수학	A	수학	B	수학	C
출발점 능력 하위	국어	B	국어	C-	국어	D
	영어	C+	영어	C-	영어	F
	수학	C+	수학	D	수학	F

* 조석희·제임스 캠벨(2010), 「슈퍼부모들의 공부기술」, 판테온하우스.

표는 부모의 영향력을 노골적으로 보여준다. 자녀의 학습능력이 우수하든 중간이든 하위든, 부모가 자녀의 학업성취에 미치는 영향은 실로 막강하다. 예컨대 우수한 학습 능력을 갖춘 3명의 학생이 국어, 영어, 수학 시험을 치렀다고 하자. 지혜로운 부모를 둔 학생은 AAA를 받는다. 일반적인 부모 밑에서 자란 학생은 AA-B+를 받는다. 부정적인 부모를 만난 학생은 BCC+를 받는다. 하위 능력을 가진 학생의 경우, 부모에 따라 BC+C+를 받을 수도 있고, DFF를 받을 수도 있다. 한편 어떤 부모를 만났는가에 따라 하위 능력의 학생이 우수 능력의 학생보다 더 뛰어난 성적을 거둘 수도 있다. 즉, 하위 능력의 학생일지라도 지혜로운 부모를 만나면 BC+C+를 받고, 우수 능력의 학생일지라도 부정적인 부모를 만나면 BCC+를 받는다. 부모의 영향이 자녀의 학습 역량보다 학업성취에 더 큰 변수로 작용할 수도 있는 것이다. 연구자들은 자녀의 학업성취에 미치는 부모의 영향에 대해서 다음과 같은 결론에 도달했다.

"부모가 자녀의 학업성취에 영향을 미치는 정도는
20~30퍼센트인 것으로 밝혀졌다.
즉, 부모가 어떻게 하느냐에 따라 자녀의 성적이
20~30퍼센트 오르거나 내려갈 수 있는 것이다."

수백 명이 경쟁하는 내신시험은 한두 문제로 등급이 바뀐다. 수십만 명을 한 줄로 세우는 수능시험은 한두 문제로 당락이 바뀐다. 이런 피말리는 초접전 상황에서 20~30퍼센트는 등급과 당락을 결정지을 만큼 막강한 비중이다.

다른 사례를 하나 더 살펴보자. 「명문大식 공부혁명 공부불패」의 저자 유재원은 서울대를 세 번이나 들어갔고, 13년 동안 서울대에서 공부를 했다. 그는 수없이 많은 서울대생을 만났고, 책을 집필하는 과정에서 서울대생 100명을 설문조사했다. 이러한 경험과 데이터를 바탕으로 그는 '서울대 공부법=40:40:20'이라고 정의했다. 즉 서울대생들의 공부법은 학생 본인의 의지(40), 부모님의 후원과 격려(40), 선생님과 교재(20)의 3가지 요소로 구성되어 있다는 것이다.

'부모가 아무리 중요하다고 해도 공부는 아이 본인이 하는 것인데, 부모의 비중이 40이라는 것은 좀 과한 것 같다.' 내 생각에도 40은 약간 높게 잡은 감이 든다. 그의 말을 직접 들어보기로 하자.

"본인의 의지가 중요한 것은 당연하지만 부모님 역할이 개인의 의지와 같은 비중인 40을 차지한다니 믿기 어려울 것이다. 그렇지만 내가 만난 서울대생은 거의 대부분 부모님의 지원과 격려가 큰 힘이 되어 서울대에 입학할 수 있었다고 말한다. 자기 자신도 기를 쓰고 열심히 공부했지만 부모님의 헌신적인 조언과 뒷바라지가 없었다면 좋은 결과를 얻지 못했을 지도 모른다고 인정한다."

수치화할 수는 없지만, 내 경험적 사실 또한 비슷하다. 나는 교사 생활을 하면서 우등생의 부모들을 많이 만났는데, 그들은 하나같이 자녀 교육에 열성적이었고 자녀에게 지원과 격려를 아끼지 않았다. 어쩌면 20~30퍼센트, 40퍼센트까지는 아닐 수도 있다. 하지만 부모가 자녀의

  초등 6년이 자녀교육의 전부다

학업성취에 미치는 영향이 무척 크다는 사실만큼은 인정하기로 하자.

물론 부모들 입장에서도 할 말은 있다. 수많은 자녀교육서에서, 수많은 교육전문가들이 부모의 역할이 막중하다고 압박을 하고 있지만, 정작 그 역할에 대한 구체적 지침을 제시하지는 않는다. 그런 점에서 부모의 역할을 구체적이고 실전적으로 제시한 이 책의 의의와 가치는 매우 크다 하겠다.

낯간지러운 자화자찬은 짧게 끝내도록 하고, 이제 당신이 해야 할 일들을 정리해보자. 자녀를 성공적인 자기주도학습자로 키워내기 위해서 부모가 해야 할 일에는 세 가지가 있다. 관리Management, 채점Mark, 점검Monitoring이 그것이다. 필자는 부모의 세 가지 역할을 '3M'이라고 명명하였다. 표 IV-7는 3M의 세부 내용을 정리한 것이다.

| 표 IV-7 | 성공적인 자기주도학습을 위한 부모의 역할(3M)

역할	분야
관리Management	시간, 분량, 성과
채점Mark	문제집, 학습지
점검Monitoring	숙제, 교과서, 어휘, 문제집

3M은 단순하다. 하지만 효과는 막강하다. 3M은 당신을 지혜로운 부모로 만들어준다. 3M은 부모가 가진 40퍼센트의 영향력을 극대화시켜준다. 3M은 당신을 성공하는 부모로 이끌어준다. 자녀를 자기주도학습자로 키우고 싶은가? 자녀교육에 성공하고 싶은가? 그렇다면 오늘부터 3M을 시작하라.

시간 관리

우리는 새해가 되면 신년 계획을 세운다. 하지만 대부분의 계획들은 작심삼일로 끝이 난다. 계획 실천은 의지 충만한 성인들에게도 어려운 일이다. 하물며 어리고 의지박약한 당신 아이는 오죽하랴. 아이 혼자서 계획을 세우는 것도 어렵지만, 계획을 실천하는 것은 더더욱 어렵다. 의지박약한 아이들에게 계획표는 그저 한 장의 종이일 뿐이다. 멋들어진 계획을 세웠다 해도, 누군가 관리해주지 않으면 아이들은 TV와 컴퓨터 곁을 떠나지 않는다. 부모가 나서서 자녀의 시간을 관리해 주어야 한다. 관리자가 없으면 계획은 수포로 돌아가고, 자기주도학습은 실패한다.

시간은 썰물처럼 빠져나가고, 할 일은 밀물처럼 밀려든다. 어영부영하다가는 금세 잠자리에 들 시간이 되고 만다. 시간을 흥청망청 보내면 덧없는 인생을 살게 된다. 인생은 시간이라는 재료로 빚어낸 작품이다. 걸작을 만들고 싶다면 시간을 황금처럼 사용해야 한다.

성공을 위한 재료로 오늘을 희생시키라는 말은 아니다. 대하소설에서 찢어버려도 되는 페이지는 없다. 수천 쪽에 달하는 책일지라도 한 페이지, 한 페이지는 모두 소중하다. 어제, 오늘, 내일 중에 더 소중하고 덜 소중한 날은 없다. 우리의 과거, 현재, 미래는 인생이라는 책의 1부, 2부, 3부와 같다. 미래를 위해 현재를 희생하는 것은 인생의 일부를 찢어버리는 우둔한 행동이다. 과거는 지나갔다. 미래는 오지 않았다. 인생은 현재에 있다. 우리가 갈구하는 행복은 지금Now 여기Here에만 존재한다. 행복해지고 싶다면 지금 이 순간을 즐길 줄 알아야 한다.

하지만 그렇다고 너무 현재의 행복에만 몰두하는 것도 바람직한 일은 아니다. 현재의 행복이 미래의 행복을 보장해주지 않는 까닭이다. 미래의 행복도 챙기면서 현재의 행복을 누리는 것이 내 인생에 대한 예의가 아닐까. 우리가 추구해야 할 행복은 한순간의 행복이 아닌, 항구적 행복이다. 오늘의 행복은 내일의 행복을 위한 밑거름이 되어야 하고, 그러기 위해서는 금보다 값진 오늘을 살아야 한다. 값진 오늘을 사는 사람만이 값진 내일을 맞이할 수 있다.

많은 사람들이 살랑대는 촛불처럼 갈피를 잡지 못한 채 오늘을 살고 있다. 욕망과 불만의 화신化身이 되어, 낭떠러지를 향해 쫓고 쫓기는 추격전을 벌이고 있다. 인생의 소중한 가치를 찾지 못한 까닭이다. 당신에게 소중한 가치는 무엇인가? 승진인가? 부와 명예인가? 친화적 인간관계인가? 부모는 껍데기에 정신이 팔려 흥청망청 살면서 자녀에게 열심히 공부하라고 강요하는 것은 어불성설이다. 당신 아이가 값진 오늘을 살기 바라는가? 당신이 먼저 값진 가치를 추구하고, 값진 오늘을 살아야 한다. 값진 가치란 훌륭한 부모가 되는 것이요, 값진 오늘이란 자녀교육에 헌신하는 것이다. 당신이 훌륭한 부모를 꿈꾸고 자녀교육에 헌신한다면, 당신 아이는 값진 오늘을 살 수 있고, 행복한 내일을 맞이할 수 있다.

분량 관리

공부계획을 세울 때는 시간, 과목뿐만 아니라 분량도 관리해주어야 한다. 공부할 분량은 부모와 자녀가 함께 의논하여 정하고, 계획표에 수치화하여 기록한다. 예컨대 교과서 00쪽부터 00쪽까지 어휘 정리하기, 문제집 00쪽부터 00쪽까지 풀기와 같이 분량을 구체적으로 적는 것이다.

초기에는 계획한 시간 내에 목표한 분량을 끝내지 못하거나, 다 끝내고도 시간이 남을 수 있다. 하지만 이러한 불일치는 통과의례다. 자녀의 단위 시간당 학습량은 자기주도학습을 한 주 정도만 해보면 가늠할 수 있다.

성과 관리

시간 중심 또는 분량 중심의 계획은 때때로 부작용을 유발하기도 한다. 1시간 동안 문제집을 한 쪽도 풀지 않는 시간 때우기 식 공부를 한다거나, 모르는 문제는 건너뛰고 문제를 의도적으로 틀리는 양 채우기 식 공부를 하는 것이다. 이런 부작용을 방지하기 위해서는 공부계획에 '성과'를 포함시켜야 한다. 예컨대 문제집을 푼다면 '80퍼센트 이상 맞히기'라든지, 교과서를 읽는다면 '핵심내용을 백지에 적을 수 있기' 등 공부를 통해서 달성해야 할 성과를 구체적으로 설정해주는 것이다.

3M의 한 축을 차지할 정도로 채점은 부모의 중요한 역할 가운데 하나다. 자녀가 문제를 풀면 곧바로 채점을 해주고, 틀린 문제를 다시 풀게 하자. 간혹, 채점 후 곧바로 풀이를 설명해주는 부모들이 있다. 바람직하지 않은 방법이다. 그 이유는 다음과 같다.

첫째, 누군가의 도움을 받아서 틀린 문제를 풀다 보면 이해력, 응용력, 문제해결력 등을 기를 수 없다. 고급 사고력은 깊이 고민하고 연구하는 과정에서 길러진다.

둘째, 틀린 문제를 설명하다 보면 본의 아니게 질책 섞인 지적을 하게 된다. 이런 일이 반복 지속되면 자녀의 자신감, 유능감, 학습동기가 훼손된다. 힘들게 보고서를 작성했는데, 직장 상사에게 꾸중만 들었다면 일하고 싶은 마음이 들겠는가? 아이도 마찬가지다. 힘들게 문제를 풀었는데 혼나듯 지적만 받는다면 아이는 위축되고, 무능을 느끼며, 공부에 흥미를 잃는다.

셋째, 대부분 아이들은 문제를 틀리면 화가 나고 좌절에 빠진다. 여기에 부모의 비난 섞인 잔소리까지 가세한다면 아이는 틀린 문제를 혐오하게 된다. 틀린 문제를 회피한다면 문제를 푼 의미가 없다. 실력을 키우려면 틀린 문제에 도전해야 한다. 그러기 위해서는 혼자 힘으로 틀린 문제를 풀어냄으로써 성취감이나 유능감 같은 긍정적 정서를 경험해야 한다.

틀린 문제는 최소한 두 번까지는 다시 풀 기회를 주는 것이 좋다. 그래도 또 틀리면 아이 혼자서 풀기 어려운 문제라고 봐야 한다. 이때는 답지를 보게 하라. 답지를 봐도 모르겠다고 하거든, 그때는 부모가 도움을 준다.

채점 과정에서 많은 부모들이 자녀에게 부정적 피드백을 전달한다. 이를테면 "점수가 형편없네!", "이것도 못 풀어?" "왜 이렇게 많이 틀렸어!"라는 말들을 하는 것이다. 문제를 많이 틀리고, 자꾸 틀리는 자녀를 보고 울화가 치미는 것은 당연하다. 하지만 이러한 격정을 다스리지 못하면 본의 아니게 비난조의 말들을 쏟아내게 된다. 부모의 비난에 상처를 받은 아이는 사기와 의지가 꺾이고, 부모와 공부하는 것을 점점 거부하게 된다. 이러한 상황 전개는 결코 바람직하지 않다. 현명한 부모라면 부정적 피드백은 가급적 자제하고, 학습동기를 북돋워 주는 긍정적 피드백을 주도록 노력해야 한다. 어떻게? 이런 식으로 말이다.

채점을 해줄 때 "우리 아들(딸), 문제 푸느라 수고 많았어."

틀린 문제를 다시 풀게 할 때 "이 문제는 실수를 한 것 같네. 다시 풀면 충분히 맞힐 수 있을 것 같아. 이 문제는 엄마가 봐도 좀 어렵다. 그래도 잘 생각해보면 풀 수 있을 것 같아. 틀린 문제들만 한 번 더 풀어보자."

틀린 문제를 채점해줄 때 "이 문제는 다시 풀어서 맞혔네. 좋아. 아주 잘했어! 근데 이 문제는 또 틀렸다. 또 틀린 문제들 한 번만 더 풀어보자." (이쯤 되면 아이는 한숨을 내쉰다) "그래, 또 풀려니까 힘들지? 원래 어려운 문제는 누구라도 맞히기 힘들어. 틀린 문제를 다시 푸는 건 참 대단한 거야. 보통 아이들은 틀린 문제를 보고 도망치려고 하거든. 엄마는 틀린 문제에 도전하는 우리 아들(딸)이 정말 멋지다고 생각해! 자, 한번만 더 풀어보자. 잘 생각해보면 이번에는 풀 수 있을 거야!"

이 시나리오는 가상이 아니다. 내가 학생들을 지도할 때 직접 사용하는 말들이다. 이런 말을 들려주었을 때, 아이들의 학습동기(도전 의지, 유능감, 자신감, 성취감 등)가 향상되는 것을 확인할 수 있었다. 물론 멘트가 똑같을 수는 없을 것이다. 하지만, 포인트는 기억해두자.

① 노력에 대한 칭찬

"우리 아들(딸), 문제 푸느라 수고 많았어."

② 격려와 인정

"이 문제는 실수를 한 것 같네. 다시 풀면 충분히 맞힐 수 있을 것 같아. 이 문제는 엄마가 봐도 좀 어렵다. 그래도 잘 생각해보면 풀 수 있을 것 같아."

③ 성공에 대한 긍정적 피드백

"이 문제는 다시 풀어서 맞혔네. 좋아. 아주 잘 했어!

④ 위로

"그래, 또 풀려니까 힘들지? 원래 어려운 문제는 누구라도 맞히기 힘들어.

⑤ 도전에 대한 칭찬

"틀린 문제를 다시 푸는 건 참 대단한 거야. 보통 아이들은 틀린 문제를 보고 도망치려고 하거든. 엄마는 틀린 문제에 도전하는 우리 아들(딸)이 정말 멋지다고 생각해!"

책상에 오래 앉아 있었어도 머릿속에 남아있는 것이 없다면 공부를 했다고 말할 수 없다. 공부를 제대로 했다면 오늘의 나는 어제의 나와 달라져 있어야 한다. 교과서의 핵심내용을 말할 수 있어야 하고, 틀렸던 문제를 풀 수 있어야 하고, 몰랐던 어휘를 알아야 한다.

수많은 아이들이 남는 것 없는 헛공부를 하고 있다. 당신 아이는 예외라고 생각하는가? 그럼, 공부를 마치고 책을 덮는 자녀에게 물어보기 바란다. '오늘 뭘 공부했니?' 아이는 횡설수설할 것이다. 하루 이틀도 아니고 몇 년 동안 헛공부를 한다고 가정해보자. 아이의 상태가 어떻게 될까? 자녀의 앞날을 생각한다면 헛공부를 막아야 하지 않겠는가. '무슨 좋은 방법이 없을까?'

어떤 문제라도 해결 방법은 있기 마련이다. 자녀의 헛공부를 막을 수 있는 방법도 있다. 그날그날 공부한 성과를 점검하는 것이다. 즉 공부한 내용을 글로 적게 하고, 말로 설명하게 하고, 틀린 문제를 풀게 하는 것이다. 점검은 총복습 시간(G)을 활용하거나 과목별 자습시간에 틈틈이 하면 된다. 점검해야 할 세부 사항은 표 IV-8과 같다.

점검은 공부에 긴장감을 불어넣고, 학습의 효율을 높여 준다. 책을 보면서 '이 내용을 백지에 적을 수 있어야 한다, 이것을 엄마에게 설명할 수 있어야 한다, 틀린 문제를 풀 수 있어야 한다'고 생각하는 아이는 공부에 더 집중한다. 반면 아무런 점검을 받지 않는 아이는 '어떻게든

구분	분야	점검 내용	점검 방법
학교	수업 점검	– 교과서의 학습활동 – 실험관찰(과학), 수학익힘책 등 – 공책	– 교과서 · 익힘책 · 실험관찰의 활동들을 제대로 했는지 전과(문제집)의 정답과 대조해보기 – 오늘 수업시간에 배운 내용을 말로 설명하게 하기
	숙제 검사	– 숙제 수행 여부	– 숙제 검사하기
자기 주도 학습	교과서 자습교재	– 학습목표와 관련된 핵심 내용	– 백지에 적게 하기 – 말로 설명하게 하기
	어휘	– 낱말, 개념, 용어, 영단어	– 개념 카드 활용 – 쪽지시험 또는 구두시험 – 전자사전, 인터넷사전 활용
	문제집 학습지	– 틀린 문제	– 틀린 문제 중 일부를 다시 풀게 하기

시간과 분량만 때우면 된다'고 생각하면서 설렁설렁, 얼렁뚱땅 공부한다. 이러한 학습태도는 습관으로 굳어져 공부의 효율성에 직접적인 영향을 미친다.

'좋은 방법이긴 한데, 어떻게 매일매일 점검을 해준단 말인가. 직장에서 하루 종일 시달렸는데, 나도 좀 쉬어야 하지 않겠는가. 글이라고 너무 쉽게 말하는 것 아닌가.'

내가 왜 모르겠는가. 당신은 직장인이고, 점검은 번거롭고 귀찮다. 하지만 나이와 자격에 걸맞지 않는 퇴행적 사고思考라고 생각한다. "부모의 마음을 십분의 일만 알아줘도 효자다"라는 말이 있다. 나는 이 말을 이렇게 바꾸고 싶다.

"자식이 공부에 쏟은 노력의 십분의 일만 쏟아도 훌륭한 부모다."

언제부터 직장에 다니는 부모들에게 자녀교육의 면제권이 부여되었는가? 직장인과 부모는 양자택일을 해야만 하는, 서로 충돌하는 대립자對立者인가? 3M에 쏟는 당신의 노고는 자녀가 공부에 쏟는 노고의 십분의 일도 되지 않는다. 당신 아이도 학교, 학원을 순회하다가 오후 5시가 넘어서 퇴근(?)했다. 그리고 집에 와서도 야근공부을 한다. 엄밀히 말하면, 당신보다 당신 아이가 더 힘들고 어렵다. 아이를 보라. 묵묵히 해내고 있지 않은가. 직장 운운하며 부모 역할을 회피하려는 태도는 퇴행이 아닐 수 없다.

전문가들은 자기주도학습이 성공을 보장해준다고 주장한다. 하지만 정작 부모들과 학생들은 자기주도학습을 철저히 외면하고 있다. 필자의 한 지인(초등 교사이자, 두 아이의 엄마다)은 내 두 번째 책의 주제가 자기주도학습이라는 말을 듣고 히스테릭한 반응을 보였다. 현직 교사인 그마저도 자기주도학습에 환멸을 느끼는데, 보통 부모들이야 오죽하랴. 왜 이런 현상이 벌어지는 것일까?

우선 자기주도학습법은 학습법이라고 부르기에 그 성격이 애매모호하다. 아이의 성향과 실력에 따라 지도 방법이 달라지기 때문이다. 이에 더하여 지도 방법을 구체적으로 제시해주는 사람도 없고, 책도 없다. 상황이 이렇다 보니 자기주도학습을 자녀교육에 활용하는 부모는 전무한 실정이다.

헌데 자기주도학습법이 뜬구름처럼 느껴지는 것은 비단 정보의 부재 때문만은 아니다. 자기주도학습법이 유령 학습법이 되어버린 이유는, 여러 조건들이 충족되었을 때만 그 실체를 드러내기 때문이다. 그 조건들 중 대부분은 자녀에게 해당된다. 하지만 부모에게 해당되는 것들도 있다. 그중 핵심은 '하루도 빠짐없이, 수년 동안, 3M을 하는 것'이다. '수년씩이나? 그건 좀 심한 것 같다.'

당신 아이는 초·중·고 12년을 공부한다. 대학에 들어가서도 4년 동안 스펙을 관리해야 하고, 졸업 후에도 상당 기간 구슬땀을 흘려야 한다. 당신 아이가 직업을 얻기까지는 20년 이상이 걸린다. 당신이 자녀교육에 쏟은 땀과 눈물의 대가 또한 단기간에 얻을 수 없다. 한두 달 동안 열성적으로 3M을 한다고 해서 당신 손에 떨어지는 것은 없다. 당신이 3M에 쏟아 부은 노고의 대가는 수년 후에나 받을 수 있다. '그래도 몇 년을 기다려야 하는 건 너무 심한 것 같다.' 당신의 어린 자녀도 이십 년 후에나 받을 보상을 위해서 지금 책상에 앉아 있는 것이다. 자녀교육에서 단기간에 성과를 보겠다는 생각은 버리는 것이 좋다.

자녀교육의 성공 가치가 얼마쯤 된다고 보는가? 싸구려 가방은 하루 일당으로 살 수 있다. 반면 명품 가방은 한 달 월급으로도 사기 어렵다. 쉽게 얻을 수 있는 건 싸구려다. 명품을 갖고 싶다면 오랜 기간 동안 정성과 노력을 쏟아야 한다. 자녀교육의 성공은 슈퍼에서 과자를 사듯, 극장 영화표를 구입하듯 쉽게 얻을 수 있는 것이 아니다. 자녀교육의 성공이라는 명품을 갖고 싶다면, 3M이라는 노동의 대가를 수년에 걸쳐서 지불해야 한다.

말은 쉽게 했지만, 수년 동안 3M을 한다는 건 고난의 가시밭길을 걷는 것에 비견될 만큼 고행이다. 포기하고 싶을 때면 서점에 가서 성공한 부모들의 책을 펼쳐보라. 수년 동안 흔들림 없이 3M을 해낸 그들의 성공담을 읽으며 위로와 용기를 얻기 바란다.

사소한 일은 별로 힘들지 않다. 힘이 든다는 것은 위대한 일을 하고 있다는 증거다. 힘들다, 포기하고 싶다는 생각이 밀려드는 순간은 당신이 위대한 일을 하고 있는 순간이다. 그러니 힘들다고 좌절하지 말라. 고통스럽다고 포기하지 말라. 그저 묵묵히 3M에 정진하라. 그리하면 당신의 자녀교육 스토리는 해피엔딩으로 막을 내릴 것이다.

부모님,
위대한 당신을 응원합니다

하루하루가 모이면 인생이 됩니다. 오늘 하루를 어떻게 살았는가에 따라 인생이 달라지는 것입니다. 아이들은 부모의 선택과 결정에 따라 오늘을 삽니다. 부모가 보내서 학원에 가고, 부모가 시켜서 학습지를 합니다. 부모의 선택과 결정이 자녀의 인생을 만드는 것입니다. 나는 지금 돌려서 말하고 있습니다. 실은, 이 말을 하고 싶습니다.

> "어떤 부모를 만났는가에 따라
> 자녀의 인생이 달라진다."

내 말이 당신의 기분을 상하게 했나요? 부담을 느끼게 했나요? 과장되었다고 생각하나요? 부모님이 당신의 인생에 미친 영향을 생각해 보십시오. 아직도 내 말에 동의할 수 없나요? 나는 가끔, 이런 생각을 합니다. 당신도, 종종 할 것 같습니다.

‘만일 다른 부모를 만났다면 어땠을까?
지금과 다른 삶을 살고 있지는 않을까?’

‘금숟가락을 물고 태어났어야 했다’고 한탄하는 게 아니라는 것은
당신도 잘 알 것입니다. 이 말을 겸허히 받아들이는 당신이길 바랍니다.

“부모의 선택과 결정에 따라,
부모의 열정과 노력에 따라,
자녀의 인생이 달라진다.”

돌이켜 생각해보니, 인생이란 사건의 연속이었습니다. 그리고 그 사
건들 속에는 완수해야 할 미션이 있었습니다. 학창 시절의 미션은 공부
였고, 대학 시절의 미션은 연애였지요. 취직이라는 미션을 어렵사리 완
수하고 나니, 결혼이라는 미션이 주어졌습니다. 우여곡절 끝에 결혼에
골인했고, 나를 쏙 빼닮은 아기가 태어났습니다. 육아라는 미션이 시작
된 것이지요.

기저귀 갈아주고, 젖 물리고, 고열에 발을 동동 굴렀던 때가 바로 엊
그제 같은데, 세월 참 빠르지요. 그 갓난이가 책가방을 메고 아침마다 학
교에 가고 있으니 말이죠. 이제는 기저귀를 갈아줄 일도, 울음소리에 밤
잠을 설칠 일도 없습니다. 이 미션들은 다시 하고 싶어도 영영 할 수가

없습니다. 이미 오래전에 완수했기 때문이죠. 물론 두 번은 하고 싶지 않겠지만 말이죠.

당신은, 학창 시절에 밤새도록 시험공부를 했습니다, 취직을 위해서 많은 면접을 봐야 했습니다, 인생의 반쪽을 찾는 과정에서 실연의 아픔도 몇 차례 겪었습니다. 어쨌든 지금까지의 미션을 잘 완수했기에 당신은 엄마, 아빠가 될 수 있었습니다.

이제 당신은 학부모가 되었고, 새로운 미션이 주어졌습니다. 결코 만만치 않은 미션이 될 것입니다. 포기하고 싶을 때도 적지 않을 것입니다. 하지만 나는 소망합니다, 당신이 이번 미션을 멋지게 완수해서 이런 부모로 기억되길.

> "당신을 엄마, 아빠로 만난 것은
> 제 인생의 가장 큰 축복이었어요.
> 제 엄마, 아빠가 되어주셔서
> 정말 고맙습니다.
> 사랑합니다."

당신이 부모로서의 미션을 성공적으로 완수하는데, 이 책이 조금이라도 보탬이 된다면, 나는 참으로 기쁘고 행복할 것입니다. 당신이 이번 미션도 멋지게 완수해낼 것임을 믿어 의심치 않습니다! 건투를 빕니다!

   초등 6년이 자녀교육의 전부다

✝

불혹의 나이에 가까워지고 나서야
깨달았습니다.

부모님의 망극한 성은^{盛恩}이 없었다면
나는 세상에 존재할 수 없었습니다.

나를 낳아주신 부모님은
나의 신^神입니다.

당신 또한 당신 아이에게
신처럼 위대한 존재입니다.

부모님,
거룩한 당신을 언제나 응원합니다.

✝

초등 6년이 자녀교육의 전부다

초판 1쇄 발행 2015년 3월 1일
초판 29쇄 발행 2021년 10월 21일

지은이 전위성

펴낸이 최남식
마케팅 전현영, 고광정, 김형우
제 작 전건호

펴낸곳 오리진하우스
출판등록 2010년 3월 23일 제409-251002010000087호
주 소 경기도 김포시 김포한강10로133번길 127, 디원시티지식산업센터 518호(구래동)
전 화 02-335-6612   팩 스 0303-3440-6612
이메일 originhouse@naver.com
블로그 blog.naver.com/originhouse
포스트 post.naver.com/originhouse

값 15,000원ⓒ2015, 전위성
ISBN 978-89-964247-3-4 13370 : ₩15000

*이 책의 내용을 무단 복제하는 것은 저작권법에 의해 금지되어 있습니다.
*잘못 만들어진 책은 구입하신 곳에서 교환해드립니다.

• 오리진하우스는 독자 여러분의 원고 투고를 기다리고 있습니다.
  원고가 있으신 분은 originhouse@naver.com으로 간단한 개요와 취지, 연락처 등을 보내 주세요.

이 도서의 국립중앙도서관 출판예정도서목록(CIP)은 서지정보유통지원시스템
홈페이지(http://seoji.go.kr)와 국가자료공동목록시스템(http://www.nl.go.kr/
kolisnet)에서 이용하실 수 있습니다.(CIP제어번호: CIP2015005098)